U0663714

LIANHEGUO JIAOKEWEN ZUZHI JIAOYU
WENXIAN YANJIU

联合国教科文组织教育文献研究

教育理念的视角

何齐宗 著

人 民 出 版 社

目　录

前　言

　　本书是笔者承担的全国教育科学"十一五"规划课题"全球视野的教育理念——联合国教科文组织教育文献研究"和江西省高校人文社会科学"十一五"规划课题"当代教育发展的全球理念及其国际影响研究"的最终成果。

　　众所周知,联合国教科文组织是联合国最重要的组织之一。自1946年成立以来,联合国教科文组织在世界上一直具有重要的影响。该组织在教育方面的作用更是有目共睹,深受好评。我国教育科学出版社于1996年出版了一套教科文组织的教育丛书,该丛书"前言"对教科文组织的评价具有代表性:"作为一个国际组织,它的最大贡献之一是使世界各国政府和公众逐步认识到教育的重要地位和使命,并在世界范围内推动教育的改革与发展。联合国教科文组织为此而进行的不懈努力,为世界各国人民所公认,在历史上留下了一连串不可磨灭的足迹。"

　　联合国教科文组织影响世界教育的重要形式是组织编写和出版教育文献。半个多世纪以来,教科文组织出版了大量的教育文献。其中既有为人们所熟知的《学会生存——教育世界的今天和明天》《教育——财富蕴藏其中》《从现在到2000年教育内容发展的全球展望》《终身教育导论》《今日的教育为了明日的世界》等经典之作,也有《教育的使命——面向二十一世纪的教育宣言和行动纲领》《全球教育发展的研究热点——90年代来自联合国教科文组织的报告》《全球教育发展的历史轨迹——

国际教育大会 60 年建议书》《为了 21 世纪的教育——问题与展望》《联合国教育促进可持续发展十年（2005—2014 年）国际实施计划》以及《世界教育报告》《教育展望》杂志等人们关注相对较少的教育文献。教科文组织的教育文献是世界公认的教育思想精华。正如联合国教科文组织教育丛书"前言"所说的，将这些文献"所阐述的一系列精辟的教育思想贯穿起来，可以清晰地洞悉世界教育思想观念演变发展的轨迹"。这是笔者研究这个课题的重要原因。从教育理念的视角对教科文组织教育文献进行系统的梳理和剖析，可以帮助我们更好地理解和吸收蕴含其中的丰富而深邃的教育思想。

研究这个课题其实也与本人的学习及教学经历有着密切的关系。早在 2000 年，本人攻读博士学位期间，导师郭文安教授曾开设了一门教育名著方面的课程。我在课堂讨论时汇报的即是教科文组织教育丛书之一的《从现在到 2000 年教育内容发展的全球展望》。为了准备读书报告，我花了半个多月的时间专心研读该书，并做了大量的读书笔记。这是我第一次全面研读教科文组织的教育文献。这次读书经历给我留下了难忘的印象。我深刻地认识到，教科文组织的教育文献内容博大精深，意义重大而深远。后来我院教育学原理专业的硕士研究生也开设了一门中外教育名著选读的课程，我负责外国教育名著部分的教学。在有限的教学时间里，我选择了教科文组织的部分教育文献，如《学会生存——教育世界的今天和明天》《教育——财富蕴藏其中》和《从现在到 2000 年教育内容发展的全球展望》等作为教学内容。在教学过程中，我逐步萌发了系统研究教科文组织教育文献的想法。

2005—2006 学年，我跟随北京师范大学顾明远教授作高级访问学者。在顾先生的积极支持和鼓励下，我访学的研究课题也确定为教科文组织的教育文献。正是在这段时间，我开始全面搜集教科文组织的各种教育文献，并进行了初步的研究。2006 年，我以《全球视野的教育理念——联合国教科文组织当代教育文献研究》为题申报全国教育科学"十一五"规划课题，有幸获得立项。随后我以"当代教育发展的全球理念及其国际影响研究"为题申报江西省高校人文社会科学"十一五"规划课题，也得以立项。课题立项后，我进一步拓宽了搜集教科文组织教育文献的范围。当然，由于研究时间与主题的限制，不可能将教科文组织的所有教育文献都包括进来。研究内容的选择主要基于两个方面的考虑：一是教育文献要论及教育理念问题，而且是本课题重点关注的几种教育理念；二是从时间上看主要选择 20 世纪 70 年代以后公开出版的教育文献。

国内教育理论界对于教科文组织的教育文献可以说是非常关注，引用率很高。但真正的专门研究却很少见到，迄今尚未发现这方面的系统研究成果。从总体上看，这是一个有待开拓的新的研究领域。这方面的研究虽然持续了多年时间，但由于属初次尝试，缺点和问题在所难免，这有待于今后改进和完善。而且，教科文组织肯定还会有新的教育文献问世，到时还有必要继续进行跟踪研究，不断将新的教育文献纳入到研究视野之中。

承蒙专家和编辑同志的厚爱，本书的部分内容曾以系列论文的形式在《高等教育研究》《教育科学》《教育学术月刊》《江西师范大学学报（哲学社会科学版）》等多家刊物发表。谨向各位专家和编辑同志表示诚挚的谢意！

何齐宗

2009 年 7 月

第一章　联合国教科文组织教育文献概览

50年来，联合国教科文组织在世界上发挥了越来越重要的影响。作为一个国际组织，它的最大贡献之一是使世界各国政府和公众逐步认识到教育的重要地位和使命，并在世界范围内推动教育的改革和发展。联合国教科文组织为此而进行的不懈努力，为世界各国人民所公认，在历史上留下了一连串不可磨灭的足迹。①

由于联合国教科文组织的广泛影响，人们对于这个组织的名称可能并不陌生，但对它真正了解的则恐怕不是很普遍。同样的道理，联合国教科文组织的教育文献也许有不少人阅读过，但接触面可能较小。因此，本章拟就这两个问题作简要的介绍，以便为本书主题的展开作必要的铺垫。

第一节　联合国教科文组织简介

联合国教科文组织（United Nations Educational，Scientific and Cul-

---

① 联合国教科文组织国际教育发展委员会编著，华东师范大学比较教育研究所译：《学会生存——教育世界的今天和明天》，"前言"，教育科学出版社1996年版，第1页。

tural Organization，UNESCO）是联合国教育、科学及文化组织的简称。它是联合国负责教育、科学和文化事业的机构，成立于 1946 年 11 月 4 日。总部设在法国巴黎。联合国教科文组织是各国政府间讨论关于教育、科学和文化问题的国际组织。

一、教科文组织的组织机构

教科文组织的主要机构有大会、执行局和秘书处。

大会是教科文组织的最高权力机构，由会员国代表组成，一般每两年举行一次，负责决定政策和计划，通过预算，选举执行局委员，任命总干事，向会员国提出有关教育、科学和文化的建议。总干事为行政首脑，一般任期为 6 年（可连选连任）。

执行局在大会休会期间负责监督各项计划的实施。

秘书处是日常工作机构，由总干事主持工作，分教育、社会科学、自然科学、文化和交流等部门，分别实施有关领域的计划，各部门由一名助理总干事领导。在亚太地区、非洲、拉丁美洲和加勒比海地区设有地区办事处。亚洲及太平洋地区教育办事处设在泰国首都曼谷。

各会员国一般都设立联合国教科文组织全国委员会。许多国家还设教科文组织代表团，常驻巴黎。中国是联合国教科文组织的创始国之一，1971 年恢复合法地位，1972 年恢复在该组织的活动并当选为执行局委员，此后中国一直连任这一职务。1979 年 2 月，中国联合国教科文组织全国委员会正式成立。截至 2020 年 2 月 3 日，联合国教科文组织有成员国 193 个。

二、教科文组织的宗旨与职能

教科文组织的宗旨是：通过教育、科学及文化来促进各国之间的合作，以增进对正义、法治及联合国宪章所确认的世界人民不分种族、性别、语言、宗教均享有人权与自由的普遍尊重，对世界和平与安全作出贡献。

教科文组织的职能有五项：（1）前瞻性研究：明天的世界需要什么样的教育、科学、文化和传播；（2）知识的发展、传播与交流：主要依靠研究、培训和教学；（3）制订准则：起草和通过国际文件和法律建议；（4）知识和技术：以"技术合作"的形式提供给会员国制订发展政策和发展计划；（5）专门化信息的交流。

三、教科文组织所设的教育机构

联合国教科文组织设有国际教育局、国际教育规划研究所、联合国教科文组织教育研究所、欧洲高等教育中心、联合国大学等教育机构。

1. 国际教育局

国际教育局设在瑞士的日内瓦，其任务是协助筹备和组织两年一次的国际教育大会，出版国际教育年鉴和比较教育研究丛书，建立国际教育情报交流网等。该组织最早于 1925 年 12 月底由卢梭研究所的创始人克拉帕雷德教授创办。洛克菲勒基金会向研究所捐赠了 5000 美元，研究所用它创建了国际教育局。该局最初是一个私立机构，主要作为一个信息中心为各国的教育家提供教育文献。1927 年 7 月 29 日，各国政府的代表签署了新章程，在历史上第一次开始了教育领域的国际合作，并使国际教育局成为一个独立的国际性政府间组织，由瑞士心理学家皮亚杰出任局长。在新章程中规定，国际教育局的目的是作为一个信息中心，服务于与教育有关的所有事务。国际教育局旨在促进国际合作，并在国家的、政治的和宗教的问题上保持完全的中立。其活动包括两方面：收集与公立和私立教育相关的信息；从事实验或统计研究，并使其结果为教育界认识和熟悉。1947 年 2 月 28 日，联合国教科文组织和国际教育局签署了一项临时性协议，以便在两者之间建立必要的行动协调，从而进行有效的合作，包括联合召开国际教育大会。1969 年，联合国教科文组织和国际教育局签署了一项新的协议，使国际教育局成为联合国教科文组织的组成部分和比较教育的国际中心，但仍以国际教育局的名义享受学术和职能方面的广泛自由。

2. 国际教育规划研究所

国际教育规划研究所设在法国巴黎，主要活动是组织教育计划和教育行政管理方面的人员培训，开展有关教育计划、教育改革评价方法、教育与劳动就业关系的合作研究。

3. 联合国教科文组织教育研究所

联合国教科文组织教育研究所设在德国汉堡，主要研究终身教育理论及其在教育制度、教育内容、师资培训等方面实施的问题。

4. 欧洲高等教育中心

欧洲高等教育中心设在罗马尼亚布加勒斯特，主要任务是组织欧洲地区会员国在高等教育领域的合作和交流。

5. 联合国大学

联合国大学（United Nations University，UNU）本部设在日本东京。联合国大学既是国际教育的教学组织，又是国际教育的研究组织。1969年，当时的联合国秘书长吴丹首次提出建立联合国大学的建议。他主张设立"一所确实具有国际性质，并致力于联合国宪章中和平与进步目标的大学"，以促进政治与文化方面的国际了解为其主要职能。1975 年联合国大学正式成立，校址设在日本东京。联合国大学有四个职能：（1）查明科学和学术的国际协作能够帮助解决的重大问题；（2）组织并支持研究和高级培训，以便增进世界范围的了解，填补知识上的主要空白和改进这些问题的专门知识；（3）加强个人和机构解决这些问题的能力，尤其是发展中国家；（4）向国际组织、政府、学者、决策者和公众传播已获得的知识。显然，联合国大学的主要目的是通过国际学术和科学工作的协调与合作，帮助解决全球性人类的生存、发展和福利问题，它主要通过研究、高级培训和传播知识来实现上述目标。①

四、教科文组织的出版物

教科文组织的主要出版物有：(1)《教科文组织信使》（月刊），中、英、法、西、阿、俄等 27 种文本；(2)《教育展望》（季刊），中、英、法、阿、西、俄文；(3)《科学与社会的影响》（季刊），英、法、西、俄、阿文；(4)《自然与资源》（季刊），英、法、西文；(5)《国际社会科学杂志》（季刊），中、英、法、阿、西、俄文；(6)《版权公报》（季刊），中、英、法、西、俄文；(7)《博物馆》（季刊），中、英、法、西文。

教科文组织对世界教育发挥了重要的影响作用。"教育的任何一方面的活动几乎没有一个不在这个组织的活动范围内得到了考虑、研究和阐述。我们有理由可以声称：如果没有一个像'联合国教科文组织'这样的组织，关于教育理论与实践的许多基本概念就不可能迅速传遍全世界。而且，如果没有联合国教科文组织，许多发展中国家在改进他们的教育体系时，特别在促进这种教育体系满足社会对教育的极其迫切的需要时，就可能会遇到更多的困难。"② 印度学者哈本斯·S.波拉（Harbans S.Bhola）在评论教科文组织的作用时也指出："被称为成人教育、实用读写能力、初级教育、基础教育、继续教育、非正规教育、民众教育以及终身教育等等政策倡议，……如果不是全部也是大多数，要么出自联合国教科文组织这个国际机构，要么由这个国际机构所认可。"③《教

---

① 徐辉：《国际教育初探》，四川教育出版社 2001 年版，第 112—113 页。

② 联合国教科文组织国际教育发展委员会编著，华东师范大学比较教育研究所译：《学会生存——教育世界的今天和明天》，教育科学出版社 1996 年版，第 292 页。

③ ［印］哈本斯·S.波拉：《成人识字教育：从观念到实施策略》，《教育展望（中文版）》1990 年第 24 期，第 27 页。

育——财富蕴藏其中》一书也充分肯定了联合国教科文组织的作用，认为由于联合国教科文组织在联合国系统中拥有的权限及其在国际合作机制中实际占有的地位，它成为一个对于未来至关重要的组织。"教科文组织既不是资助机构，也不是单纯的研究机构。它的任务始终是同该组织会员国及其国际舞台上的许多伙伴和对话者合作开发人的潜力。它不断促进的智力合作是各国人民之间和个人之间和睦友好和相互了解的工具，是行动的必要手段。知识转让和分享，思想交流，高层协商，建立革新网，传播信息和成功的经验，该组织在其主管领域内鼓励开展的评价和研究工作等，比任何时候都更显得是为建立一个更加团结和更加太平的世界而必须开展的活动。"①

第二节　联合国教科文组织的教育文献

众所周知，联合国教科文组织的教育文献数量庞大，内容广泛。从教育文献的形式来看，既有教育专著，也有教育报告，还有大量的论文刊于《教育展望》杂志。限于篇幅，这里只简要介绍 20 世纪 70 年代以来出版的与本书研究关系较为密切的教育著作。

一、《学会生存——教育世界的今天和明天》

《学会生存——教育世界的今天和明天》（*Learning to Be: The World of Education Today and Tomorrow*，简称为《学会生存》或《富尔报告》）是以埃德加·富尔（Edgar Faure）为主席的国际教育发展委员会向联合国教科文组织提交的报告，即"富尔委员会报告"（Faure Commission Report）。

---

① 国际 21 世纪教育委员会报告，联合国教科文组织总部中文科译：《教育——财富蕴藏其中》，教育科学出版社 1996 年版，第 185—186 页。

1970 年被联合国定名为"国际教育年"。在这一年 12 月举行的联合国教科文组织第 16 届大会上通过了一项决议，授权当时的总干事勒内·马厄（Lerne Maher）成立国际教育发展委员会，其任务是向联合国教科文组织提交一份教育报告。这个教育报告的目的是供联合国教科文组织及各会员国在制定教育发展的策略时参考。国际教育发展委员会从 1971 年初正式成立并开始工作。总干事邀请法国前总理和教育部长埃德加·富尔担任该委员会的主席，同时委任 6 位文化背景和专业背景各不相同的著名人士为委员会成员。该委员会在一年多的时间内先后举行了 6 次会议，对 23 个国家进行了实地考察，访问了 13 个国际与区域组织，研究了 70 多篇有关世界教育形势和教育改革的论文，并充分参考了联合国教科文组织在长达 25 年的活动中所积累的文献。最后于 1972 年 5 月 18 日，由富尔代表国际教育发展委员会向总干事提交了这份报告。该报告自 1972 年 8 月、10 月先后以法文和英文本出版后，引起了世界各国教育界的广泛注意。到 1974 年底为止，该书已先后被译成 33 种文字出版，共有 39 种不同版本。1979 年 10 月，华东师范大学比较教育研究所根据 1972 年的英文版译出此书，书名为《学会生存》。1996 年由译者对该书的译文进行部分修订后重印，纳入"联合国教科文组织丛书"，并改为现书名。

《学会生存》一书从历史和现实的角度考察了教育与人类生存及发展的关系，分析了世界教育面临的挑战，提出了教育革新的策略和途径，以及最终走向学习化社会的道路。该书强调要加强教育的国际合作；倡导教育民主化和教育平等理念；提出了人文主义的教育目的，要求革新教育体系，扩大选拔人才的范围，使教学内容个性化，建立平等的师生关系，改革教育评价制度，实行分权制的教育管理；提出了构建学习化社会的设想，强调终身教育是建立学习化社会的基石，提倡所有的人都要终身不断地学习。

该书分为四个部分，即：(1) 序言；(2) 第一部分：研究的结果；(3) 第二部分：未来；(4) 第三部分：向学习化社会前进。在"序言"部分，报告概要地阐述了人类所面临的挑战和教育的重要意义，要求遵循教育民主化的原则，重新评价教育的目标、方法和结构，实施终身教育和学习化社会战略，加强教育领域的国际合作。在"第一部分：研究的结果"中，主要阐述了三个问题，即教育与历史，教育与革新，教育与社会。在"第二部分：未来"中，也阐述了三个问题，即教育面临的挑战，教育革新的可能性；教育革新的目的。"第三部分：向学习化社会前进"阐述了教育政策与策略的意义，学习化社会的策略与政策，国际合作等几个问题。

二、《从现在到 2000 年教育内容发展的全球展望》

《从现在到 2000 年教育内容发展的全球展望》(*The Contents of Education: A Worldwide View of Their Development from the Present to the Year 2000*) 是应联合国教科文组织的要求而写的。其作者是伊朗社会学家沙布尔·拉塞克 (Shapour Rassekh) 和罗马尼亚教育家乔治·维迪努 (Groege Vaideanu)。拉塞克曾任教于德黑兰大学，1980—1982 年任联合国教科文组织所属的国际教育规划研究所顾问。维迪努系雅西大学教授，曾于 1973—1980 年任联合国教科文组织教育结构和内容处处长。

联合国教科文组织第 21 届大会决定，作为"今后 20 年教育内容变革趋势讨论会"(1980 年，巴黎) 的后续活动，拟进行一项关于"整个教育内容为适应科技文化进步和劳动世界需要而演变"的研究。这便是本书的由来。为准备本书的写作，联合国教科文组织在五个国家(中国、美国、匈牙利、荷兰、菲律宾) 进行了"今后 20 年普通教育内容演变"的实例研究，并责成 S.拉塞克和 G.维迪努两位专家对这五个实例研究收集到的材料进行综合，并勾勒出课程方面的主要发展趋势。此书的写作需要对该领域进行综合的全面考察，因此也可以说，这是一项比较研究。S.拉塞克和 G.维迪努花费两年多时间查阅了这一领域的大量文献，参考了联合国教科文组织预先委托中国、美国、匈牙利、荷兰、菲律宾五个国家对该课题所作的个案研究。作者还同联合国教科文组织的专家以及许多国家负责教育的人士进行了广泛的接触和系统的讨论。该书法文版于 1987 年出版，英文版于 1988 年出版。本书的中文版由马胜利等翻译，教育科学出版社 1996 年出版。

该书分为两部分。第一部分共 6 章，主要论述人口、经济、社会政治、科学文化等外部条件对教育内容的影响，同时也谈到了教育系统的内部动因（如教师的地位、教师与学生的关系、学校与外界的关系、学校的行政管理）对教育内容的影响。第二部分共 3 章，首先阐述了当今教育内容方面的新趋势，如重视科学教育、道德教育、技术和生产劳动教育，环境教育、生态教育、卫生教育、人口教育、家政教育、性教育、和平教育、人权教育等也逐渐成为教育的内容。作者还强调教育内容必须考虑它的"恰当性"，并提出了评估教育内容恰当性的指标。

在很短的时间内，该书就成为被广泛参考和引证的著作。联合国教科文组织第三个中期规划（1990—1995）的第 42 节专门谈到此书，教科文组织的许多文献和著作也都引证了此书。许多杂志刊载了对本书的评论，例如西塞·伯西博士（Dr.Cesar Birzea）在《展望》杂志上的评论，兰德希埃教授（Prof.G.de Landshere）在《教育》杂志上的评论以及格莱恩·埃福德（Glen Eyford）在《国际教育评论》上的文章等。该书已被德国、比利时、马来西亚、罗马尼亚等许多国家用来培训教师。[①] 罗马尼亚学者西萨尔·比尔奇亚等人对该书的评价指出："这本以充实可靠的国际经验为基础的著作，是长期调查研究的结果。作者们以丰富的

---

①　以上为联合国教科文组织教育科学与教育内容、方法处处长柯列宾（V.Kolybine）为该书所写的中译本序言的摘录。

资料向读者提供了一份可以说是扎实、目标明确的对教育内容研究的评论。无论是教育的实践者、教育科学的学者、还是研究人员、决策人员和各类教师，都将从这本书中找到思考的材料，所遇问题的某些答案以及激励他们根据自己的经验去不断改进和提高的动力。"①

三、《教育——财富蕴藏其中》

《教育——财富蕴藏其中》（*Learning: The Treasure Within*，又译为《学习——内在的财富》或《德洛尔报告》）一书系由德洛尔（Jacques Delors）任主席的国际 21 世纪教育委员会向联合国教科文组织提交的报告，即"德洛尔委员会报告"（Delors Commission Report）。

早在 1991 年 11 月，联合国教科文组织大会就提请总干事召开一次国际委员会会议以便思考 21 世纪的教育与学习问题。1993 年初，"国际 21 世纪教育委员会"正式成立，当时的联合国教科文组织总干事费德里科·马约尔（F.Mayor）邀请雅克·德洛尔担任该委员会的主席。雅克·德洛尔是法国前财政部长，也是一位经验丰富的政治家、经济学家和教育活动家，曾担任欧共体及后来的欧盟委员会主席长达十年（1985—1995）之久，有"欧盟之父"之称。该委员会的其他 14 位成员来自不同的国家，具有不同的文化和专业背景，他们大多为政治家、科学家、经济学家、社会活动家，有两位教育专家（日本的天城勋和中国的周南照）。

该委员会面对世界教育改革与发展的新形势，选择教育与文化，教育与公民权利义务，教育与社会团结，教育、工作与就业，教育与发展，教育、研究与科学等六个方面进行研究，同时还选择传播技术、教师与教学过程及经费筹措与管理等三个直接涉及教育系统运作问题的横

---

① ［罗马尼亚］C. 比尔奇亚、N.V. 瓦格赫斯：《书评》，《教育展望（中文版）》1988年第 18 期，第 127 页。

向专题进行探讨。在研究方法上，该委员会采取磋商的形式，先后举行了 8 次全体会议和 8 次工作组会议。此外，还采用了邀请学者介绍、会晤和信件、寄送调查表以及参加政府或非政府组织的会议等形式。该委员会计划在两年内按照拟定的日程表开展工作，并于 1995 年完成一份报告。1996 年，该委员会正式向联合国教科文组织提交了这个报告。该报告在分析未来教育面临的挑战的基础上，提出了一系列新的教育理念和具有重要指导价值的教育革新建议和行动计划。

　　该报告除序言和结束语外分为三部分。序言简要分析了世界教育面临的问题和挑战，概要地指出了教育的地位、任务和作用。结束语收录了国际 21 世纪教育委员会的 11 名成员各自撰写的报告。第一部分"前景"揭示了人类活动的全球化趋势和民主倒退的危险，要求教育在帮助人们了解世界和他人、从而更好地了解自己方面发挥积极的作用；论述了教育在促进社会民主化和促进经济发展方面所遇到的问题和任务，揭示了教育的根本目的是为了人的发展。第二部分"原则"提出了对世界教育产生重大影响的终身教育和"教育的四个支柱"。第三部分"方针"重新审视了各级各类教育，把它们纳入终身教育体系；在肯定教师的主导地位的同时强调建立更加平等的师生关系；指出加强教育与行政机构合作的必要性；呼吁加强国际合作。

　　该书出版以后，得到普遍好评。瑞典著名教育家托尔斯滕·胡森（Torsten Husén）在评价该书时指出：该书"一定会成为现代教育史上的一座丰碑。雅克·德洛尔及其委员会已经做了'不可能的事情'，它使我们全面了解当今世界的教育现状，看到了未来重要的挑战，提出了重大的建议。这份文件充满智慧，值得全世界一读。"① 联合国教科文组织

---

① ［瑞典］托尔斯滕·胡森：《世界公民的教育议程》，《教育展望（中文版）》1998年第 2 期，第 22 页。

原助理总干事科林·N.鲍尔也指出：该书是教科文组织在教育领域空前成功的出版物，"它业已作出且无疑还将继续作出的强有力的贡献，不仅表现在能激活教育改革和教育实践的思想，引发了一场有关经济与社会进步的相对价值的更为广泛的讨论，而且使用了可以导致这类关系更趋互补的方式方法。"① 美国学者 H.S.博拉（H.S.Bhola）评论说：德洛尔报告"是一份对全世界的教育工作有着长期潜在影响的文件。今天已不可能脱离发展政策去思考教育政策，这使得这份文件具有更重要的意义。毫无疑问，德洛尔报告应受到全世界教育家和发展专家的重视。"② 《教育——财富蕴藏其中》一书的中文版由联合国教科文组织总部中文科翻译，教育科学出版社 1996 年出版。

四、《教育的使命——面向二十一世纪的教育宣言和行动纲领》

《教育的使命——面向二十一世纪的教育宣言和行动纲领》（*Mission of Education: Educational Declarations and Frameworks for Action Torwards the 21st Century*）选编的是联合国各机构（尤其是教科文组织）自 1990 年以来召开的与教育（尤其是全民教育）有关的会议的大会宣言和行动纲领。

自 1990 年以来，联合国各机构，尤其是教科文组织相继召开了一系列专题会议、首脑会议和教育会议。本书选编文献涉及的会议有：世界全民教育大会（1990 年）、世界儿童问题首脑会议（1990 年）、联合国环境与发展大会（1992 年）、九个人口大国全民教育首脑会议（1993 年）、世界特殊需要教育大会（1994 年）、国际人口与发展大会（1994 年）、第 44 届国际教育大会（1994 年）、社会发展问题首脑会议（1995

---

① ［澳］科林·N.鲍尔：《学习：手段抑或目的？我看德洛尔报告及其对振兴教育的意义》，《教育展望（中文版）》1998 年第 2 期，第 8 页。

② ［美］H.S.博拉：《德洛尔报告中的成人教育政策规划》，《教育展望（中文版）》1998 年第 2 期，第 23 页。

年）、第四次世界妇女大会（1995 年）。这些会议涉及的主题有：文盲、辍学失学、男女受教育机会不平等、环境恶化、人口激增、社会排斥、战争暴力等。每次会议一般都批准通过了各自的大会宣言和行动纲领，以示国际社会对实现某一方面的目标作出承诺以及要采取的相应措施。20 世纪 90 年代的这一系列会议始自 1990 年在泰国宗迪恩召开的"世界全民教育大会"。大会庄严提出，到 2000 年实现"全民教育"目标，表示了国际社会及各国政府对普及初等教育和成人扫盲及消除男女教育差异的承诺。而后的历次会议如环境与发展大会、人口与发展大会、社会发展问题首脑会议、世界妇女大会等虽然都有各自的主题，但"全民教育"这一目标则一再得到重申并作为实现其他目标，如环境、人口、发展等方面的基本条件。①

"世界全民教育大会"和"九个人口大国全民教育首脑会议"直接涉及全民教育提出的背景、实现目标和期限、国家和国际行动等内容。"世界儿童问题首脑会议"对 20 世纪 90 年代儿童作出了非同寻常的承诺。"联合国环境与发展大会"从自然生态角度探讨解决"人类困境"的途径。"国际人口与发展大会"从人口生产角度探讨人类发展的前景。"社会发展问题世界首脑会议"从人类的社会结构、体制、观念角度探讨人类的生存与发展。"第四届世界妇女大会"主要探讨如何改善妇女的地位和状况、实现男女平等这一人类问题。"世界特殊需要教育大会"提出了"全纳性教育"（inclusive education）的新理念。全纳性教育是指教育应当满足所有儿童的需要，每一所学校必须接受服务区域内的所有儿童入学。"第 44 届国际教育大会"倡导国际理解教育，倡导通过全民教育来促进和平和民主，重申了"和平文化"的思想，反对战争和暴力。

---

① 赵中建编：《教育的使命——面向二十一世纪的教育宣言和行动纲领》，"编者的话"，教育科学出版社 1996 年版，第 1 页。

该书由赵中建编译，教育科学出版社 1996 年出版。

五、《全球教育发展的研究热点——90 年代来自联合国教科文组织的报告》

《全球教育发展的研究热点——90 年代来自联合国教科文组织的报告》（*The focus of research about the global education development: Reports from UNESCO in the 1990s*）收集的是联合国教科文组织及其下属部门和机构在 20 世纪 90 年代发表的会议报告、研究成果和其他出版物。在 20 世纪 90 年代，国际社会面临着众多的全球性问题，为解决这些问题召开了一系列大会，提出了许多建议，如 90 年代由联合国召开的环境与发展大会（1992）、人口与发展大会（1994）、社会发展问题世界首脑会议（1995）、第四届世界妇女大会（1996）和人类居住大会（1996）等就是其中最为典型的事例。同样，90 年代也是世界教育发展和改革的重要年代。如同环境恶化、人口激增、社会排斥、贫穷加剧等具有全球性质一样，教育发展与改革的问题，如全民教育、环境教育、国际理解教育，以及文盲、复读（留级）等问题也具有明显的全球性。联合国教科文组织及其下属部门和机构，针对一些世界各国普遍关心的教育问题，在 20 世纪 90 年代或召开会议，或公布报告，或发表研究成果。这些从全球角度探讨的问题，为我们认识中国的教育改革与发展提供了一种全球视野，对于正在努力把一个具有现代教育思想，规模结构合理，教育质量、办学水平和办学效益更高，充满生机活力的教育带入 21 世纪的中国来说，不无参考价值和借鉴意义。而正是这些报告、研究成果和其他的出版物，构成了本书的主要内容。①

---

① 赵中建选编：《全球教育发展的研究热点——90 年代来自联合国教科文组织的报告》，"编者前言"，教育科学出版社 1999 年版，第 1—2 页。

该书共收录了九个材料，它们分别是：

（1）《转变关于地球的观念》（1993年）。《连结》（*Connect*）作为教科文组织和联合国环境规划署合作创设的"国际环境教育计划"的通讯刊物，从其创刊之日起，就广泛宣传环境教育的理论和方法，并在1993年以《转变关于地球的观念》为题，辑1976—1991年该刊发表文章之精华，经修订而汇集成册，全面阐述了环境教育发展的理论、方法和实践等，旨在为1992年召开的联合国环境与发展大会提供一份重要文献，堪称传播环境教育思想和可持续发展理念的里程碑。

（2）《基础教育、人口与发展》（1994年）。这是教科文组织"国际全民教育咨询论坛"自1993年以来编写出版的系列年度报告《全民教育的现状和趋势》的第2辑。"咨询论坛"是世界全民教育大会后建立的，旨在促进和监督各国在90年代向全民教育目标迈进过程中进展情况的一种机制。

（3）《高等教育变革与发展的政策性文件》（1995年）。该文件由教科文组织于1995年公布，它阐述了教科文组织关于全球高等教育主要发展趋势的总的观点，并对高等教育领域的一些主要政策性问题提出了看法。

（4）《教育改革与教育研究——研究、信息和决策之联系的新挑战》（1995年）。为了在教育研究、决策制定和教育实践之间建立有效的联系，国际教育局会同日本国立教育研究所于1995年9月4—14日在日本东京组织召开了一次"教育改革与教育研究——研究、信息和决策之联系的新挑战"的国际会议，来自20个国家的专家学者和决策官员与会，集中讨论进行教育改革和决策对研究和信息提出的要求，促进教育决策者、研究者和信息专家建立合作与交流的途径，以及加强地区和国际合作等问题。本书选入的上述材料是此次会议的最终报告。

（5）《全民教育的目标实现》（1996 年）。"全民教育"理念是由 1990 年在泰国宗迪恩召开的"世界全民教育大会"正式提出的。全民教育的世界基本目标是到 2000 年普及和完成初等教育并使一定比例的学生达到或超过规定的必要学习成绩水平；使成人文盲率到 2000 年减少至 1990 年的一半；特别重视女童入学和妇女扫盲以明显地减少男女入学率和文盲率之间的差距。为了了解世界各国在多大程度上实现了这一目标并为之付出了多大的努力，"国际全民教育咨询论坛十年中期会议"正是为此目的而于 1996 年 6 月 16—19 日在约旦首都安曼召开的。会议一致通过了《安曼公报》并在会后发表了题为《全民教育的目标实现》的最终报告。通过这份报告，我们可以了解全民教育在世界各国各地区的进展情况。

（6）《初等学校复读现象的全球视野》（1996 年）。"复读"（有时也称为"留级"）是与全民教育目标的实现关系密切的一个问题。但是，人们没有认识到学校中复读状况的严重性，政府也缺乏明确的应对措施和机制。正因为如此，教科文组织下属的国际教育局会同联合国儿童基金会，于 1995 年 2 月在日内瓦联合组织召开了"学校复读现象的全球视野"国际研讨会，并在会后由国际教育局发表了题为《初等学校复读现象的全球视野》的会议报告。

（7）《国际理解教育：一个富有根基的理念》（1996 年）。1994 年的第 44 届国际教育大会倡导国际理解教育，倡导通过教育来促进和平与民主，重申"和平文化"的思想，并希望通过教育来改变过去那种"只教权力史而不教知识史，只教战争史而不教文化史"的局面。为广泛宣传国际理解教育之思想，国际教育局在第 44 届会议后邀请恩坎科（Lucie—Mami Noor Nkake）女士撰写了名为《国际理解教育：一个富有根基的理念》的研究报告。

（8）《成人教育的汉堡宣言和未来议程》（1997 年）。这是 1997 年

7月14—18日在德国汉堡召开的第五届国际成人教育大会通过的文件，旨在表明成人教育已不仅仅是更新和丰富知识的手段，也是促进有效的民主和积极的公民意识的工具；表明成人教育不只是一项权利，还是迈入21世纪的关键，从而回应了"成人学习：21世纪的关键"的大会主题。此次大会通过了为21世纪确立成人学习方向和具体措施的《汉堡成人学习宣言》和《未来议程》。

（9）《21世纪的高等教育：展望和行动》（1998年）。1998年10月5—9日，联合国教科文组织在其总部巴黎召开了主题为"21世纪的高等教育：展望和行动"的"世界高等教育大会"。这次大会的主要目的是为世界各国更深入地改革其高等教育体制提出基本原则，以增强高等教育对建设基于平等、公正、团结和自由之发展过程之上的世界和平作出其应有的贡献。大会最后通过了《21世纪的高等教育：展望和行动世界宣言》以及与此相配套的《高等教育改革与发展的优先行动框架》。

本书由赵中建选编，教育科学出版社1999年出版。

六、《全球教育发展的历史轨迹——联合国教科文组织国际教育大会建议书专集》

该书所收录的内容是由联合国教科文组织国际教育局召开的国际教育大会通过的建议书和宣言。"国际教育大会"从1934年的第三届会议起，每届会议都向各国教育部提出希望采取措施的建议。最初的每届会议一般都提出3项建议，以后减至2项。1970年后，基本上是每届会议通过一项建议，但1994年的第44届和1996年的第45届会议则以"宣言"取代"建议"的形式，向世人展示了与会各国在教育努力方面的承诺和决心。

该书从一定意义上可以说是一部国际教育政策发展史，一部由"国际教育大会"自1934年提出的第1号建议至1996年第80号建议（宣言）组成的历史，是对国际教育发展的世纪回顾。① 本书的内容非常广泛，反映了除高等教育以外的教育领域的各个方面，如学前教育、初等教育、中等教育、特殊教育以及义务教育和扫盲教育；一般课程的准备和各专门学科的教育，包括现代和古典语言、外语、自然科学、数学、地理、体育、艺术、心理学、书法、阅读、手工艺等；教师教育以及教师的聘用、在职教育和教师地位；教育财政、规划、督导、学校建筑、学校用餐、学校环境等。

教科文组织副总干事、国际教育局执行局长雅克·阿洛克指出："这些建议书从一种国际的角度反映了本世纪大部分时间内教育发展中的优先关注之事。正因为如此，尽管参与辩论的不同国家之间在资源和发展水平方面存在着极大的差异，这些建议书仍是对教育的政治辩论之演进及对不断探寻教育设施（education provision）之普遍标准的一种令人瞩目的总的看法。"② 皮亚杰在其为《建议书》(*International Conference on Education: Recommendations*)（1934—1960 年）的第三版所写的前言中，把建议书称作是"公共教育的国际宪章或规则，一种范围广泛意义重大的教育学说"，并认为它们"是一种有价值的鼓舞和指南的来源"③。正如国际教育大会第 45 届会议的建议书序言中所指出的，这些建议书可被看作是适合于各国具体国情的共同指南。这些建议书在过去的几十年中指导过各国政府，并将继续指导教育的决策和激发人们对紧迫的教育问题进行公共辩论，从而给所有各国带来更大的教育进程的民主化。

---

① 赵中建主译：《全球教育发展的历史轨迹——联合国教科文组织国际教育大会建议书专集》，"译者前言"，教育科学出版社 2005 年版，第 II 页。

② 见雅克·阿洛克为国际教育大会 1934—1996 年通过的建议书和宣言所写的"中文版新序"，载赵中建主译：《全球教育发展的历史轨迹——联合国教科文组织国际教育大会建议书专集》，教育科学出版社 2005 年版，第 1 页。

③ 赵中建主译：《全球教育发展的历史轨迹——联合国教科文组织国际教育大会建议书专集》，"第三版"，教育科学出版社 2005 年版，第 6 页。

国际教育局前局长胡安·卡洛斯·特德斯科在为中文版所写的序中指出，"由于国际教育大会的建议书和宣言是在一些激烈的辩论后通过的，并且反映了世界大多数国家教育部长们之间的一种妥协，因而它们并不对联合国教科文组织的成员国产生制约作用。尽管如此，这些建议书和宣言仍对各国教育政策和立法的形成产生了重大影响。仅仅由于国际教育大会持续了如此长的时间这一事实本身，就证明了大会对决策者和教育社会是有价值的。"[①]

该书由赵中建主译，教育科学出版社 2005 年出版。

七、《为了 21 世纪的教育——问题与展望》

《为了 21 世纪的教育——问题与展望》（*Education for the 21 century: Issues and Prospects*）于 1998 年由联合国教科文组织出版，可以看成是《教育——财富蕴藏其中》一书的姊妹篇。它汇集了教育及相关领域的诸多专家对 21 世纪教育问题更加广泛和深入的探讨，特别是澄清了不同学科中共同存在的某些问题。该书除了雅克·德洛尔所写的序言外，主要包括四个主题：未来展望、教育政策、教育过程的不同侧面及倾听。"未来展望"部分收录了四篇文章，主要讨论了 21 世纪教育的挑战、面向 21 世纪的学习、21 世纪青年教育的目标、21 世纪国际教育合作等问题。"教育政策"部分收录了六篇文章，分别阐述了当今教育改革的趋势、教育系统的财政、中等教育的私有化、加勒比海地区教育的革新、教育与劳动、教育水平对出生率及儿童健康与死亡率的影响。"教育过程的不同侧面"有七篇文章，涉及如下主题：21 世纪的基础教育、教育质量和学校教育的效率、职业培训、高等教育、学习型社会、信息

[①]　见胡安·卡洛斯·特德斯科为国际教育大会 1934—1996 年通过的建议书和宣言所写的"中文版序"，载赵中建主译：《全球教育发展的历史轨迹——联合国教科文组织国际教育大会建议书专集》，教育科学出版社 2005 年版，第 4 页。

时代的教学、教育与现代信息传播技术。"倾听"部分探讨了十字路口的学校、做中学、开启科学教育之门、让人人掌握科学、多元文化与教育、历史教学与公民素养等问题。

该书中文版由王晓辉、赵中建等编译，教育科学出版社 2002 年出版。

八、《终身教育导论》

该书是当代国际著名教育家保罗·朗格朗（Paul Lengrand）的代表作。朗格朗 1910 年出生于法国加来的康普兰。他从巴黎大学毕业后，先后从事中小学和大学的教学工作以及成人教育工作，创立了法国民众教育运动团体"民众与文化"（Peuple et. Culture）协会并担任会长。1948 年以后在联合国教科文组织中任职，20 世纪 60 年代下半期曾在联合国教科文组织总部秘书处担任终身教育科科长。他在亲身参加各级教育工作中积累了丰富的经验，形成了改革传统教育和建构新教育的思想。

1965 年 12 月，朗格朗在联合国教科文组织于巴黎召开的"第三届促进成人教育国际委员会"上作了题为"Éducation permanente"的学术报告，该报告引起与会者的极大反响。后来，联合国教科文组织将"Éducation permanente"改为英译"lifelong education"，即"终身教育"。正是在这个学术报告的基础上，朗格朗于 1970 年完成了其代表作《终身教育导论》（*An Introduction to Lifelong Education*），同年作为国际教育年的专著出版。该书出版后被译成 20 多种文字，在世界上产生了重要而广泛的影响，被公认为终身教育理论的代表作。

《终身教育导论》全书分"前言""终身教育探索""尝试性综述""论证和说明"四个部分。"前言"为题解与对该书内容安排的交代，"终身教育探索"部分则是作者对自己形成终身教育思想的背景及过程的简要历史回顾，其后两部分才是正文。"尝试性综述"是全书的重点。它论述了终身教育产生的历史背景，制约教育革新的阻力与动力，终身教育的意义，终身教育的内容、范围和目标，终身教育的战略建议等。第二部分为"论证与说明"，这是全书的补充和说明。论及的主题是：与终身教育相关的诸项目标，教育的内容和方法，正规教育存在的不足及改革建议，着眼于职业管理的学校教育与终身教育，终身教育实施的物质环境等。

该书的中译本有两种：一种是由周南照、陈树清翻译，书名为《终身教育引论》，中国对外翻译出版公司 1985 年出版；另一种由滕星、滕复、王箭翻译，书名为《终身教育导论》，华夏出版社 1988 年出版。

九、《今日的教育为了明日的世界》

该书的作者是查尔斯·赫梅尔（Ch.Hummel）。赫梅尔是瑞士教科文组织全国委员会秘书长、瑞士常驻联合国教科文组织的代表、教科文组织执行局委员、第三十五届国际教育会议总报告员。受联合国教科文组织前总干事姆博之托，他为国际教育局撰写了长篇研究报告——《今日的教育为了明日的世界》（*Education Today For the World of Tomorrow*）。该书分析了当今世界各国存在的教育问题及其发展趋势。它主张彻底改革现行的教育制度，认为教育与社会、教育与整个发展事业具有密切的联系，必须把教育列入总的发展规划之中。他还就解决当前的教育问题以及今后的教育提出了不少建议。1977 年联合国教科文组织出版了此书。

该书的出发点是 1975 年召开的第三十五届国际教育会议。这次会议审视了教育发展的主要趋势，重点探讨了以下四个问题：教育政策最近的变化和一些重要的教育问题；受教育，尤其是受高等教育的机会；教育改革；终身教育。《今日的教育为了明日的世界》用五章的篇幅围绕这些问题展开研究。第 1 章为"教育改革与革新"。作者指出，教育改革和革新是二次世界大战后一场世界性运动，并对改革与革新进行了辨析，还特别强调教育改革应当事先考虑教育目的和目标问题，应有周密的计划。第 2 章为"终身教育的发展"。作者对终身教育作出了高度的评价，认为"终身教育概念的发展，可以与哥白尼学说带来的革命相媲美，是教育史上最惊人的事件之一"。要求不要将终身教育与成人教育相混淆，终身教育的实施要考虑社会的现实，要有一种新的适合于时代需要的教学法，倡导回归教育。第 3 章为"教育民主化"。作者指出，教育民主化是全世界所有国家最关心的问题，它反映了人类渴望一个更公正的世界。教育民主化首先要求教育方面的机会均等。第 4 章为"教育与社会"。在该章中，作者论述了教育与发展的关系、教育和劳动部门的关系、教育和农村的关系、教育和文化的关系。第 5 章"未来教育的发展"。作者在该章中论述了未来世界教育的发展趋势，如教育规划纳入社会发展的总政策中，教育的未来主要取决于政治、经济和文化等外在因素，各种非正规教育形式将继续占据重要地位，终身教育的概念最终将改变全世界的教育面貌，教育不断走向民主化，国际性和地区性组织在未来的教育发展中将发挥日益重要的作用。

联合国教科文组织前总干事阿马杜—马赫塔尔·姆博在该书的序言中说：它"虽然是一本个人的著作，但却反映了教科文组织的指导原则和关注的问题，是根据其各成员国的教育政策和活动写成的。它力求面向更广大的公众而不仅是为了会议使用，并希望通过这一全面的剖析，教师、父母和学生对本国的教育制度会有更好的了解。"①

该书的中文版由王静、赵穗生翻译，中国对外翻译出版公司 1983 出版。

---

① ［瑞士］查尔斯·赫梅尔著：《今日的教育为了明日的世界》，王静、赵穗生译，"序言"，中国对外翻译出版公司 1983 年版，第 V 页。

十、《联合国教育促进可持续发展十年（2005—2014 年）国际实施计划》

2002 年 12 月 20 日，第 57 届联合国大会的决议将 2005—2014 年确定为联合国"教育促进可持续发展十年"。大会决议要求联合国教科文组织负责为"教育促进可持续发展十年"起草一份《国际实施计划》草案。依据此决议，联合国教科文组织于 2004 年 10 月将《国际实施计划》草案提交到第 59 届联合国大会上。2005 年 1 月联合国教科文组织正式公布了《联合国教育促进可持续发展十年（2005—2014 年）国际实施计划》（以下简称《国际实施计划》）。[①]

《国际实施计划》阐述了实施"教育促进可持续发展十年"的总体目标，即把可持续发展观念贯穿到学习的各个方面，以改变人们的行为方式，建设一个全民的更加可持续发展和公正的社会。《国际实施计划》还提出了可持续发展教育的基本内容，强调尊重的价值观念教育和关注全球性问题的教育。该计划认为可持续发展教育基本上是关于价值观念的教育，其核心内容是尊重：尊重他人、尊重差异与多样性、尊重环境、尊重地球上的资源。该计划从社会—文化、环境和经济等三个视角论述了可持续发展教育需要关注的全球性问题，具体内容包括人权、和平与人类安全、性别平等、文化多样性与跨文化理解、健康、艾滋病病毒 / 艾滋病、政府管理、自然资源、气候变化、农村发展、可持续城市化、防灾减灾、消除贫困、企业公民责任与问责制、市场经济等。该计划还论述了可持续发展教育的实施策略，要求可持续发展教育与国际社会的其他活动相结合、充分利用各种教育渠道、发挥各类合作伙伴的优势。

---

① 《联合国教育促进可持续发展十年（2005—2014 年）国际实施计划》由钱丽霞主编的《教育促进可持续发展——国际研究与实践的趋势》一书收录，该书由教育科学出版社 2005 年出版。

第二章　终身教育理念

　　每一个人必须终身继续不断地学习。终身教育是学习化社会的基石。……终身教育这个概念包括教育的一切方面，包括其中的每一件事。整体大于其部分的总和。世界上没有一个非终身的而又分割开来的"永恒"的教育部分。换言之，终身教育并不是一个教育体系，而是建立一个体系的全面组织所根据的原则，而这个原则又是贯串在这个体系的每个部分的发展过程之中的。[①]

　　20世纪以来，在教育领域出现了许多新的理念，终身教育理念在其中占据着非常重要的地位，成为现代最基本的教育理念之一。在现代终身教育理念的产生和发展过程中，联合国教科文组织发挥了非常重要的作用。该组织出版的许多教育文献都论及终身教育问题，如保罗·朗格朗的《终身教育导论》《学会生存——教育世界的今天和明天》、查尔斯·赫梅尔的《今日的教育为了明日的世界》《教育——财富蕴藏其中》等。系统地探讨教科文组织教育文献的终身教育理念有助于我们更好地

---

　　① 联合国教科文组织国际教育发展委员会编著，华东师范大学比较教育研究所译：《学会生存——教育世界的今天和明天》，教育科学出版社1996年版，第223页。

深化和拓展对于终身教育问题的认识。

第一节　终身教育理念产生的背景

众所周知，终身教育的思想观点很早就已经存在。但是它作为有着相对明确内涵的概念并发展成为一种影响广泛而深远的世界性教育思潮，则无疑是 20 世纪 60 年代才出现的现象。为什么终身教育理念会在这个时候产生？这里拟对现代终身教育理念产生的背景进行简要的分析。

一、科学技术的发展

20 世纪中叶以来，科学技术的发展速度在不断加快。《光明日报》1998 年 6 月 3 日的一篇文章指出，如果说工业革命初期就有知识量猛增的现象，那么第二次世界大战后这种现象则更为显著。20 世纪 80 年代全世界每年发表的科学论文大约 500 万篇，平均每天发表包含新知识的论文已达 1.3 万—1.4 万篇；登记的发明创造专利每年超过 30 万件，平均每天有 800—900 件专利问世。据联合国教科文组织隶属的世界科学技术情报系统的统计，科学知识每年的增长率已从 20 世纪 60 年代的 9.5% 提高到 20 世纪 80 年代的 12.5%。随着人类知识总量的增加，使得一个人即使花费毕生精力也不可能掌握人类全部的科学技术知识，即使是对某个领域的知识掌握，全靠学校教育这段时间也远远不够。

二、政治格局的变化

第二次世界大战结束以后，世界的政治格局发生了巨大的变化，许多殖民地国家纷纷走上了独立的民族国家的道路。在新的国际局势面前，第一世界国家考虑的是如何促进科学技术的发展并通过文化教育继续保持优势。第三世界国家则试图通过发展科学技术和文化教育以摆脱经济落后地位，缩小与第一世界的差距。因此，20世纪五六十年代各国政府都对教育表现出了前所未有的关注，许多国家加大教育投资力度。但是，后来人们发现教育投资根本无法满足不断增长的教育需求。于是，不少国家都开始调整战略，转而对现有的教育体制进行改革，特别注重通过扫盲运动及成人教育培训来提高民族的素质。同时，在各发达国家，由于争取人权的民主运动的高涨，人民大众要求在教育上实现真正的机会均等。有鉴于此，这些国家对教育制度进行重新审视，扩大了教育的对象与范围，采取了更加多样化的教育形式，使正规教育与非正规教育、非正式教育更加密切地结合起来。各个国家面临的教育挑战以及为适应这些挑战而进行的教育改革尝试，为终身教育理念的提出创造了必要的条件。

三、人口结构的变化

20世纪以来，世界人口结构发生了许多重要的变化，人口数量剧增和人的寿命延长是其中两个主要的方面。世界人口的增长速度越来越快，这是20世纪人口变化的一个明显的趋势。世界总人口达到10亿（1830年左右）用了几千年，而达到20亿却只用了120多年的时间（1925年）。在此之后，人口增长速度持续加快：达到30亿人口用了37年，达到40亿人口则只用了13年（1975年）。1980年世界人口已经增长到45亿[①]，2000年更是达到60亿。仅20世纪世界人口就增加了40多亿。人口数量的剧增对教育提出了严峻的挑战，要求教育快速地发展，但正规的学校教育远远无法满足实际的需要。在这种情况下，

[①] ［伊朗］S．拉塞克、［罗马尼亚］G．维迪努著：《从现在到2000年教育内容发展的全球展望》，马胜利等译，教育科学出版社1996年版，第13页。

各个国家都在尝试采取一些新的补充措施，发展非正规教育和非正式教育。随着医疗条件的改善和生活水平的提高，人类的平均寿命在不断地延长。联合国公布的《1980 年对世界人口的展望和估计》指出，世界人均寿命已从 1950—1955 年的 47 岁，增加到 1975—1980 年的 57.5 岁，预计 1995—2000 年为 63.9 岁。同一时期较发达地区的人均寿命分别为 65.2 岁、71.9 岁和 73.7 岁，较不发达地区的人均寿命分别为 42.4 岁、55.1 岁和 62.5 岁。[①] 按照世界卫生组织的最新定义：65 岁以前算中年人，65—75 岁算青老年人，75—90 岁才算正式老年人，90—120 岁算高龄老年人。随着人们寿命的延长和高龄者所占比例的增大，他们的继续学习问题也日益引起社会的重视。

四、闲暇时间的增加

人们工作时间的减少和闲暇时间的增加，是现代社会的一个重要特征。20 世纪 90 年代，许多国家的周工作时间已不到 40 小时，一些欧洲国家仅为 30 小时。我国自 1995 年 5 月起开始实行每周 5 天工作制，1999 年又推行"五一"、"十一"、春节三个长假。虽然从 2008 年起取消了"五一"长假，但陆续增加了清明、端午、中秋、春节等四个传统节日作为法定假日，总的休假时间比过去还多了一天。现在每年已有法定假日 115 天（不包括日常生活中 8 小时以外的闲暇时间），这意味着人的三分之一的时间是在非工作状态之中度过的。值得一提的是，2007 年 12 月 7 日国务院公布了《职工带薪年休假条例》。《条例》规定，职工累计工作已满 1 年不满 10 年的，年休假 5 天；已满 10 年不满 20 年的，年休假 10 天；已满 20 年的，年休假 15 天。该条例自 2008 年 1 月 1 日

---

① 转引自 [伊朗] S.拉塞克、[罗马尼亚] G.维迪努努著，马胜利等译：《从现在到 2000 年教育内容发展的全球展望》，教育科学出版社 1996 年版，第 21 页。

起施行，职工在休假期间享受与正常工作期间相同的工资收入。上述情况说明，闲暇已成为现代生活中的一个很重要的方面。在闲暇时间日益增多的情况下，如何利用闲暇就成了一个迫切需要研究和解决的问题。利用闲暇时间对人们进行相应的教育，以便不断充实和丰富生活、提高生活的质量，自然也就成了当代教育的重要使命。

五、人类自我认识的深化

终身教育理念主张教育贯穿于从婴儿期到老年期的整个人生的各个阶段，是以对人类自身认识的深化为基础的。尤其是关于幼儿和成年人的智力及学习能力的研究成果，对终身教育的推动发挥了重要的作用。

美国心理学家本杰明·布卢姆认为，5 岁以前是智力发展最迅速的时期，4 岁起就约有成人 50% 的智力，其余 30% 是在 4—8 岁获得的，最后的 20% 是在 8—17 岁获得的。[①] 贝利（Bayley）于 1968 年进行的研究及其他一些专家的研究成果表明，甚至初生的婴儿就已经进行了今后整个生命赖以存在和发展的基础学习。初生数月的婴儿和年仅几岁的幼儿所学到的，对他们整个生命进程都会产生影响。

《学会生存》一书指出："成人是否可能学习，这是实际应用终身教育这个概念的关键问题。"[②] 那么，成人到底有没有学习的能力？美国心理学家桑代克（E.L.Thorndike）以实验研究为依托确认人的学习能力在 22 岁达到顶点，从 25 岁起开始下降，但速度极为缓慢。在 22—45 岁之间的 20 余年内，其学习能力总量约降低 15%，年均降低 1%。这说

---

① 乔冰、张德祥：《终身教育论》，辽宁教育出版社 1992 年版，第 31 页。

② 联合国教科文组织国际教育发展委员会编著，华东师范大学比较教育研究所译：《学会生存——教育世界的今天和明天》，教育科学出版社 1996 年版，第 154 页。

明，成人在 25 岁之后仍然可以继续学习。[①]成人教育理论家休伯曼证明，进行智力练习能延缓衰老。[②]智力的训练及持续不断的学习是学习能力得以巩固、发展及长久保持的重要因素，也是延缓智力衰退的有效手段。对早期儿童和成人智力与学习能力认识的深化，为将人的一生都纳入教育范畴中奠定了理论基础。

六、传统教育的弊端

不可否认，传统的学校教育在整个社会的发展中发挥过并将继续发挥其重要的作用。但是，现在看来，传统的教育制度已日益显示出各种弊端。一是传统教育仅限于学校教育阶段。这种教育将人的一生人为地分割成孤立的两个部分，前半生用于受教育，后半生用于工作，学校教育的结束也就意味着人整个一生受教育的结束。这种把教育与生活相割裂的情况，既不利于人的发展和完善，也不利于人们适应快速变化的社会。二是传统教育具有一定保守性。传统的学校教育内容基本上是已有的知识，并且认为青少年掌握以后即可享用一辈子。随着社会文化机构的普及以及现代通信和传播技术的发展，学校作为传授知识的唯一途径的地位开始动摇。各种大众传播媒体对人们的影响作用日益增大，如何控制它们以使之与学校一道发挥最佳教育功能，是当今教育面临的一个重大课题。三是传统教育在满足人的多方面的教育需求方面有待加强。传统教育的功能主要局限于知识的传授。随着科学技术的进步和经济的发展，人们的物质生活水平得到了极大的提高，再加上闲暇时间的日益增多，人们希望不断充实和改善个人的生活，丰富自己的精神世界。以传授知识为己任的传统学校教育显然不能完全满足人们的这些多样化的

---

① 参阅毕淑芝、司荫贞主编：《比较成人教育》，北京师范大学出版社 1994 年版，第 209 页。

② 参阅王铁军主编：《现代教育思潮》，南京大学出版社 2000 年版，第 129 页。

要求。在反思和批判传统教育的过程中，人们提出了不少教育改革的主张并进行了各种教育改革的实验。这些教育改革主张和实验为终身教育理念的产生和发展提供了丰富的养料。

综上所述，现代终身教育理念在20世纪60年代出现并不是偶然的，是教育在与社会的互动过程中为适应社会的变化和时代的要求而做出的必然回答。

第二节　终身教育理念的内容

联合国教科文组织教育文献对于终身教育问题发表了许多有价值的观点，它们构成了较为完整的关于终身教育的认识。这些认识主要包括以下几个方面：

一、终身教育的内涵

教科文组织教育文献对终身教育的概念有过许多分析，这里拟从终身教育的内涵及与终身教育相关的几个概念进行比较这两个角度进行阐述。

1.终身教育的基本理解

"终身教育"是一个复杂的概念，人们对它的理解见仁见智。作为终身教育理论的奠基者，保罗·朗格朗直到1989年发表的《终身教育：概念的发展》一文中仍然承认："在思考与实践的现阶段，终身教育是一个还不能给出明确定义的非常复杂的概念，或许应该做出努力，使它的各种要素系统化，并说明它们之间的互相关系。"① 朗格朗本人在其代表作《终身教育导论》中是这样解释终身教育的：

---

① 转引自赵祥麟主编：《外国教育家评传》，上海教育出版社2002年版，第355页。

我们所使用的终身教育意指一系列非常具体的思想，实验和成就，……包括了教育的各个方面、各种范围，包括从生命运动的一开始到最后结束这段时间的不断发展，也包括了在教育发展过程中的各个点与连续的各个阶段之间的紧密而有机的内在联系。①

他认为，"教育并非终止于儿童期和青年期，它应当伴随人的一生而持续地进行。教育应当借助这种方式，满足个人及社会的永恒要求。"② 在他看来，接受教育应当是一个人从生到死一直持续着的事情，教育应当在每个人需要的时刻以最好的方式提供必需的知识和技能。

《学会生存》一书在回顾终身教育概念发展过程的基础上给出了自己的定义。该书指出：最初，终身教育只不过是应用于一种较旧的教育实践即成人教育的一个新术语。后来，逐步地把这种教育思想应用于职业教育，随后又涉及在整个教育活动范围内发展个性的各方面，即智力的、情绪的、美感的、社会的和政治的修养。最后，到现在，终身教育这个概念，从个人和社会的观点来看，已经包括整个教育过程了。该书对终身教育做出了自己的界定：终身教育这个概念包括教育的一切方面，包括其中的每一件事，并指出"终身教育并不是一个教育体系，而是建立一个体系的全面组织所根据的原则，而这个原则又是贯串在这个体系的每一部分的发展过程之中的。"③ 该书指出，当今的教育正在越出悠久的传统教育所规定的界限。它正逐渐在时间上和空间上扩展到它的

---

① ［法］保罗·朗格朗著，滕星等译：《终身教育导论》，华夏出版社 1988 年版，第 16 页。

② ［日］筑波大学教育学研究会编，钟启泉译：《现代教育学基础》（中文修订版），上海教育出版社 2003 年版，第 180 页。

③ 联合国教科文组织国际教育发展委员会编著，华东师范大学比较教育研究所译：《学会生存——教育世界的今天和明天》，教育科学出版社 1996 年版，第 223 页。

真正领域——整个人的各个方面。由于这些方面过于广泛而复杂，以致无法包括在任何"体系"之内。这样一来，"终身教育就变成了由一切形式、一切表达方式和一切阶段的教学行动构成一个循环往复的关系时所使用的工具和表现方法。"①

曾任教科文组织执行局委员的瑞士教育家查尔斯·赫梅尔在谈及终身教育概念时指出，在一般情况下，人们很容易将终身教育与成人教育或继续教育混淆起来。事实上，终身教育与成人教育或持续教育的内涵并不一样，成人教育只是终身教育体制的一个方面，持续教育的思想也局限于有关职业教育方面。而在终身教育的概念中，"教育"一词应从其最广泛的含义中去理解。在终身教育中，除了成人教育以外，还包括学前教育和学校教育。在查尔斯·赫梅尔看来，终身教育并不只限于从学校毕业以后的阶段，这种制度的基本特点在于，它在任何一点上都不中断而是具有连续性和统一的。在学校和毕业后的阶段之间，在学校教育和成人教育之间，尤其如此。这样一来，学校就变成教育和文化中心，为整个社会服务。它不再是与现实隔绝只供一部分人使用的封闭区域。它真正和社会打成了一片。每个人都能自由地在那里进行各种活动，人人都能利用它的各种设施。

1989年，教科文组织在北京召开了"面向21世纪教育国际研讨会"。大会指出，为了迎接新世纪的挑战，要使社会更多地参与教育，教育也应更多地参与社会，使学习成为一个终身的过程。大会报告的总标题是"学会关心——21世纪的教育"。这是对20世纪70年代"学会生存""学会学习"的补充与发展。终身教育又被赋予"关心"的新内涵。

1996年，教科文组织成立的以"思考21世纪的教育与学习"为主

---

① 联合国教科文组织国际教育发展委员会编著，华东师范大学比较教育研究所译：《学会生存——教育世界的今天和明天》，教育科学出版社1996年版，第180页。

要任务的"国际 21 世纪教育委员会"在《教育——财富蕴藏其中》报告中，将终身教育看成是与生命有共同外延并已扩展到社会各个方面的连续性教育，认为这种教育是不断造就人、不断扩展其知识和才能以及不断培养其判断能力和行动能力的过程。[1] 它把非正规学习与正规学习结合在一起，它是每个人的独特经历，但也是最为复杂的一种社会关系，因为它同时属于文化范畴、工作范畴及公民的权利与义务范畴。该报告除再次重申"学会生存"的口号外，还增加了"学会认知""学会做事""学会共处"等新的内容。

综合教科文组织对终身教育的认识，我们可以得出如下结论：终身教育是指一个人在一生中所受到的各种培养的总和，它包括一切教育活动、一切教育机会和教育的一切方面。从横向看，终身教育包括家庭、学校和社会等各个领域的教育，还包括教育的特殊形式——自我教育；从纵向看，终身教育指贯穿于人的一生的胎儿期、婴幼儿期、青少年期、成人期和老年期等各个阶段的教育；从教育的内容看，终身教育包括文化科学教育、职业（专业）教育和生活教育等几个方面；从教育的形式看，终身教育包括正规教育、非正规教育和非正式教育在内。

为了更好地理解终身教育的内涵，我们还需要考察它与终身学习、学习化社会这两个概念的关系。什么是终身学习？终身学习的概念是 20 世纪 70 年代出现的。联合国教科文组织 1976 年召开的第 19 次全体会议上通过的《关于发展成人教育的建议》提出了终身学习的概念。1994 年在意大利罗马举行的首届世界终身学习会议所采纳的定义是：

　　　　终身学习是通过一个不断的支持过程来发挥人类的潜能，

---

① 国际 21 世纪教育委员会报告，联合国教科文组织总部中文科译：《教育——财富蕴藏其中》，教育科学出版社 1996 年版，第 90 页。

它激励并使人们有权利去获得他们终身所需要的全部知识、价值、技能与理解，并在任何任务、情况和环境中有信心、有创造地愉快地应用它们。①

"学习化社会"的概念尽管不是由《学会生存》最早提出的，但是这个概念的广泛传播却无疑跟该书具有密切的关系。《学会生存》明确指出了向学习化社会迈进的客观必然性，认为要实现培养"完人"的目标，社会的所有部门结构性地统合起来参与教育活动，服务于学习目的的学习化社会就必不可少。什么是学习化社会？该书认为，学习化社会可以"理解为一个教育与社会、政治与经济组织（包括家庭单位与公民生活）密切交织的过程"。在这个社会中，"每一个公民享有在任何情况下都可以自由取得学习、训练和培养自己的各种手段"。② 该书认为，在学习化社会，教育必须按照每一个人的需要和方便在他的一生中进行。因此，教育不应当限于学校的围墙之内。所有现有的机构和各种方式的社会经济活动都必须用来为教育宗旨服务。与此同时，教育的机构和手段必须大大增加，使人们比较容易得到教育，使个人有尽可能多的选择机会。该书倡导在教育机构中减少形式主义，认为重要的不是一个人走什么道路，而是他已经学到了什么，获得了什么。在教育的手段与方法选择上，人们应该有充分的自由。这些手段和方法包括：全日制教育、半日制教育、函授教育以及直接利用知识来源的各种形式的自我教育。所有这些手段和方法都是同样有效的，学习者可以按照他的意愿任意变换使用。

学习化社会的思想是伴随终身教育思想的产生而出现的。不过，它

---

① 转引自吴咏诗：《终身学习——教育面向 21 世纪的重大发展》，《教育研究》1995 年第 12 期，第 10 页。

② 联合国教科文组织国际教育发展委员会编著，华东师范大学比较教育研究所译：《学会生存——教育世界的今天和明天》，教育科学出版社 1996 年版，第 203 页。

与终身教育思想不一样，终身教育思想主要强调各种教育机构的整合，学习化社会则更强调社会对教育的参与，同时它把立足点放在学习者身上。在学习化社会中，社会成员自觉的学习具有特别的价值。

由上所述可知，终身教育、终身学习和学习化社会三者在教与学的时限、内容、空间和目的等问题上的看法是一致的，而在具体的战略选择上又表现出它们的差异。终身教育从社会角度出发的战略选择，是一种自上而下的过程；终身学习从个人的角度出发的战略选择，是一种自下而上的过程；而学习化社会的战略选择则是它们两者的集结过程。只有在社会和个人这两个层面上相互配合、同步发展的基础上，终身教育和终身学习才有可能变为现实，学习化社会的理想才有可能实现。①

2. 终身教育中的成人教育

成人教育与终身教育是什么关系？成人教育在终身教育中处于什么地位？这是我们在认识终身教育时必须回答的问题。教科文组织教育文献的共同意见是，不能将成人教育等同于终身教育，成人教育只是终身教育的一个组成部分，只是终身教育的一个阶段。无论是在时间与空间上，还是在内容上，终身教育都远远超出了成人教育的范围。这样说并不是否定成人教育的意义。相反，教科文组织教育文献充分肯定成人教育的价值。朗格朗认为，成人教育在整个教育体系中具有决定性意义，它是终身教育体制的"火车头"。② 在朗格朗看来，终身教育固然要建立在童年的良好的教育基础之上，但是成人教育在其中也发挥着非常重要的作用。"只有当人们在童年时就接受了一个好的、合理的教育……终身教育才能名符其实；但是，除非成人教育本身已在人们头脑中深深

---

① 高志敏：《关于终身教育、终身学习和学习化社会理念的思考》，《教育研究》2003 年第 1 期，第 84 页。

② ［法］保罗·朗格朗著，滕星等译：《终身教育导论》，华夏出版社 1988 年版，第 142 页。

地打下烙印，并在生活方式中站住脚，以及除非它有一个牢固的制度基础，否则就不能够实现这样一种教育。"① 他认为，成人教育对作为整体的教育所作的贡献具有决定性意义，是不可代替的。他还指出：

> 成人教育在终身教育中占有中心位置，并发挥着决定性的作用。事实证明，如果没有一个生机勃勃、充满活力的成人教育，那么要想使现存的教育发生一系列带有根本性的变革（即要想确立终身教育思想，并在其指导下进行一场彻底的革命），则是不可想象的。②

《学会生存》一书也高度重视成人教育，认为成人教育在任何社会中再也不能是无关紧要的活动部门了，必须在教育政策和教育预算中给予它应有的地位。该书还认为，成人教育对于终身教育的推行具有重要的意义，"成人是否可能学习，这是实际应用终身教育这个概念的关键问题"。③ 该书还提出了关于加强成人教育的一系列具体行动建议。查尔斯·赫梅尔将成人教育看成是终身教育制度的核心，主张大力发展这种教育，以便为成年人提供广泛的教育机会和对连续性进修或补习课程的多种选择，以及帮助他们适应新的工作环境，或重理荒废了的学业，参加文化活动或妥善利用他们的闲暇时间。他倡导将回归教育作为实施成人教育的重要制度，主张充分发展这种教育。

教科文组织第五届国际成人教育大会通过的重要文件《汉堡成人学

---

① ［法］保罗·朗格朗著，滕星等译：《终身教育导论》，华夏出版社 1988 年版，第 17 页。

② 转引自高志敏等：《终身教育、终身学习与学习化社会》，华东师范大学出版社 2005 年版，第 220—221 页。

③ 联合国教科文组织国际教育发展委员会编著，华东师范大学比较教育研究所译：《学会生存——教育世界的今天和明天》，教育科学出版社 1996 年版，第 154 页。

习宣言》从更广泛的意义上肯定了成人教育的重要意义。它指出，成人教育不仅仅是一种权利，它是通往 21 世纪的关键。它是人人争当积极公民的结果，又是充分参与社会的条件。它是一种强大的动力，可以推动生态的可持续发展，可以促进民主、正义、性别平等以及科学、社会和经济的发展，可以建设一个用对话和基于公正的和平文化取代暴力冲突的世界。成人学习能够形成人的个性，赋予生活以意义。同时，成人教育和继续教育对培养有知识的和胸襟开阔的公民、促进扫盲、消除贫困和保护环境都可以作出巨大的贡献。

3. 终身教育中的学校教育

朗格朗从终身教育的立场出发，对学校教育的重要性以及学校教育与成人教育的内在联系给予了充分的肯定。他指出，与整个教育过程相比，学校教育虽然只占据一个比较短的时期，但它将构成教育全过程中的一个非常重要的、决定性的序幕。儿童和青少年时期的教育经历和感受，对他后来参与成人教育的积极性具有重要的制约作用。只有改进学校教育的结构、课程内容和教学方法，成人教育运动才能取得成功。因为教育是前后连续的统一体，前后阶段相互制约，如果前一阶段的教育是失败而令人沮丧的，那么后一阶段的教育即使是消除了由政府和家庭或学习某种职业的需要而造成的压力和义务，也很难引起人们的学习兴趣。朗格朗写道：

> 假如在他们早年曾受到过一种使他厌倦学习和进步的训练，或者没有为他充分准备好教育过程得以延续所要求的那种耐心和努力的话，那么，成人教育对他来说是不可能成功的。[①]

---

① ［法］保罗·朗格朗著，滕星等译：《终身教育导论》，华夏出版社 1988 年版，第 71 页。

针对有些批评者以教育往往已经过时和僵化为理由而提议根本废除学校教育而不是改革学校教育的观点，埃德加·富尔在为《学会生存》一书所写的序言中指出："学校，即向年轻一代有条不紊地施行教育所设计的机关，在培养对社会发展有贡献并在生活中起着积极主动作用的人方面以及在训练人们适当地准备从事工作等方面，现在是，将来仍然是具有决定性的因素。"他还说，如果我们废弃了学校，不把学校当作教育的一个主要部分，这就等于我们不让成千上万的人受到这种可使他们系统地掌握知识的教育。在他看来，对于学校教育我们应当采取的立场不是废除，而是加以改进。

《教育——财富蕴藏其中》同样强调学校教育在终身教育中的地位，认为正规的学校教育之所以重要，是因为"那些保证每个人能继续学习的技能和能力，正是在教育系统内培养出来的。因此，正规教育和非正规教育远非相互对立，而是相互补充的"。[①] 当然，作者也认为正规教育还存在不少问题，需要进行改革，要按照不同于原来的方式对它们重新做出安排，确保它们之间有可能相互转换，并使学习途径多样化。

二、终身教育的意义

教科文组织的教育文献认为，终身教育对于教育改革和个体的发展都具有重要的意义。

1. 拓展了教育的范围

朗格朗认为，教育过程必须持续地贯穿在人的一生之中，而不存在某个专门用于教育的年龄阶段。尽管人的一生中的某个时期比其他时期对学习更为有利，但是它只是表现在某些能力或技巧性较强的学科和体

---

① 国际 21 世纪教育委员会报告，联合国教科文组织总部中文科译：《教育——财富蕴藏其中》，教育科学出版社 1996 年版，第 105 页。

育运动中。他坚信，"在人生旅途的各个阶段通向各种体力和智力的现有形式的大门，都广为敞开着。"① 这就是说，在人生的各个阶段，都可以进行学习。朗格朗还认为，人生的每个阶段都有其长处和短处、优势和劣势，在教育上毫无例外地都需要付出特别的努力。

在论述终身教育的必要性问题上，《学会生存》对朗格朗的思想既有继承又有发展。它重申了朗格朗的观点：那种想在早年时期一劳永逸地获得一套终身有用的知识或技术的想法已经过时了。《学会生存》在这个问题上的独特贡献在于，它揭示了人的未完成性与终身教育的内在联系。该书指出，人是一个未完成的"动物"，他的生存是一个无止境的完善过程和学习过程。人和其他生物的不同点主要就是由于他的未完成性。事实上，他必须从他的环境中不断地学习那些自然和本能所没有赋予他的生存技术。为了求生存和求发展，他不得不继续学习。只有经常学习才能完善自己。因此，"教育就要终生进行，要在所有现存的情况和环境中进行。这样，教育就会体现它的真正本性，即完整的和终身的教育，而超越千百年来硬加在它上面的各种机构上、程序上和方法上的限制。"② 该书引用一位心理学家的观点说，人类生下来就是"早熟的"。他带着一堆潜能来到这个世界。这些潜能可能半途流产，也可能在一些有利的或不利的生存条件下成熟起来，而个人不得不在这些环境中发展。所以从本质上讲，他是能够受教育的。事实上，他总是不停地"进入生活"，不停地变成一个人。该书认为，人的未完成性，是提倡终身教育的一个主要依据。

---

① ［法］保罗·朗格朗著，滕星等译：《终身教育导论》，华夏出版社1988年版，第46页。

② 联合国教科文组织国际教育发展委员会编著，华东师范大学比较教育研究所译：《学会生存——教育世界的今天和明天》，教育科学出版社1996年版，第180—181页。

2. 赋予成人教育以新的意义

成人教育不只是学校教育的简单延伸和补充，而是立足于成人的特点和成人的需要，是非强制的、自由的教育。朗格朗将成人教育与传统教育进行了对比。他认为，成人教育不像传统教育那样讲究分数、名次、惩罚、奖赏；没有严酷而费时的遴选，也没有妨碍人正常发展的考试和文凭。与传统教育相比，成人教育出现了新的教育关系。在成人教育中，参加培训和学习的成人不再像小学生那样需要外部的约束，不再是被动地受教育。成人在与教师的关系上是一个集体中的伙伴与合作者，在共同的工作中处于既接受又给予的地位：一方面接受学习内容，另一方面又在交流中把自己独特的经验财富分享给别人。朗格朗还将成人教育与青少年时期的教育进行了比较。他认为，青少年由于听命于大人，要受法律和父母的压力接受他们不感兴趣的东西，不能选择最适合自己的学习内容或手段。青少年时期的教育原则、内容和方法带有浓厚的强制色彩。而成人由于本身的独立性和自主性，可以避开这些积弊，获得更大的主动权，从而能产生许多崭新的思想。与此同时，成人教育还有助于解决当代社会严重的代沟问题。成人不断地学习，是重新建立年轻一代和年老一代之间良好的交往与交流关系的基础。

3. 对学校教育提出了新的要求

在终身教育的前提下，学校教育的重点不再放在传授固定的内容上，这方面的作用可以交给技术媒介去完成，学校教育必须着眼于提高人们的分析问题和解决问题的能力。教师应当成为一个组织者，应当鼓动和创造有助于交流和交往的环境。作为教师，他应当全面了解和研究儿童，应当具备观察和理解儿童的能力，在教育过程中要重在引导而不是裁决，从每个人的身上找出长处，而不是惩罚他们身上的缺点。朗格朗呼吁教师要全面地认识和理解儿童：

一个儿童不单纯是一张表格上的一个数字，一个好的或坏的学生；或在数学上，或在语法上缺少天赋；最重要的他是一个人，一个有个性的人。他有他自己的灵魂，自己的社会意义，有他自己在一系列社会交往中的位置，自己的强烈愿望和习惯；一些路对他是敞开的，而另一些路则是封闭的。①

在查尔斯·赫梅尔看来，终身教育也是针对学校教育存在的弊端而提出来的。传统的学校体制很难适应当代日益飞速的变化，无力应付不断提出的新的教育需求。科学技术的进步、新闻媒体的发展、人口的激增以及职业难以置信的多样化，这些都影响了教育问题。在这种情况下，单靠儿童和青年时代的学校教育已远远不能满足变化中的世界的需要。不断变化的世界要求实行灵活的教育制度，教育必须不断地进行革新。

4.有助于实现教育机会均等

终身教育摒弃了教育上传统的选拔和淘汰制度，拓宽了人们在学习、资历、训练和职业改进等方面的空间，使民主原则能在教育上得到有效的落实，从而实现教育上的机会均等。

《学会生存》认为，教育只有当它采纳了终身教育的思想时，它才能变成有效的、公正的、人道的事业。该书结合传统的考试制度对此作了进一步的阐述，认为传统的考试制度存在的呆板、形式主义和丧失个性等问题，只有遵循终身教育的路线，对教育过程的结构进行彻底改造时，才能得到真正的解决。也就是说：

当教育一旦成为一个连续不断的过程时，人们对于成功与

---

① ［法］保罗·朗格朗著，滕星等译：《终身教育导论》，华夏出版社1988年版，第77页。

失败的看法也就不同了。如果一个人在他一生的教育的过程中在一定年龄和一定阶段上失败了，他还会有别的机会。他再也不会终身被驱逐到失败的深渊中去了。①

5.有助于教育结构协调化

终身教育可以消除个体差异性与教育多样性之间的对立，使影响个体发展的各种因素能够相互交流和调和，使人们各个阶段中的训练协调起来，这有利于培养统一而完整的个性。朗格朗指出：

> 从今以后，教育将被看作一个密切相关的统一结构，这个结构中的每一个部分都依靠另一部分，也只有与其他部分有联系时才有意义。如果一部分消失，结构的其余部分将失去平衡。②

查尔斯·赫梅尔在谈到终身教育的意义时认为：在今天，人们从学校获得的大量知识不再经得起时间的检验了。这些知识不足以终生受用，成年以后还必须不断地补充知识和接受新的知识。各种形式的再学习和成人教育已经必不可少。学校教育必须辅之以其他各种机会及其他学习和训练形式。"但是，如果要使所有这些不同的教育过程都能尽可能地发挥作用，它们必须加以协调并统一在一个单一的、综合的教育制度：终身教育之中。"③ 从终身教育的观点出发，教育活动被认为是一个整体，所有的教育部门都结合在一个统一和相互衔接的制度中。

---

① 联合国教科文组织国际教育发展委员会编著，华东师范大学比较教育研究所译：《学会生存——教育世界的今天和明天》，教育科学出版社 1996 年版，第 107 页。

② [法] 保罗·朗格朗著，滕星等译：《终身教育导论》，华夏出版社 1988 年版，第 53 页。

③ [瑞士] 查尔斯·赫梅尔著，王静、赵穗生译：《今日的教育为了明天的世界》，中国对外翻译出版公司 1983 年版，第 25 页。

　　《教育——财富蕴藏其中》一书也指出，终身教育有助于安排教育的各个阶段，规划各阶段之间的过渡，使途径多样化，同时提高每种途径的价值。"这样，就有可能避开这种令人烦恼的困境：要么择优，但这就有增加学业失败和排斥现象的危险；要么一律对待，但这又不利于培养出拔尖人才。"[1]该书提倡将正规教育与非正规教育、非正式教育结合起来。作者指出，家庭是一切教育的第一场所，并负责情感、价值观、行为方式等方面的传授。社区环境也具有巨大的教育影响，人们通过它可以学习合作和帮助，还可以更深入地学习公民的权利和义务。整个社区应意识到自己要对每位成员的教育负责，或与学校经常对话，或在学校缺乏时，承担起部分非正规的教育工作。职业界也是一个良好的教育环境，在这里既能学习一般的技能，又能使青少年了解职业生活的限制和机会，还能帮助他们更好地认识自己和辨别方向。此外，博物馆、剧院、图书馆、电影、电视等传媒都可以作为进行终身教育的资源。各级学校系统最好将传媒工具用来达到自己的目的，同时要注意培养学生的批判能力和据此采取行动的能力。作者特别强调上述各种教育资源的协同作用，认为在生命的各个时期，上述种种教育环境优先程度虽然不同，但是均应加强它们之间的互补关系，以便实施真正协调一致的教育。[2]这样一来，教育便成为所有人的事情，它涉及全体公民，公民们今后都是学校施行的教育的参加者，而不再仅仅是被动的享受者。每个人均可在各种教育环境中学习，甚至可在教育社会中轮流充当学生和教员。由于把非正规教育与正规教育结合起来，教育已成为社会的经常性任务，全社会都应对教育负责。这样的社会其实也就是该书所说的

---

　　① 国际21世纪教育委员会报告，联合国教科文组织总部中文科译：《教育——财富蕴藏其中》，教育科学出版社1996年版，第11页。

　　② 国际21世纪教育委员会报告，联合国教科文组织总部中文科译：《教育——财富蕴藏其中》，教育科学出版社1996年版，第101页。

"学习社会"。"终身教育直接导致学习社会的概念。这是一种提供各种各样的学习机会，使人既能在学校也能在经济、社会和文化生活中进行学习的社会。"①

三、终身教育的目的

按照常见的关于教育目的的划分方法，我们可以将教科文组织教育文献关于终身教育目的的认识从个体目的和社会目的两个方面进行阐述。

1. 终身教育的个体目的

（1）激发学习动机，培养学习能力

终身教育强调人的整个一生都要受教育，学习是人的一种生活方式和生存状态，因此学习的欲望和动机对个人来说就显得非常关键。作为教育，不能只是传授知识，其更重要的职责是培养学习的欲望和动机，使受教育者在离开学校后仍能保持对学习的浓厚兴趣，学习成为他们自觉贯穿整个人生的行动。查尔斯·赫梅尔在《今日的教育为了明日的世界》一书中指出，教育"需要的是唤起学生的兴趣、好奇心和个人热情。"②《教育——财富蕴藏其中》提出，为了终身教育的顺利开展，自基础教育阶段起，就应培养学习兴趣、求知的欲望与乐趣以及不久以后接受终身教育的愿望与能力。该书将为学习者提供学习动力作为衡量教育是否成功的标准："如果最初的教育提供了有助于终身继续在工作之中和工作之外学习的动力和基础，那么就可以认为这种教育是成功的。"③

---

① 国际 21 世纪教育委员会报告，联合国教科文组织总部中文科译：《教育——财富蕴藏其中》，教育科学出版社 1996 年版，第 147 页。

② ［瑞士］查尔斯·赫梅尔著，王静、赵穗生译：《今日的教育为了明天的世界》，中国对外翻译出版公司 1983 年版，第 28 页。

③ 国际 21 世纪教育委员会报告，联合国教科文组织总部中文科译：《教育——财富蕴藏其中》，教育科学出版社 1996 年版，第 78 页。

在当今这个瞬息万变的时代，一个人只是通过青少年时期的学历教育已远远不能满足终身的需要。只有当一个人在完成学历教育以后，仍然不断地学习才能跟上时代的步伐。而做到这一点的一个重要前提是人们必须掌握不断更新自己知识和拓展自己能力的方法。因此，各级各类教育的一个重要的出发点就是，培养人们学会如何学习，使他们掌握学习的方法。查尔斯·赫梅尔指出，教育"必须善于引导受教育者将其命运掌握在自己手中。他必须学会工作、研究、发明创造，而不再是熟记一些理论和事实。他应该不再是受教育，而是充分参与教育过程。应该培养他进行自我训练和自我教育。"①在教育中，学生不只是被动地接受老师教给他的东西，他要承担为他自己的教育确定具体方向和进行组织的责任。作者特别强调学生的自我评价能力，认为只有当有了自我评价时，才有可能对学习进行自我管理。因此，"必须对学生进行培养，使之能评判他自己的能力、进步和不足之处。只有这样，他成年后才能在他面临的教育和训练的各种机会中，合理选择适合自己需要和能力的那些机会。显然，在这一过程中，他必须得到帮助、引导和指导。"②他认为，学校的责任不是为培养青年人准备进入具体的"生活"，而是为他们做好继续接受教育的准备。学校的主要作用是为了进一步学习而学习，即学会学习，提高学习能力；或者为了变得更完美而学习，即促进人格的发展和完善。在终身教育中，教师的作用正在改变：他不再是老师，而正在成为一个鼓动者，其责任在于唤起学生的兴趣、好奇心和个人热情，鼓励个人的首创精神和创造性。学生不再是熟记一些理论和事

---

　　①　［瑞士］查尔斯·赫梅尔著，王静、赵穗生译：《今日的教育为了明天的世界》，中国对外翻译出版公司 1983 年版，第 28 页。

　　②　［瑞士］查尔斯·赫梅尔著，王静、赵穗生译：《今日的教育为了明天的世界》，中国对外翻译出版公司 1983 年版，第 29 页。

实，而要学会利用一切情报工具，从图书馆、无线电和电视机到计算机。

（2）培养判断力和创造性

当今世界已进入信息化社会，信息量不断激增，各种信息如潮涌入，使人应接不暇；同时，信息本身又良莠不齐，泥沙俱下。如果一个人没有一定的批判精神和良好的判断能力，就容易在信息的汪洋大海中迷失方向。在这种情况下，培养人们对信息的判断能力就显得很有必要。《学会生存》一书说得好：现代人处于一种前所未有的情境中，可以方便地获得全部学习资源，这不仅有助于自己解决问题，而且能帮助自己过一种更充实的生活。但要做到这一点，前提是懂得怎样利用这些资源。在该书看来，一个信息丰富的社会并非必然是一个教育的或学习的社会，除非社会的成员能系统地、有选择地、批判地利用他们所能得到的这些资源。

在当今这个知识日益膨胀和更新不断加速的时代，只是满足于继承已有的知识已远远不能适应需要，只有发展人的创造性才能与时俱进。创造精神不但是社会发展的动力，而且也是个体幸福生活之源。生活需要不断地创造，只有创造的人生才是有意义的人生、幸福的人生。创造精神和创造力的发挥，可以使人及其人的生活世界的发展具有无限的可能性，可以在更高的境界上实现自己的价值理想，生成美好的生活意义。具有创造性的人不时享有自我创造性所带来的成功喜悦的机会。同时，这种创造性反过来又促使其积极地对待生活，促使其不断进步，增强信心，使其更有效地生活。《学会生存》深刻地指出："人是在创造活动中并通过创造活动来完善他自己的。"[①] 不可否认，每个人生来就具有

---

① 联合国教科文组织国际教育发展委员会编著，华东师范大学比较教育研究所译：《学会生存——教育世界的今天和明天》，教育科学出版社1996年版，第188页。

创造的潜能，但要使这种潜能转变为现实的创造能力，则需要长期的有意识的鼓励和培养。

《教育——财富蕴藏其中》呼吁：

> 为了迎接下一个世纪的挑战，必须给教育确定新的目标，必须改变人们对教育的作用的看法。扩大了的教育新概念应该使每一个人都能发现、发挥和加强自己的创造潜力，也应有助于挖掘出隐藏在我们每个人身上的财富。[①]

（3）培养全面发展的人

终身教育的目的不只是为了提高人们的职业能力和适应职业要求，它的最终目标是培养"完人"——全面发展的人。朗格朗认为，终身教育的最终目标是使人们过上美好的生活，度过富有意义的人生，同时创建一个更美好的世界。用朗格朗自己的话来说，终身教育的"最终目标是一个更加有效和更加开放的社会，在这一社会中，人的各种尺度和志向都将受到进一步的尊重"。[②]朗格朗指出，传统教育过分强调人的智力的发展，而其他方面则被忘记或忽视了，从而威胁到个性的平衡。在他看来，教育应当重视人的各个方面的平衡发展。

> 教育的目的是为了适合作为肉体的、智力的、情感的、性别的、社会的以及精神存在的个人的各个方面和各种范围的需要。这些成分中没有一个能够或者应该被孤立，每一个成分都

---

① 国际 21 世纪教育委员会报告，联合国教科文组织总部中文科译：《教育——财富蕴藏其中》，教育科学出版社 1996 年版，第 76 页。

② ［法］保罗·朗格朗著，滕星等译：《终身教育导论》，华夏出版社 1988 年版，第 76 页。

互相依赖。①

朗格朗认为，"完人"既具有特殊性又具有普遍性，"就特殊性而言，他感到自己是社会的一员，按照这一要求行动并且分享着一个集体、阶级或国家的感情、传统和生活方式；而就普遍性而言，能够理解人类在其表达方式的无限多样性中的共同特征，具有同其他人、其他种族和人民的伙伴关系的意识，而且具备一种世界观"。②

《学会生存》一书从"完人"的反面"被分裂的人"入手论述了教育的目的问题。该书认为，目前的社会仍存在有"被分裂的人"的现象。该书在谈到"人的分裂"问题时，指出："他在各方面都遇到分裂、紧张和不协调状态。……社会分成各个阶级；人与工作的脱离以及工作的零星杂乱；体力劳动与脑力劳动之间人为的对立；意识形态上的危机；人们所信仰的神话的崩溃；身心之间或物质价值与精神价值之间分为两端——人们周围的这些情况看来都在促使一个人的人格产生分裂。"③ 与此同时，为了科学研究和专门化的需要，对许多青年人原来应该进行的充分而全面的培养被弄得残缺不全。为从事某种内容分得很细或者某种效率不高的工作而进行的训练，过高地估计了提高技术才能的重要性而损害了其他更有人性的品质。有鉴于此，《学会生存》鲜明地提出了培养"完人"的目标。

在《教育——财富蕴藏其中》一书指出，终身教育应超越纯粹适应就业的范围，促进人的协调可持续发展。它应有助于每个人在迅速变

---

① ［法］保罗·朗格朗著，滕星等译：《终身教育导论》，华夏出版社 1988 年版，第 88 页。

② ［法］保罗·朗格朗著，滕星等译：《终身教育导论》，华夏出版社 1988 年版，第 88—89 页。

③ 联合国教科文组织国际教育发展委员会编著，华东师范大学比较教育研究所译：《学会生存——教育世界的今天和明天》，教育科学出版社 1996 年版，第 193 页。

革和全球化面前掌握自己的命运，"成为我们当中的每个人进一步实现工作与学习平衡及行使积极的公民权利与义务的手段"。[①] 该书还指出，应当在"学会认知""学会做事""学会共处""学会生存"这四个支柱之上建立具有新精神、新内涵的终身教育。为了使自己适应不断变革的世界，教育应围绕四种基本学习加以安排。这四种学习是：（1）学会认知（learning to know）。这种学习主要是为了掌握认识的手段，而不是获得经过分类的系统化知识，在学习中要着重学会运用注意力、记忆力和思维能力。（2）学会做事（learning to do）。不能将学会做事简单地理解为培养某人去从事某一特定的具体工作，使他参加生产某种东西。在现代社会，越来越强调个人能力而不是专业资格。在个人能力中，交往能力、协作能力、创造能力、管理和解决冲突的能力变得越来越重要。（3）学会共处（learning to live together）。学会共处的目的是使人们通过扩大对其他人及其文化和精神价值的认识，来避免冲突或以和平的方式解决冲突。培养共同生活能力的方法包括两个方面：一是教学生去发现他人；二是组织一些具有合作性的活动，如体育活动、文化活动、相互帮助活动等。（4）学会生存（learning to be）。学会生存是前三种学习成果的集中体现。其实质是"学会做人"，即教育应当促进每个人的身心、智力、敏感性、审美意识、个人责任感、精神价值等的全面发展。学会生存应该使每个人能够形成一种独立自主的、富有批判精神的思想意识以及培养自己的判断能力，以便由他自己确定在人生的各种不同的情况下他认为应该做的事情。教育的基本作用在于保证人人享有他们充分发挥自己的才能和掌握自己的命运而需要的思想、判断、感性和想象方面的自由。

---

①　国际 21 世纪教育委员会报告，联合国教科文组织总部中文科译：《教育——财富蕴藏其中》，教育科学出版社 1996 年版，第 90 页。

2.终身教育的社会目的

（1）实现教育平等

教育平等是人类不断追求的崇高理想。以往人们谈论教育平等问题，一般都聚焦于学校教育，尤其是义务教育阶段。学校教育，尤其是义务教育是每个现代人所接受的最基本的教育。因此，教育的平等首先应当保证学校教育，尤其是义务教育阶段的平等。但是，仅仅做到这一点还远远不够。如果青少年在结束连续的学校教育以后，不能得到各种进一步学习和提高的机会，仍然会在社会生活和职业市场中处于不利的地位。终身教育是贯穿整个人生的教育，它大大延长了人的受教育的时间。在当今社会，学校以外的教育（如社会教育）和学校以后的教育（如成人教育）早已发展得如火如荼，构成许多人所受教育的非常重要的组成部分。这样一来，教育平等的实现就可以把眼光放得更远一些，而不是局限于学校教育阶段。也即我们可以从一个人一生中全面规划和评价教育平等问题。当然，这种教育平等不会自动地得到实现，它有赖于各级政府和社会各有关部门（尤其是用人单位）拿出切实有效的措施来加以具体落实。《教育——财富蕴藏其中》一书将机会均等原则定为终身教育的主要原则，"机会均等原则对所有致力于逐步确立终身教育各个方面的人来说是一项主要标准"。[①] 该书指出，如果我们认识到教育领域的不平等现象和努力采取有力措施予以纠正，"终身教育就会为那些因种种原因而未能完成全部学业或因学业失败而离开教育系统的人提供新的机会。实际上，只要提高处境不利居民的入学率或加强对过早辍学之青年的非正规教育等，教育机会不均等现象就不会全部地和自动地重新出现。"[②] 终身

---

　　① 国际 21 世纪教育委员会报告，联合国教科文组织总部中文科译：《教育——财富蕴藏其中》，教育科学出版社 1996 年版，第 91 页。

　　② 国际 21 世纪教育委员会报告，联合国教科文组织总部中文科译：《教育——财富蕴藏其中》，教育科学出版社 1996 年版，第 91 页。

教育要求为每个人提供均等的就学和随后培训的机会。同时，要提高处境不利居民的入学率，加强对过早辍学青年的非正规教育。

（2）推动社会进步

终身教育是实现社会民主的重要手段和条件。保罗·朗格朗认为，教育把现在、过去以及未来的一代又一代的人联系起来，向年轻人传播他们的祖先思考过、感受过、创造过的东西，这不仅是为他们自己，而且也具有世界意义。在他看来，终身教育的最终目标是努力建设更美好的生活，而从长远来说，"为寻求更好生活的唯一解决办法，在于社会彻底地贯彻终身教育的原则，并且把教育同社会的进步和成就紧密地联系在一起"。[①] 查尔斯·赫梅尔关于教育对社会的作用说得很中肯：

> 毫无疑问，单单依靠教育是不可能促进发展进程的。但是，同样明显的是，教育是社会发展的基本因素。[②]

（3）促进世界和平

在人类发展史上，曾经经历过无数大大小小的战争，这些战争给人类带来了不可估量的损失。尤其是 20 世纪上半期所爆发的两次世界大战，更给世界各国人民带来了深重的灾难。历史的教训告诫我们，人类的生存和发展有赖于和平安定的国际环境。要保持和平安定的环境其基本前提是各国人民的相互理解和信任，教育即是达到这种相互理解和相互信任的重要途径。教科文组织"组织法"中的名言

---

① ［法］保罗·朗格朗著，滕星等译：《终身教育导论》，华夏出版社 1988 年版，第 18 页。

② ［瑞士］查尔斯·赫梅尔著，王静、赵穗生译：《今日的教育为了明天的世界》，中国对外翻译出版公司 1983 年版，第 124 页。

"战争起源于人之思想，故务须于人之思想中筑起保卫和平之屏障"①，所表达的正是这个道理。保罗·朗格朗指出，使每个人都热爱和平是任何一种形式的教育的基本目的。他认为，教育应当向人们灌输一种和平精神，在各门课程的教学中要谴责对外国人的侵略心理。在他看来，我们不应"把外国人看作是抽象的实体，看作敌人，而是看作大量的、有着他们自己的悲欢和问题的自决的人类生命的那一切，使我们能够洞悉以不同方式表达人类的共同方面的一切，都有助于唤醒和平的倾向"。②

第三节　终身教育理念的影响

终身教育作为当代重要的教育思潮，它不仅从理论上冲破了传统教育的一些桎梏，提出了令人耳目一新的教育理念，而且在世界范围内掀起了教育改革的高潮。

一、终身教育理念对教育理论的影响

终身教育的倡导者在系统考察当代社会变革对人类生存的挑战以及人类迎接挑战的需要，并在充分吸取现代教育学、心理学、社会学、人类学、生理学等众多学科最新研究成果的基础上，提出了独到而完整的终身教育理论体系，这是人类教育理论发展历史上具有深远意义的重大变革。正如我国学者高志敏所指出的："终身教育是现行教育的超越和升华——终身教育绝非心血来潮的时髦名词，亦绝非对传统教育形式的

---

　　① [瑞士] 查尔斯·赫梅尔著，王静、赵穗生译：《今日的教育为了明天的世界》，中国对外翻译出版公司1983年版，第118页。

　　② [法] 保罗·朗格朗著，滕星等译：《终身教育导论》，华夏出版社1988年版，第100页。

替代或叠加，更不是一时所需的权宜之计，而是高屋建瓴，饱含可持续发展意识，旨在超越百年传统学校教育之'凡'，脱落现行教育及其各种形式之间壁垒森严之'俗'，实现教育彻底变革以及勾画其未来前景的一种创新思维和系统思考。"①

　　终身教育理念是对教育的全新认识和全新理解。它冲破了旧的传统教育的定义，扩大了人们对教育研究的视野。虽然以往人们也把教育划分为广义和狭义两个层次，但是在探讨教育问题的过程中有的人总是自觉或不自觉地把研究的中心放在学校教育上。"当人们谈起教育问题时，头脑中总是在考虑那四周围墙的校园，整齐划一的教室，按部就班的课堂教学和天真幼稚的儿童们。"② 显然，这是一种狭隘的教育观念。它把教育局限于学校之内和青少年之时，束缚了教育理论研究的视野。在这种教育观念指导下的教育理论研究，它关注的只是教育的部分领域（即学校）和教育的某些阶段（即青少年时期），缺乏系统性和全局性。在变化缓慢的传统社会里，这种教育观念也许问题不大，但在当今快速变革的现代社会则日显落伍。一句话，传统教育理论对教育的解释力太弱，远远不能适应当代教育改革与发展的需要。终身教育理论则不然，它之所以能成为当代统领全局的教育根本指导思想，原因在于它不再将教育局限于社会的某个领域和人生的某个阶段。在它看来，教育是一个纵横交错、相互衔接，并贯穿于整个人生的活动。这样一来，就最大限度地丰富和拓展了"教育"这一概念的内涵和外延，实现了对传统的教育观念的根本性超越。"这一超越开阔了人们的研究视野，使人们认识到当代教育改革是一项全人类的系统工程，必须自觉地把自己对某一具体教育问题或领域中的研究置于这一大的系统中去思考，才能得出与之

---

　　① 高志敏：《关于终身教育、终身学习和学习化社会理念的思考》，《教育研究》2003 年第 1 期，第 81 页。

　　② 乔冰、张德祥：《终身教育论》，辽宁教育出版社 1992 年版，第 35 页。

相适应的有益的成果"。①

此外，由于终身教育大大地扩展了教育的时间和空间，因而当代教育理论研究除了继续关注学校教育以外，已把视角伸向众多其他领域，如学前教育、成人教育、老年教育、家庭教育、社会教育（社区教育）、网络教育、企业教育、自我教育等，这些领域的研究成果不断涌现和日益丰富。

二、终身教育理念对教育实践的影响

终身教育理念不仅对当代教育理论研究具有积极的启示意义，同时对当代教育实践也具有重要的影响作用。从当前各国教育的实践来看，终身教育已经成为教育改革的基本原则和教育发展的根本指导思想。

1.打破了学校对教育的垄断，促进了非正规与非正式教育的发展

终身教育理论要求在改造现有学校教育的同时，将其他各种教育（如家庭教育、社会教育、学前教育、成人教育、老年教育、自学教育等）有机地统一起来。终身教育理论认为，在当代庞大的教育系统中，各个层次和各种类型的正规教育、非正规教育和非正式教育，对于当代人类应付各种纷繁复杂的挑战都具有不可或缺的作用。它把学校教育以外的一切教育因素都包容到教育概念之中，目的在于尽最大可能地弥补学校教育在当代社会发展中日益暴露出来的一些局限和不足，为人们提供更多的学习机会，增强人们应付挑战的能力。库姆斯指出，由于高昂的费用，普及正规的义务教育对于满足多种学习需求未必就是最有效的途径。而且，非正规教育的人均费用，一般会低于正规的学校教育，这也是显而易见的。② 正是在终身教育理论的影响下，当代各国的各种非

---

① 乔冰、张德祥：《终身教育论》，辽宁教育出版社1992年版，第36页。

② 瞿葆奎主编：《教育学文集·教育制度》，人民教育出版社1990年版，第481页。

正规教育和非正式教育都得到了长足的发展。

2. 推动了学校教育的改革

从全面的观点看，终身教育不仅仅是扩大了教育的范围和延长了教育的时间，而且要求对传统的学校教育进行全面的改革。众所周知，终身教育的提出，其中一个重要原因是传统的学校教育存在着许多弊端。因此，终身教育理念成为整个教育改革的重要指导思想，当然也是当代学校教育改革的基本原则。"在这一原则的影响下，人们把学校的培养目标从单纯的传授知识转变到培养适应社会变革的各种能力，尤其是学习能力上。"[①] 当代学校教育努力追求的目标正是要教会人们如何学习，为将来的进一步继续学习打下良好的基础。托斯顿·胡森等主编的《国际教育百科全书》在谈到终身教育影响下学校教育的改革问题时，也曾深刻地揭示道：

> 学校的作用要完全地改变。基础教育应该成为一种序曲，而不是基本上是一个获得知识的过程。它应该使未来的成人掌握自我表达和与别人交流的方法，而不是提供各种不同学科的课程。主要强调的应该是掌握语言、发展注意和观察的能力、知道怎样和在哪里可以获得信息、与其他人合作工作的能力。[②]

同时，在终身教育思潮的影响下，当代学校已不是传统意义上的自我封闭的教育机构，而是更多地向社会开放，为成人提供各种受教育的机会。此外，一些新型的学校机构不断涌现和快速发展，如开放大学、

---

① 乔冰、张德祥：《终身教育论》，辽宁教育出版社 1992 年版，第 42 页。

② ［瑞典］托斯顿·胡森等主编：《国际教育百科全书》第 5 卷，贵州教育出版社 1990 年版，第 729 页。

函授大学、广播电视大学、网络学院等。

3. 有利于人的个性的发展

众所周知，每个人都有自己区别于他人的独特的个性。"每一个学习者的确是一个非常具体的人。他有他自己的历史，这个历史是不能和任何别人的历史混淆的。他有他自己的个性，这种个性随着年龄的增长而越来越被一个由许多因素组成的复合体所决定。这个复合体是由生物的、生理的、地理的、社会的、经济的、文化的和职业的因素所组成的，而这些方面对于每一个人来说，都是各不相同的。当我们决定教育的最终目的、内容和方法时，我们又如何能够不考虑这一点呢？"① 托斯顿·胡森等主编的《国际教育百科全书》对此分析道：目前的教育不考虑人的个性的基本因素。在当前的体制下，也没有时间来考虑这一点。学校教育只在一个固定年龄段进行，又在一个特定年龄段结束，而根本没有考虑这样一个事实，即具有相同智力和能力的个人，他们的进展节奏是不同的，例如有些人可能在 20 岁就成熟了，而有些人却要到 30 岁或者甚至更晚才能达到这个成熟阶段。在该书看来，考试和评价在使人失去个性的过程中也起了重要的作用。学校的评价标准是不带有个性的，而只管他（她）是好学生还是坏学生。作者指出，这种评价是非常肤浅的，它忽视了学生个性发展的规律。② 而终身教育则不同，它将教育贯穿于整个人的一生，从而为每个人提供更宽广的发展范围和更多的发展机会，同时还由于它的内容和形式的多种多样，因而能适合人们更多的不同的需要。

---

① 联合国教科文组织国际教育发展委员会编著，华东师范大学比较教育研究所译：《学会生存——教育世界的今天和明天》，教育科学出版社 1996 年版，第 195—196 页。

② ［瑞典］托斯顿·胡森等主编：《国际教育百科全书》，第 5 卷，贵州教育出版社 1990 年版，第 730 页。

4.有助于改变传统的学习成败观

在传统的教育体制下，学生被分为两类：一类是成功者，另一类则是失败者。有时候，一次关键性的考试失败，很可能意味着他终身都丧失成功的机会。正所谓"一失足成千古恨"。而在终身教育理念看来，失败和成功都只具有相对的意义。"如果有合适的教育结构，人们参加了继续教育的过程，不断地学习新的东西，那么失败就只不过是相对的。如果他们在一次特有的冒险行动中没有得到成功，许多其他的机会还是对他们开放着的，他们还可以在那些机会中试试自己的能力。他们没有成为失败者，他们只不过在自己的生活中有过一次失败。同样地，成功也是相对的，仅仅在一系列事业的一桩中有所成就未必一定能证明获得了成功。"①

从以上所述可以清楚地看出，终身教育理念无论是对现代教育理论还是教育实践都产生了重要的影响。尽管终身教育在实施的过程中可能会遇到各种困难和障碍，但是历史的潮流是不可阻挡的。我们完全有理由相信，随着时代的不断发展，终身教育理念的影响还会进一步扩大，它必将进一步深入人心，并将日益显示其旺盛而强大的生命力。

---

① ［瑞典］托斯顿·胡森等主编：《国际教育百科全书》，第 5 卷，贵州教育出版社 1990 年版，第 729—730 页。

第三章　全民教育理念

　　每一个人——儿童、青年和成人——都应能获得旨在满足其基本学习需要的受教育机会。基本学习需要包括基本的学习手段（如读、写、口头表达、演算和问题解决）和基本的学习内容（如知识、技能、价值观念和态度）。这些内容和手段是人们为能生存下去、充分发展自己的能力、有尊严地生活和工作、充分参与发展、改善自己的生活质量、作出有见识的决策并能继续学习所需要的。[①]

　　让每个人都享有受教育的机会，这是人类长期以来不懈追求的理想与目标。1990 年由联合国教科文组织等发起召开的"世界全民教育大会"是这种追求的新的集中体现。"全民教育"从此成为最具影响力的教育理念之一，在当代世界教育改革与发展大潮中发挥着非常重要的作用。

第一节　全民教育理念提出的背景

　　全民教育的理念并非始于 20 世纪 90 年代。早在 1948 年 12 月联合国大会就通过了《世界人权宣言》，该宣言的第 26 条提出：人人都有受

---

　　① 赵中建编：《教育的使命——面向二十一世纪的教育宣言和行动纲领》，教育科学出版社 1996 年版，第 15—16 页。

教育的权利。此后数十年，国际社会和联合国相关机构为实现这一目标进行了不懈的努力。

当然，"全民教育"这一概念的正式提出，则是始于1990年在泰国宗滴恩召开的"世界全民教育大会"。1990年3月5日至9日，由联合国教科文组织、联合国儿童基金会、联合国开发计划署和世界银行共同发起，在泰国的宗滴恩（Jomtien）召开了"世界全民教育大会"（World Conference on Education for All），来自世界150多个国家以及联合国系统各机构、20个政府间组织和150多个非政府组织约1500名代表、观察员及专家出席了会议。会议的主要成就是讨论并通过了《世界全民教育宣言：满足基本学习需要》（*World Declaration on Education for All: Meeting Basic Learning Needs*）和实施宣言的《满足基本学习需要的行动纲领》（*Framework for Action to Meet Basic Learning Needs*）。"全民教育"（Education for All）概念由此而被正式提出，并成为当代世界重要的教育理念。全民教育理念的提出，主要有以下几个方面的原因：

一、受到世界卫生组织"全民健康"政策倡议的激励

1978年在苏联的阿拉木图举行的国际基本保健会议指出，世界上亿万人民的卫生状况很不理想，要求全球社会在世界各国人民间"对保健资金做到更为公平的分配"，从而使他们在社会生活和经济生活方面能够过得更好。在联合国大会的同意下，世界卫生组织立刻接受了这一要求，并于1981年通过了到2000年达到全民健康的全球战略。受到世界卫生组织"全民健康"大胆倡议的鼓舞，并且看到其口号的鼓动力量，联合国教科文组织提出了"全民教育"的倡议。[1]

---

① 参见［印］哈本斯·S.波拉著，曾子达译：《成人识字教育：从观念到实施策略》，《教育展望（中文版）》1990年第24期，第36页。

二、得益于联合国儿童基金会的参与

不过，"全民教育"理念提出以后并没有立即受到广泛的关注。这种状况的改善得益于联合国儿童基金会（UNICEF）的参与。联合国儿童基金会不满足于只在支持儿童健康发展方面的努力，它计划将教育纳入自己对"儿童的综合服务"中，它希望有一次大的国际行动。已故儿童基金会执行主席格兰特（Jim Grant）和教科文组织前总干事马约尔（Federico Mayor）结成联盟，他们请求世界银行一起参与全民教育国际行动。此后，联合国开发计划署（UNDP）主动希望加入这一国际行动。至此，教科文组织、儿童基金会、世界银行和开发计划署结成了组织召开有史以来最重要的世界教育大会的联盟，并由一个联合秘书处为大会的召开作出富有成效的努力。这一切，使"世界全民教育大会"得以成功地于 1990 年在泰国的宗滴恩举行，并吸引了世界 150 多个国家的国家元首或政府首脑前往参加。① 这次会议提出的"全民教育"目标，代表了世界各国和国际教育界做出的一项庄严的承诺。

三、与当时的世界教育形势密切相关

全民教育理念的提出并得到广泛的传播，与当时世界教育的形势也具有密切的关系。第二次世界大战以后，世界教育事业得到了空前的发展，而在发展中国家尤为突出。就初等教育而言，发展中国家入学的儿童从 1960 年的 21 700 万人增加到 1987 年的 47 800 万人，估计 1990 年达到 50 530 万人。6—11 岁儿童的入学率从 1960 年的 48% 提高到 90 年代初的 77.8%。另一方面，世界范围内的成人扫盲也取得了巨大的成就。在 20 世纪 50 年代，15 岁及 15 岁以上的非文盲人口为 89 000 万人，

① 赵中建：《全民教育——世纪之交的重任》，四川教育出版社 1999 年版，第 12 页。

到 20 世纪 90 年代初则达到 263 300 万人，也就是说，在将近 40 年中增加了两倍。全世界的文盲率从 1950 年的 44% 降至 1990 年的 26.5%。在发展中国家中，只用了短短的 20 年（1970—1990），非文盲成年人数就增加了 2.5 倍，文盲率从 54.7% 降至 34.9%。[①]

但是，在世界范围内，尤其在发展中国家，基本教育也存在一些严重的问题。《世界全民教育宣言——满足基本学习需要》对此归纳如下：[②]

●1 亿多儿童，其中包括至少 6000 万女童，未能接受初等学校教育；

●9.6 亿多成人文盲，其中 2/3 是妇女；功能性文盲已成为包括工业化国家和发展国家在内的所有国家的严重问题；

●世界 1/3 以上的成年人未能学习能改进其生活质量并帮助他们适应社会和文化变化的文字知识及新技能和新技术；

●1 亿多儿童和不计其数的成人未能完成基础教育计划；更多的人虽能满足上学的要求，但并未掌握基本的知识和技能。

出现上述问题的重要原因在于，世界面临着许多令人担忧的问题，如明显加重的债务负担、经济停滞和衰退的威胁、人口的迅速增长、国家之间及各国内部日益扩大的经济差距、内乱、暴力犯罪、本可预防的无数儿童的夭亡以及普遍的环境退化。《宣言》指出，"这一系列问题限制了为满足基本学习需要所作的努力，而相当一部分人基础教育的缺乏

① ［西班牙］费德里科·马约尔：《全民教育：2000 年的挑战》，《教育展望（中文版）》1991 年第 28 期，第 33 页。

② 赵中建编：《教育的使命——面向二十一世纪的教育宣言和行动纲领》，教育科学出版社 1996 年版，第 13 页。

又阻碍了各社会全力且有目的地解决这些问题。这些问题导致了 20 世纪 80 年代基础教育在许多最不发达国家的明显倒退。在其他一些国家里，经济的增长使资助教育的扩展成为可能；但即使如此，仍有许许多多的人处于贫困之中，未受过教育或仍为文盲。在某些工业化国家，整个 80 年代政府开支的削减也造成了教育状况的恶化。"[1]

第二节　全民教育理念的内容

教科文组织的全民教育理念涉及的内容十分丰富，概括起来主要包括全民教育的内涵、全民教育的意义、全民教育的目标、全民教育的实施等几个方面。

一、全民教育的内涵

全民教育的基本内涵是指教育要满足每一个人——儿童、青年和成人——的基本学习需要。什么是基本学习需要呢？《世界全民教育宣言》作了如下界定："基本学习需要包括基本的学习手段（如读、写、口头表达、演算和问题解决）和基本的学习内容（如知识、技能、价值观念和态度）。这些内容和手段是人们为能生存下去、充分发展自己的能力、有尊严地生活和工作、充分参与发展、改善自己的生活质量、做出有见识的决策并能继续学习所需要的。"[2] 全民教育的重点主要包括普及初等教育，消除男女受教育之间的差距，扫除成人文盲等。

---

① 赵中建编：《教育的使命——面向二十一世纪的教育宣言和行动纲领》，教育科学出版社 1996 年版，第 14 页。

② 赵中建编：《教育的使命——面向二十一世纪的教育宣言和行动纲领》，教育科学出版社 1996 年版，第 15—16 页。

二、全民教育的意义

关于全民教育的意义，教科文组织的教育文献作了充分的肯定。这里拟从满足基本学习需要和教育中的性别平等对个人与社会的影响作用进行具体的分析。

1. 满足基本学习需要可以促进个人与社会的发展

满足基本学习需要可以使人有能力理解人类共同的文化遗产，掌握共同的文化和道德价值观念，并有效地参与社会生活。联合国教科文组织前总干事松浦晃一郎在为《性别与全民教育：跃上平等》（2003—2004 年全民教育全球监测报告）所写的序言中将教育看成是引导和照亮人们生活的火炬，认为教育不仅有益于个人，而且也是社会的根本利益所在，因为经济与社会的进步依赖于它。同时，满足基本学习需要本身不仅仅是目的，它还是终身学习的基础，决定着人们后续教育的质量。联合国教科文组织前总干事费德里科·马约尔在《全民教育：2000年的挑战》一文中正确地指出：

> 全民教育，或者更确切地说，基础教育和文化教育——这是教育的基础，在很大程度上也是在其后各阶段提高质量和获得成功的决定因素。[①]

作为 1990 年泰国宗迪恩"世界全民教育大会"和 1993 年印度新德里"九个人口大国全民教育首脑会议"的后续活动，1995 年 3 月 10 日在"世界社会发展问题首脑会议"期间，出席会议的世界 9 个人口大国领导人在联合国教科文组织以及联合国开发计划署、人口基金和儿童基

---

① ［西班牙］费德里科·马约尔：《全民教育：2000 年的挑战》，《教育展望（中文版）》1991 年第 28 期，第 37 页。

金会的组织下举行了另一个首脑会议。9 国领导人发表的联合公报《九
个人口大国代表团团长的联合公报》强调了全民教育在社会发展中的重
要作用，指出："全民教育是现代社会中克服排斥和实现社会融合之必
需，是成功地减少失业和消灭贫困之手段。"①联合国有关组织和机构也
就全民教育发表了公报——《联合国机构和组织领导人就全民教育的公
报——社会发展之必需》也指出："接受基础教育和终身教育机会既是
一项基本人权，也是人类发展之必需；特别是女童和妇女的教育，通过
扩大她们选择的机会以使她们充分发挥其潜力，极大地促进了社会发展
和社会公正。"②

马约尔对于世界范围内存在的文盲问题表示深深的忧虑和不满。他
说，仅在发展中国家就有 9.5 亿文盲和大约 3200 万功能性文盲，还有 1
亿以上的学龄儿童没有上学。针对这种现象，他尖锐地批评道：

> 这样的事实实质上是对情理的冒犯，也是对我们的良心的
> 挑战。文盲对其本人是非常不利的，而对社会则是令人不能容
> 忍的反常现象。在这科学技术瞬息万变，历史进程飞速发展，
> 社会、经济和政治空前变革的时代，尤其如此。③

《教育展望》1991 年发表的另一篇文章也指出，文盲不仅仅是社
会经济发展的一个障碍，而且是对基本人权的否定。关于扫盲的意
义，作者认为"扫盲最突出的价值在于有助于争取实现人们的自我完

---

① 赵中建编：《教育的使命——面向二十一世纪的教育宣言和行动纲领》，教育科
学出版社 1996 年版，第 223 页。

② 赵中建编：《教育的使命——面向二十一世纪的教育宣言和行动纲领》，教育科
学出版社 1996 年版，第 225 页。

③ [西班牙]费德里科·马约尔：《全民教育：2000 年的挑战》，《教育展望（中文版）》
1991 年第 28 期，第 35 页。

善和个人的解放"。①该杂志1990年发表的题为《谁从文盲现象中获益？扫盲与赋予权力》文章更详细地阐述了扫盲对于个人和社会进步的深刻影响。作者认为，摆脱文盲状态可以使人们获得自信并从依赖的束缚中解放出来；使人们能更好地支配他们自己的生活；使人们具有政治意识和鉴别能力，认识到并能争取和捍卫自己的权利。作者最后总结说，"文盲必定软弱无能，必定受到忽视。扫除文盲则赋予人们以权力，而这种权力是其他各种益处的基础，是人们及其社会进步的基础"。②

2. 教育中的性别平等符合个人和社会的利益

《世界全民教育宣言》在谈到教育机会平等问题时指出，所有儿童、青年和成人都必须获得达到必要的学习水平的机会，而"最为紧迫之事就是要确保女童和妇女的入学机会，改善其教育质量，并清除阻碍她们积极参与的一切障碍。应该摈弃教育中任何有关性别的陈规陋习"。③为什么强调教育中的性别平等？原因就在于，减少教育中的性别不平等，符合公民的个人和社会利益。印度妇女教育的先进邦喀拉拉邦的首席部长鲁纳卡兰（K.Karunakaran）说得好：

> 教育一个男人，受教育的只是一个人；教育一个女人，受教育的是几代人。④

---

① ［西班牙］加布利埃尔·卡尔塞莱斯：《实现2000年全部扫盲的目标可行吗?》，《教育展望（中文版）》1991年第28期，第51页。

② ［坦桑尼亚］优素福·卡赛姆：《谁从文盲现象中获益？扫盲与赋予权力》，《教育展望（中文版）》1990年第2期，第79—80页。

③ 赵中建编：《教育的使命——面向二十一世纪的教育宣言和行动纲领》，教育科学出版社1996年版，第17页。

④ 赵中建编：《教育的使命——面向二十一世纪的教育宣言和行动纲领》，教育科学出版社1996年版，第24页。

（1）教育中的性别平等可以提高妇女的地位

联合国人口基金会执行主席萨迪克（Nafis Sadik）博士指出："简单地说，——教育即权利——而且妇女必须有权掌握自己的命运。教育为妇女打开了机会之门，并给她们以选择。教育是克服那些将女童和妇女在家庭和社会中归入'二等公民'的陋习和传统的关键之所在。"①1993年召开的"九个人口大国全民教育首脑会议"除全体会议外，还举行了"女童和妇女教育、妇女权益与人口问题"专题会议。专题会议发表的同名专题报告指出，"通过接受与其需要和环境相适应的教育，妇女可以在家庭和整个社会的主要活动中逐渐变得更加为人瞩目并为众人所承认。就个人而言，教育可以加强妇女的自我价值、自信的能力感"。②

（2）教育中的性别平等可以提高经济和社会效益

1995年在北京举行的第四次世界妇女大会通过的《行动纲领》认为，投资于女孩和妇女的教育具有很高的经济效益，是实现可持续发展的最佳手段之一。1993年"九个人口大国全民教育首脑会议"专题会议发表的报告引用印度的研究结果指出：中学毕业的女子，其收入比未受过任何教育者多一倍多；而受过技术训练的妇女，她们的收入则比文盲女性多出三倍。《性别与全民教育：跃上平等》报告也充分肯定减少教育中性别不平等的经济效益。该报告援引经济学的分析成果指出：在受各级教育个人成本和随之的教育对个人的一生收益的影响关系基础上估计得出的个人教育收益率是很明显的，至少与家庭在别处投资的回报率一样高。报告还提到，在大多数国家中，妇女在劳动力市场遭受歧视，在一定的年龄和教育水平上，她们的工作收入比男性收入低。但工资增长

---

① 赵中建编：《教育的使命——面向二十一世纪的教育宣言和行动纲领》，教育科学出版社1996年版，第246页。

② 赵中建编：《教育的使命——面向二十一世纪的教育宣言和行动纲领》，教育科学出版社1996年版，第246页。

的比例（亦即收入率）与在每一级学校教育中增加一年的学习有关，这一点对两性是一致的。若收益确实有不同，通常会是女性优于男性。从宏观角度看，发展妇女教育，并通过增加妇女的工作时间，对于整个劳动供给具有重大的影响，可以提高全部劳动力的参与率，从而有助于促进经济的增长，并对社会未来的人力资本储备产生广泛的影响。

该报告还论述了教育性别平等的社会效益，认为提高妇女的受教育水平，有利于她们充分行使其公民权利。而如果将女童排除在外，会对她们的社会主体感产生负面影响，也会限制她们的公民和政治生活。此外，妇女接受学校教育还有一个益处是通过降低出生率而发挥经济和社会效益。报告认为，每增加一年的学校教育，便多一分对降低生育率的影响。而生育率的下降具有经济和社会意义。它减轻了家庭负担，增加了国家积累。它通过在就业上的影响，在人口比例上增加了劳动人口，同时也提高了个人收入。报告最后总结说："妇女教育的这些直接或间接的益处表明，当女性比男性更少接受教育时，社会便衰败。"而"一个促进教育中性别平等的决定性步骤，可以对经济增长和其他的发展政策的目标产生一个整体的积极影响。"①

（3）教育中的性别平等可以降低生育率和儿童死亡率

《教育——财富蕴藏其中》一书指出，妇女受教育的水平与人口出生率的下降具有明显的关系。该书引用联合国教科文组织1995年《世界教育报告》对这个问题的研究结果指出，在世界最贫困的地区，"妇女和女孩都受到一种循环的束缚，那就是有文盲母亲，就有文盲女儿；女儿早早结婚，就又像前辈那样被迫处于贫困和文盲状态，受高生育率和早亡之害"。因此，这是一个将贫困与男女不平等结合在一起的恶性

---

① 联合国教科文组织著，王晓辉等译：《性别与全民教育：跃上平等（2003—2004年全民教育全球监测报告）》，人民教育出版社2004年版，第30页。

循环。① 联合国教科文组织副总干事科林 N. 鲍尔在为《教育的使命——面向二十一世纪的教育宣言和行动纲领》一书所写的序言中更是将女童和妇女教育看成是降低生育率并最终减少人口压力的最有力的手段。关于教育与儿童死亡率的关系，"九个人口大国全民教育首脑会议"专题会议发表的报告认为：适当水平的教育，可以大大降低儿童的死亡率。该报告指出："有证据显示，母亲每多受一年学校教育，孩子的死亡率可以相应地降低 5%—10%。例如，在每 1000 个新生儿中，母亲为文盲的婴儿平均死亡 170 个，而母亲受过不少于六年教育的婴儿的死亡率约为 100 稍多一点。"② 报告认为，其中的原因在于，教育与接受新思想和革新观念密切相关，受过教育的母亲更倾向于关注孩子的健康卫生与营养，并在孩子生病时及时求医治病。

三、全民教育的目标

《世界全民教育宣言》确认的全民教育的最终目标是要满足全体儿童、青年和成人的基本学习需要。《满足基本学习需要的行动纲领》提出了各国在 20 世纪 90 年代全民教育的具体目标：

（1）扩大幼儿的看护和发展活动，包括家庭和社区的参与，尤其要针对贫困儿童、处境不利儿童和残疾儿童的看护和活动发展；

（2）到 2000 年普及并完成初等教育（或任何被认为是"基础"的更高层次的教育）；

---

① 国际 21 世纪教育委员会报告，联合国教科文组织总部中文科译：《教育——财富蕴藏其中》，教育科学出版社 1996 年版，第 63—64 页。

② 赵中建编：《教育的使命——面向二十一世纪的教育宣言和行动纲领》，教育科学出版社 1996 年版，第 248 页。

（3）提高学习成绩，使商定的适当年龄组的百分比（如14 岁年龄组的80%）达到或超过规定的必要学习成绩的水平；

（4）降低成人文盲率（各国自定适当的年龄组），例如到2000 年减少至1990 年水平的一半，要特别重视妇女扫盲以明显地减少男女文盲率之间的差异；

（5）扩大提供基础教育和青年及成人所需要的其他必需技能的培训，并根据行为变化及对健康、就业和生产力的影响来评估计划的有效性；

（6）通过包括新闻媒介、现代或传统的其他交流形式以及社会行动在内的所有教育渠道，使个人和家庭更多地获得更好地生活和合理地可持续发展所需要的知识、技能和价值观念，并根据行为变化来评估其有效性。①

2000 年4 月在塞内加尔的首都达喀尔召开的"世界全民教育论坛"，对全民教育的十年历程进行了全面的总结，通过了新的《全民教育行动纲领》。它对《世界全民教育宣言》提出的目标作了一定的修正，提出了全民教育的六个新的目标：

（1）扩大和改善幼儿教育，尤其是最脆弱和条件最差的幼儿的全面保育与教育；

（2）确保在2015 年以前所有的儿童，尤其是女童、各方面条件较差的儿童和少数民族儿童，都能接受和完成免费的和高质量的义务初等教育；

---

① 赵中建编：《教育的使命——面向二十一世纪的教育宣言和行动纲领》，教育科学出版社1996 年版，第28 页。

（3）确保通过公平获得必要的学习机会，学习各种生活技能，来满足所有青年人和成年人的学习需求；

（4）2015 年以前，使成人脱盲人数，尤其是妇女脱盲人数增加 50%，所有的成年人都能有接受基础教育和继续教育的平等的机会；

（5）在 2015 年以前，消除初等教育和中等教育中男女生人数不平衡的现象，并在 2015 年以前实现教育方面的男女平等，重点是确保女青少年有充分和平等的机会接受和完成高质量的基础教育；

（6）全面提高教育质量，确保人人都能学好，在读、写、算和基本生活技能方面都能达到一定的标准。①

根据新的形势和 2002—2007 年的中期发展战略目标，联合国教科文组织在 2005 年的第 171 次会议上又制定了国际全民教育未来十年（2005—2015 年）的战略目标。战略目标分为四大项，每一项都有具体的亚目标。②

（1）为世界全民教育的实施提供政策指导，成立专家智囊团，协调各国国家教育部门的相关计划和除贫战略。它包括四个亚目标：第一，支持反映全民教育全部日程的有效国家教育计划，并使其与国家除贫战略计划相吻合；第二，加强国家和区域全民教育规划智囊团的建设，提高全民教育策划、管理、统计、监督和评估方面的质量，并促进部长级官员之间的交流和合作；第三，促进政策对话，鼓励公民社团（与全民

---

① 转引自国家教育发展研究中心编著：《2004 年中国教育绿皮书——中国教育政策年度分析报告》，教育科学出版社 2004 年版，第 219 页。

② 武学超：《联合国教科文组织 2005—2015 年全民教育战略目标与实施计划》，《世界教育信息》2005 年第 8 期，第 5 页。

教育有关的非政府、非营利团体）和地方社区积极参与各级全民教育决策；第四，加大各国与联合国教科文组织、世界银行、区域发展银行以及其他非政府全民教育伙伴之间的合作力度。

（2）不断增强全民教育国际伙伴间的合作与协调，提高全民教育资料分析质量，加大对全民教育的支持力度。具体包括：第一，协调全民教育伙伴关系保持良好的合作势头；第二，增强全民教育资料的时效性，提高资料的分析和使用质量标准；第三，加大全民教育的支持和交流力度；第四，提高全民教育的资源流动性。

（3）实施三大国际性核心工程：脱盲与权利获得工程、撒哈拉以南非洲教师培训工程、全球艾滋病及教育工程。第一，致力于全民文化素质的提高和相关的脱盲工程；第二，致力于教师培训及相关的撒哈拉以南非洲教师培训工程；第三，致力于艾滋病预防教育及相关的教育工程。

（4）促进国际素质教育的发展。第一，形成全民教育伙伴对素质教育新方法的共识；第二，发展和平、人权和人类安全教育。

四、全民教育的实施

《世界全民教育宣言》将政府的作用放在首要位置，要求各国政府把开展全民教育作为国家一级的优先行动，每个国家都要制定或更新综合的长期行动计划，并给予必要的资源保证。政府要创造良好的政策环境，通过采取立法及其他措施以推动并促进各相关部门之间的合作。它特别呼吁政府要加强对全民教育的投入，认为一些国家对教育的财政总投入很低，它们必须探索将用于其他一些目的的部分公共经费重新分配给基础教育的可能性。

1.全民教育的设想

《世界全民教育宣言》指出，满足全民的基本学习需要，光靠加强现存的基础教育是不够的。它需要一种"扩大的设想"，在依靠现行实践优点的同时，能超越现有的资源水平、制度结构、课程和通常的传授体系。扩大的设想包括：普及入学机会并促进平等；强调学习；扩大基础教育的手段和范围；改善学习环境；加强伙伴关系。这些设想的具体内容如下：

（1）普及入学机会并促进平等

这方面的工作包括以下几个方面：一是向所有儿童、青年和成人提供基础教育。为达此目的应扩大高质量的基础教育服务，而且必须采取始终如一的措施来减少差异。二是为实现基础教育机会均等，所有儿童、青年和成人都必须获得达到和维持必要的学习水平的机会。三是确保女童和妇女的入学机会，改善其教育质量，并消除阻碍她们积极参与的一切障碍，应该摒弃教育中任何有关性别的陈规陋习。四是必须积极消除教育差异。不应使如下一些社会地位较低的群体在获得学习机会上受到任何歧视——穷人、街头流浪儿和童工，农村和边远地区人口、游牧民和移民工人、土著居民，种族、民族和语言方面属于少数的群体，难民、因战争而流离失所者以及被占领区居民。五是残疾人的学习需要应受到特别的关注。必须采取步骤为各类残疾人提供平等的受教育机会，以作为教育制度的一个组成部分。

（2）强调学习

对个人或对社会来说，扩大了的教育机会是否会表现为有意义的发展，最终取决于作为这些教育机会的结果，人们是否实际地学到了什么，即他们是否学到了有用的知识、推理能力、各种技能以及价值观念。因此，基础教育必须把重点放在知识的实际获得和结果上，而不单纯注重入学及完成证书的要求。积极参与的方法对于确保知识的获得和学习者充分开发自己的潜力，具有特殊的价值。

（3）扩大基础教育的手段和范围

儿童、青年和成人基本学习需要的多样、复杂以及变化着的特性，要求扩大并不断重新确定基础教育的范围以便包容如下项目：第一，出生即为学习之始。这就要求早期的幼儿看护和初始教育，而这一切可以通过家庭、社区或机构作出适当的安排。第二，初等学校教育是除家庭教育外对儿童进行基础教育的主要传授系统。初等教育必须普及以确保所有儿童的基本学习需要得到满足，并考虑社区的文化、需要和机会。倘若补充的可选计划具有与普通学校相同的学习标准并得到充分的支持，它们就能有助于满足那些没有或很少有机会接受正规学校教育的儿童的基本学习需要。第三，青年和成人的学习需要是多样的，应该通过多种传授系统予以满足。扫盲项目必不可少，因为识字本身就是一种必要的技能，也是其他生活技能的基础。其他的学习需要可通过下述方式予以满足：技能培训，学徒，以及涉及保健、营养、人口、农业技术、环境、科学、技术、包括生育意识的家庭生活以及其他社会问题的各种正规和非正规教育计划。第四，可以利用信息、通信和社会活动方面所有可能的手段和渠道来帮助传播必要知识，并就社会问题向人们进行宣传和教育。除传统的手段外，还可以调动图书馆、电视、广播和其他传播媒介并发挥其潜力以满足全民的基础教育需要。

（4）改善学习环境

学习不是在孤立的状态中进行的。因此，社会各方面都必须确保使所有学习者都得到他们所需要的营养、卫生保健以及一般的物质和情感支持，从而使他们能积极参与教育并从中获益。

2. 全民教育的要求

（1）创造一个支持性的政策环境

支持性的政策环境主要包括以下两个方面：一是为了实现基础教育为个人和社会发展服务的全面实施和利用，需要在社会、文化和经济部门采取支持性政策。全民基础教育的实施有赖于政治上的承诺和决心，而这种承诺和决心要得到适当的财政措施的支持，并随着教育政策的改革和制度的健全而得到加强。恰当的经济、贸易、劳工、就业以及保健的政策将有助于鼓励学习者对社会发展作出贡献。二是社会还应确保为基础教育提供一个智力的和科学的环境。同当代的科学技术知识保持密切的联系，在各级教育中都应是可能的。

（2）调动资源

资源的调动主要有两个方面：一是如果全民的基本学习需要是通过比以往范围更大的行动予以满足的话，就必须调动现有的和新的财力资源和人力资源，不论是公共的、私人的和还是捐助的。二是扩大公共部门的支持，意味着利用负责人力开发的所有政府机构的资源，这要通过在明确承认教育是各种争取国家资源的要求中，虽不是唯一的但却是一项重要要求的情况下，增加对基础教育设施拨款的绝对数和比例。

（3）加强国际团结

加强国际团结具体来说包括以下几个方面：一是满足基本学习需要构成了一种人类共同的普遍责任。它需要国际的团结以及平等的和公正的经济关系，以便纠正现有的经济差距。所有国家在设计有效的教育政策和方案方面，都有着可以共享的宝贵知识和经验。二是基础教育的资源需要有根本的长期的增长。包括政府间组织和机构在内的国际社会有责任去尽快消除妨碍一些国家实现全民教育目标的障碍。这将意味着采取一些能增加国家预算或有助于解除其沉重债务负担的措施。三是成人和儿童的基本学习需要只要存在，就必须予以满足。最不发达国家和低收入国家有着特殊的需要，即要求 20 世纪 90 年代的国际支持优先用于基础教育。四是所有国家还必须共同努力来消除冲突和战乱，结束军事占领，安置难民或促使他们返回家园，并确保他们的基本学习需要能得到满足。

3. 全民教育的行动

《满足基本学习需要的行动纲领》提出，满足全民教育基本学习需要方面的进展，最终取决于各国内部采取的措施；尽管各国的国情存在差异，但在全民教育方面遇到的许多问题却有相似之处。所以，加强各国之间的合作有助于全民教育在世界范围的开展。为此，《行动纲领》提出了国家、区域和国际三个层次的优先行动准则和框架。

（1）国家一级的优先行动

《行动纲领》提出，满足全民基本学习需要方面的进展将最终取决于各国所采取的行动。《行动纲领》还提出了一系列的具体要求：一是制定行动计划。为了实现自己确定的目标，每个国家都要制定或更新综合的长期行动计划，以满足所界定的"基本的"学习需要。为了指导各有关部门的活动，全民基础教育的行动计划必然是多部门性质的。二是创造良好的政策环境。多部门的行动计划意味着要调整各部门的政策，这样各部门之间就会以一种符合国家总的发展目标的相互支持、彼此受益的方式互为影响。满足基本学习需要行动，应是一个国家的全国和地方发展战略的组成部分，应反映出对人力开发的优先重视。三是制定改善基础教育的政策。《行动纲领》指出要重视幼儿的看护和发展，认为这对于实现基础教育目标至关重要。同时还提出要改善学校教育的条件，扩大接受高质量基础教育的机会，确保女童和妇女坚持参加基础教育活动，采取措施扩大各种处境不利群体的学习机会。四是提高管理、分析和技术能力。《行动纲领》提出要加强与基础教育相关的各类人员的培训，要重视收集、处理和分析关于基础教育的资料和信息，要重视在教学中使用新的技术。五是建立伙伴关系并调动各种资源。在为促进基础教育而设计行动计划并创造一种良好的政策环境时，应考虑最大限度地利用各种机会来扩展现有的合作并使如下的新的合作伙伴会聚在一起：家庭和社区组织、非政府组织和其他志愿者协会、教师工会、其他专业团体、雇主、新闻媒介、政治党派、合作社团、大学、研究机构、宗教团体以至教育当局和其他的政府部门和机构。

（2）区域一级的优先行动

区域一级的优先行动主要包括交流信息和开展联合行动两个方面：一是交流信息、经验和专门知识。各种区域性机制，不论是政府间还是非政府间的，都促进着教育和培训、卫生、农业发展、研究和信息、通讯以及其他与满足基本学习需要相关的领域的合作。这类机制应该得到进一步的发展，以作为对其组成部分不断出现的需要的回应。二是开展联合行动。在支持各国努力实施基础教育行动计划方面，一些国家可以开展许多联合活动。这种形式的区域性合作特别适合的领域是：培训规划者、管理者、师范教师、研究人员等关键人员；努力改善信息的收集和分析；提供教育材料；利用通讯媒介来满足基本学习需要；管理和使用远距离教育服务。此外，还可以利用包括联合国教科文组织下属的一些国际性组织来促进这类活动。

（3）国际一级的优先行动

国际一级的优先行动的主要内容包括以下方面：一是国际范围内的合作。《行动纲领》指出，满足基本学习需要是人类共同的普遍责任，而世界范围内满足基本学习需要的前景又部分地取决于国际关系和贸易的动力。国际关系的缓和及冲突的减少，可以将军事开支转用于包括基础教育在内的社会有益领域。要采取措施减少或消除当前贸易关系中的不平衡及减轻债务负担等，以释放并保存向其国民提供基础教育所需要的人力和财力资源。二是提高国家能力。每一个国家都承担着设计和管理能满足其所有国民学习需要的计划的最终责任。国际支持可以包括资料收集、分析和研究、技术革新以及教育方法等方面的培训和机构发展。除了直接支持各国和各机构外，国际援助还可以用来支持那些组织联合研究、培训和信息交流的国际性、区域性和其他国家间机构的各种活动。三是对国家和区域性行动提供持续的长期支持。《行动纲领》认为，满足所有国家中所有人的基本学习需要是一项长期的任务。国际组织和机构应积极设法共同规划并保持对各种国家的和区域性的行动提供长期支持。

4. 全民教育的策略

联合国教科文组织在《性别与全民教育：跃上平等》报告中明确地提出了促进全民教育，尤其是促进教育性别平等的策略：[①]

首先，国家必须在促进全民教育平等中发挥首要作用。报告认为国家在促进教育的性别平等问题上至少有以下三个方面的重要作用：通过立法和政策改革，营造促进教育性别平等的环境；通过资金再分配，加强对女性教育的投资，采取消除性别不平等的特别措施；减轻外部动荡对女童和妇女的影响，例如战乱冲突、经济危机和艾滋病毒／艾滋病。为了改善教育中的平等，需要得到国家法律体系的广泛支持。而且不能仅仅有义务教育的法规，因为缺乏广泛的权益保护条款。宪法和法律的条款是政策与改革的基础，它应当规定国家对教育的承诺。但是，宪法保证本身不足以改变现实。关键的问题是这些承诺转化为可操作的法律和构想成熟的政策、计划、活动方案。教育基础设施建设和教育供给的计划与管理、鼓励项目的实施、教师行为的管理及教材的重组等活动，尽管有非国家的行为者的资助，但仍然需要政府的支持。

其次，各部门之间要建立伙伴关系。非政府组织、宗教组织及国家、社会运动都很重要。在建立强大的伙伴关系过程中，网络组织和获取信息是关键的一步。另外，增强其能力和责任感也非常重要。

再次，妇女与女童参与社会变革。妇女应当作为改革的重要参与

---

① 联合国教科文组织著，王晓辉等译：《性别与全民教育：跃上平等（2003—2004年全民教育全球监测报告）》，人民教育出版社2004年版，第189—221页。

者，而教育是支持这一过程的重要工具。在教育中要增强妇女的批判能力，使她们同时成为改革的合作者和首要的受益者。

第四，落实初等教育的费用。贫穷是接受学校教育和其他类型的教育机会的主要障碍。大多数国家都承诺保证免费的初等教育，现在的问题在于使这种承诺真正得到落实。

第五，确立目标和指标。目标和指标的确立，有助于提高绩效和增强责任，有助于产生紧迫意识并为此集中力量。

由上所述可见，全民教育理念开阔了教育的视野。其核心内容即基础教育必须以满足全民的基本学习需求为手段，以提高大众的生存质量、促进人和社会可持续发展为根本宗旨的思想符合当代社会的发展观和教育的内在规律。不能仅仅将满足每个人的基本学习需要看成是人的一项基本权利，它同时还应当被看作是传承人类优秀文化遗产，提高人的素质的重要手段。

第三节　全民教育理念的国际影响

全民教育理念提出以后，在世界上产生了广泛而持久的影响。20世纪90年代以来的一系列重大国际性教育会议或与教育相关的会议反复出现这个主题，得到许多国际性机构的热烈响应，越来越多的国家将它作为教育改革与发展的重要指导思想。

一、国际会议对全民教育的响应

"世界全民教育大会"以后，全民教育一直受到国际社会的高度重视。20世纪90年代以来的许多国际教育会议和其他国际与地区重要会议，都将全民教育作为一个重要议题，强调全民教育的重要意义，并在其宣言和行动纲领中重申国际社会对实现全民教育目标的承诺。

1. 全民教育国际咨询论坛会议

宗滴恩世界全民教育大会结束以后，世界全民教育的发起者——联合国开发计划署、联合国儿童基金会、世界银行和联合国教科文组织等除了从各自角度调整其行动战略，增加对全民教育的投入外，还建立了机构间的定期磋商机制——全民教育国际咨询论坛（以下简称为"全民教育论坛"）。它负责协调世界全民教育的行动和计划。为了便于指导有关活动，还成立了全民教育论坛指导委员会，它由 60 位来自国际组织、政府部门及社会各界（包括新闻界和企业界）人士组成。全民教育论坛秘书处的工作由联合国教科文组织秘书处承担。截至 2000 年初，全民教育论坛指导委员会先后召集了 13 次会议，研究和交流全民教育的进展情况。全民教育论坛指导委员会召开了 4 次全民教育论坛会议。第一次和第二次会议分别于 1991 年和 1993 年在巴黎和新德里召开，会上提出了对世界全民教育进程的监测计划；1996 年在安曼召开了第三次会议，对全民教育十年进行了中期评估；2000 年召开了第四次会议，对全民教育十年进行总结性评估。

1996 年 6 月 16 日至 19 日，在约旦首都安曼召开了全民教育论坛十年中期评估会议。来自世界 73 个国家的 250 多名政府代表和专家学者出席了会议，共同对 1990 年在世界范围内发起的全民教育十年进行中期评估，通过了《安曼公报》。《安曼公报》提出有必要对宗滴恩大会确定的目标进行了调整，世界全民教育今后要更加注重提高教育质量和针对性，重视妇女和女童教育。

全民教育 2000 年全面评估是全民教育论坛最重要的活动，也是宗滴恩会议后各方面参与最广泛的活动。评估包括各国在全民教育方面取得的进展、专题研究和学习成绩评估。评估工作引起了广泛的兴趣，为全民教育行动增添了活力。评估内容包括一切旨在满足儿童、青年和成人基本教育需要的计划和活动；还包括各国为满足基本教育需要所采取的主要措施、实施全民教育的战略和计划、资金动员和使用等方面的情况。

为筹备达喀尔世界教育论坛，世界全民教育的发起者——联合国教科文组织、联合国开发计划署、联合国人口基金会、联合国儿童基金会和世界银行等国际组织与其各地区的办事处，在 1999 年 12 月和 2000年 2 月期间先后召开了五个地区(撒哈拉以南非洲、亚洲及太平洋地区、阿拉伯国家、欧洲和北美洲地区、美洲和加勒比地区)磋商会议和九个人口大国部长级会议。会议的任务是分析各国自 1990 年以来教育发展报告中提供的数据；就世界教育论坛将通过的行动框架草案发表意见；提出各地区的行动计划。

2. 世界儿童问题首脑会议

1990 年 9 月 30 日，159 个国家的代表，其中 71 位国家元首或政府首脑聚集在纽约联合国总部，举行首次世界儿童问题首脑会议。首脑会议在其制定的儿童生存、保护与发展的行动计划中，规定了到 2000 年要实现的具体目标，其中有 2 项重申了全民教育的目标，即：(1) 普及基础教育并使至少 80% 的小学学龄儿童完成初等教育；(2) 将成人（由各国自己确定的适当年龄组）文盲率至少降低到 1990 年一半的水平，尤其要重视妇女文盲。

3. 联合国环境与发展大会

1992 年 6 月 3 日至 14 日，联合国环境与发展大会在巴西里约热内卢召开。180 多个国家派代表团出席了会议，103 位国家元首或政府首脑与会并讲话。参加会议的还有联合国及其下属机构等 70 多个国际组织的代表。会议讨论并通过了《里约环境与发展宣言》（又称《地球宪章》）、《21 世纪议程》等文件。《21 世纪议程》表示赞同世界全民教育大会所提出的各项建议，"努力确保普及基础教育，通过正规学校教育和非正规教育使至少 80% 的男女儿童完成初等教育，并使成人文盲率至少比 1990 年的水平减少一半。应集中力量降低高文盲程度，纠正妇女缺少基础教育的状况并使她们的识字水平同男性的水平相等"。①

4. 九个人口大国全民教育首脑会议

1993 年 12 月 12 日至 16 日，九个人口大国全民教育首脑会议在印度首都新德里召开。孟加拉国、巴西、中国、埃及、印度、印度尼西亚、墨西哥、尼日利亚、巴基斯坦等九个国家的政府首脑或教育部长及由他们率领的代表团成员 100 多人出席了会议。出席这次会议的还有发起此次会议的联合国教科文组织、儿童基金会和人口基金及其他政府间组织、非政府组织和一些捐助机构的代表。此次会议的宗旨是体现九个人口大国国家领导人对全民教育的关注，交流经验和探讨共同关心的问题，敦促国际社会特别是资金援助机构继续支持全民教育，以实现宗滴恩世界全民教育大会的目标。会议期间，九国除了分别制订各自的全民教育目标外，还通过了《德里宣言》。《德里宣言》是九国政府的庄严承诺。宣言由四部分组成。第一部分主要回顾世界全民教育大会以及世界儿童峰会提出的，通过普及基础教育和满足儿童和青年人学习需要的号召并重申各国的决心。第二部分重申《世界人权宣言》"人人都有受教育的权利"的宗旨，提出教育是提高人类的普遍价值，改善人力资源的质量以及尊重文化多样性的卓越手段。在肯定九国各自已经取得成绩的基础上，提出要开发新的教育内容和方法，以满足个人和社会的基本学习需要。鉴于九个人口大国的具体情况，特别是人口因素，《德里宣言》提出要加强女童和妇女的教育，因为她们的教育在促进社会发展及其个人潜力的发挥方面具有关键的作用。全民教育是一项社会化工程，要动员政府、家庭、社区和非政府组织的参与。第三部分表达了九国对实现

---

① 赵中建编：《教育的使命——面向二十一世纪的教育宣言和行动纲领》，教育科学出版社 1996 年版，第 87—88 页。

全民教育的决心与承诺，即决心遵照《儿童权利公约》的宗旨，保障儿童享受教育的权利；加强青年和成人的基础教育；消除由于性别、年龄、收入、家庭、文化、种族、语言以及地理位置造成的基础教育机会不平等；改革教育体制，改进教师的地位、培训和工作环境，以提高基础教育的质量；增加教育经费投入；广泛动员社会各界参与全民教育事业。第四部分强调加强国际合作开展全民教育的重要性，呼吁有关国际金融机构重视对教育的投入。

5.世界特殊需要教育大会

1994 年 6 月 7 日至 10 日，联合国教科文组织和西班牙政府在西班牙萨拉曼卡市联合召开了"世界特殊需要教育大会"，共有 92 个国家、25 个国际组织和机构，如联合国开发计划署、世界银行、国际劳工组织等及一些非政府组织，如世界盲人联合会、欧洲特殊教育联合会等近400 人出席了会议。这次会议旨在"通过考虑促进实现全纳性教育——即使学校能服务于所有学生尤其是有特殊教育需要的学生——所需要的根本的政策调整，来进一步实现全民教育的目标"。[①] 会议通过了《萨拉曼卡宣言：关于特殊需要教育的原则、方针和实践》和《特殊需要教育行动纲领》两份重要文件。大会重申对"全民教育"的承诺，认识到在普通教育系统中向具有特殊教育需要的儿童、青年和成人提供教育的必要性和紧迫性。"全纳性教育"和"全纳性学校"是本次大会提出的全新的思想和概念。全纳性教育是指教育应当满足所有儿童的需要，每一所学校必须接收服务区域内所有儿童入学，为这些儿童都能受到自身所需要的教育提供各种条件，并通过合适的课程、学校管理、资源利用及与所在社区的合作，来确保教育质量。全纳性学校是指学校应该接纳所

---

① 赵中建编：《教育的使命——面向二十一世纪的教育宣言和行动纲领》，教育科学出版社 1996 年版，第 128—129 页。

有的儿童，而不考虑其身体的、智力的、社会的、情感的、语言的或其他任何条件，也即不能将那些有特殊需要教育的儿童（残疾儿童和处境不利儿童）拒之门外。一方面普通学校应逐步成为"全纳性学校"，另一方面，特殊教育学校将逐步减少，并加强同普通学校的联系。

6. 国际人口与发展大会

根据联合国大会的决议，1994 年 9 月 5 日至 13 日，国际人口与发展大会在埃及首都开罗举行，183 个国家、联合国系统的 20 多个机构、5 个区域性经济委员会、30 多个国际政府间组织以及无数的非政府组织派代表出席了会议。会议通过了《国际人口与发展大会行动纲领》，《行动纲领》提出了正视整个人类所面临的人口、保健、教育和发展的许多根本性挑战，并建议国际社会承担起一系列的重要人口和发展目标，以及对实现这些目标具有关键意义的相互密切联系的质量和数量指标。《行动纲领》强调教育的重要意义，认为教育是可持续发展的一个关键因素，是改善生活质量必不可少的工具。同时也指出了教育存在的问题，认为尽管男女之间在教育成就方面的差异已经缩小，但全世界文盲中的 75% 仍是妇女，基础教育的缺乏和成人识字的低水平阻碍着每一个领域的发展进程。《行动纲领》重申 1990 年世界全民教育大会提出的所有国家应该巩固 20 世纪 90 年代在普及初等教育方面所取得的进展，要求所有国家在 2015 年前应进一步努力确保使所有男女儿童接受初等教育或同等程度的教育。

7. 第四届世界妇女大会

1995 年 9 月 4 日至 15 日，联合国第 4 届世界妇女大会在北京召开。来自 189 个国家和地区以及联合国机构、政府间国际组织、非政府组织的代表 15 000 余人出席了大会。大会的主题是：以行动谋求平等、发展与和平；副主题为健康、教育和就业。会议通过了《北京宣言》和《行动纲领》两个重要文件。《北京宣言》重申了男女平等的理念及平等、发展与和平的目标，敦促国际社会和各国政府对《行动纲领》中提出的各项目标作出承诺并付诸行动。《行动纲领》在阐述教育的重要意义及世界教育在性别平等方面取得较大进展的基础上，指出了在这方面存在的问题："世界全民教育大会通过《世界全民教育宣言》和《满足基本学习需要行动纲领》已 5 年多，大约 1 亿儿童包括至少 6 000 万女童还没有机会接受初级教育，全世界 9.6 亿成人文盲中，超过 2/3 是妇女。"①《行动纲领》在阐述战略目标时要求采取措施在所有级别的教育中消除歧视，以达到平等接受教育的目标，提出"到 2000 年普及基础教育，让至少 80% 的学龄儿童完成初等教育，到 2005 年消除初等教育和中等教育中两性的差距；到 2015 年在所有国家普及初等教育。……至少将女性文盲率削减到 1990 年的一半，重点放在农村妇女、移徙妇女、难民妇女、国内流离失所妇女和残疾妇女"。②

8. 联合国教科文组织第 32 届大会

2003 年 9 月 29 日至 10 月 17 日，联合国教科文组织第 32 届大会在巴黎总部召开，来自该组织 190 个成员国的约 300 名部长和近 3 000 名正式代表以及 1 000 名观察员出席了会议，其规模之大超过了以往历届大会，创造了联合国教科文组织的新纪录。从总体上看，全民教育、消除贫困、不同文化和文明间对话是本届会议关注的焦点。与会各国均表示，全民教育不但是联合国教科文组织的一面旗帜，更是该组织的灵魂，通过促进全民教育达到消除贫困是联合国教科文组织经过多年实践而做出的正确战略选择。代表们认为，尽管自 2000 年"达喀尔全民教育论坛"以来，全球范围内的全民教育发展遇到了重重困难，但与会各

①　赵中建编：《教育的使命——面向二十一世纪的教育宣言和行动纲领》，教育科学出版社 1996 年版，第 236 页。

②　赵中建编：《教育的使命——面向二十一世纪的教育宣言和行动纲领》，教育科学出版社 1996 年版，第 237 页。

国，特别是广大发展中国家一致表达了支持联合国教科文组织促进全民教育发展的意愿，同时呼吁发达国家和相关机构伸出援助之手，为全球全民教育的均衡发展付出更大的努力。联合国教科文组织开展的促进不同文化和文明间对话的活动，得到了与会各国的支持和积极回应。与会代表认为，这将有利于促进各民族间的了解与尊重，促进保护人的基本权利和民主进程，进而为维护世界和平和可持续发展做出应有的贡献。①

9. 联合国教科文组织"全民教育第三次高层会议"

2003 年 11 月 10 日至 12 日，由联合国教科文组织举办的"全民教育第三次高层会议"在印度首都新德里召开。本次会议的宗旨是，促使国际社会恪守 2000 年达喀尔《全民教育论坛》会议上通过的《世界全民教育行动纲领》中做出的承诺，到 2005 年要消除中小学的性别差异，到 2015 年实现所有儿童都能够完成高质量的初等教育，并将女童及妇女教育作为优先发展的领域。

二、国际机构对全民教育的响应

全民教育大会以后，一些国际机构也开始对教育资助做出调整，将重点放在满足基本学习需要上。据世界银行 1990 年发表的一份报告，在 20 世纪 80 年代，国际上对教育的资助在年均 42 亿美元的拨款中，只有不足 5% 给了初等教育，最大的份额给了中等教育和高等教育。全民教育大会后，多边和双边援助机构做出了增加教育援助的重要承诺。世界银行已将资助基础教育的经费从 1989 年的 3.7 亿美元逐步提高到 1990 年的 5 亿美元、1991 年的 8.49 亿美元和 1993 年的 10 亿美元；联

① 转引自国家教育发展研究中心编著：《2004 年中国教育绿皮书——中国教育政策年度分析报告》，教育科学出版社 2004 年版，第 218 页。

合国儿童基金会已将资助基础教育的经费从 1989 年的 4610 万美元提高到 1991 年的 7930 万美元，并计划到 1995 年将全部预算的 25% 用于基础教育。联合国开发计划署将把对教育的援助增加 1—2 倍；亚洲开发银行将增加对教育的援助；几乎所有双边机构都在审查它们的政策以便增加对教育的援助。联合国教科文组织本身虽不是一个经费资助机构，但它已将资助基础教育的经费从 1989 年的 2030 万美元增加到 1991 年的 2630 万美元，而且它用于基础教育的预算外的活动项目和经费也从 1988—1989 年度的 62 个项目的 1090 万美元增加到 1990—1991 年度 137 个项目的 2850 万美元。[①]

以促进儿童发展为宗旨的联合国儿童基金会对初等教育也非常关注。它发表的《联合国儿童基金会与基础教育》报告为 20 世纪 90 年代普及初等教育制定了明确的策略：[②]（1）确立一个系统而全面的基础教育与发展的措施；（2）建立一个统一但具有特色的初等教育制度；（3）在提高中扩大；（4）以女性教育为重点；（5）加强始于父母与家庭的早期教育；（6）使成人教育成为重要的支持性策略。

三、全民教育理念在各国的推行

联合国教科文组织前总干事松蒲晃一郎在 2005 年 5 月向该组织执行局第 159 届会议报告中指出："自宗滴恩世界全民教育大会以来，《世界全民教育宣言》已经成为各国政府以及与基础教育有关的组织和机构的参照标准。随着时光的流逝，《世界全民教育宣言》的基本观点和原则经受了时间的考验。"事实的确如此，全民教育理念自提出以后，就

---

① 赵中建：《全民教育——世纪之交的重任》，四川教育出版社 1999 年版，第 26—27 页。

② 转引自毕淑芝、王义高主编：《当今世界教育思潮》，人民教育出版社 1999 年版，第 226—227 页。

受到各个国家的普遍关注和重视。20 世纪 90 年代以来许多国家都将
全民教育作为教育改革与发展的重要指导思想，在实践中积极地加以
落实。

1. 全民教育推行的总体成果

《安曼公报》显示，自宗滴恩会议以来全民教育在六年间取得了较
大的成绩，个别国家基础教育虽没有达到预期目标，但取得的进步却是
毋庸置疑的。发展中国家小学入学人数大幅度增加，1995 年小学在学
人数比 1990 年增加了 5000 多万；连续几十年小学失学人数不断上升的
状况开始扭转。这些成绩应归功于各国政府的共同努力。一些国家在提
高教育质量和针对性方面的深入思考和取得的经验为进一步推进全民教
育奠定了基础。联合国教科文组织前总干事马约尔在总结安曼中期评估
时也充分肯定了全民教育的成绩：1990 年以来普及初等教育在 80% 的
发展中国家取得了进展，这可能是中期评估中最积极、最有说服力的
成果。虽然许多贫穷国在这期间遭受经济危机，但 20 世纪 80 年代儿童
入学率持续倒退的趋势开始扭转。1990—1995 年期间，发展中国家在
学儿童人数的增长速度比 20 世纪 80 年代快两倍。南亚和撒哈拉以南非
洲地区的成绩最为显著，小学入学人数增长了 3000 万。20 世纪 90 年
代前五年可以说是教育复兴的时期。发展中国家小学适龄儿童入学率普
遍提高，撒哈拉以南非洲地区的教育普及率达到 60%，拉丁美洲和亚
洲地区的教育普及率更高，20 世纪末可达 90%。据统计，1990 年世界
失学儿童人数约 1.28 亿，1995 年下降到约 1.1 亿人，有史以来首次实
现失学儿童人数下降。五年期间，幼儿教育在经费不足的情况下（只
占国家教育经费总数的 4%）得到较快发展。参与幼儿教育计划的人数
增加了近 20%，即有 5600 万儿童接受幼儿教育，占 3—6 岁年龄组的
1/5。联合国教科文组织发表的统计和预测表明，在 1995 年到 2000 年
期间，全球文盲人数减少了 1 000 万。全球成人文盲由 1995 年的 8.72

亿减少到了 2000 年的 8.62 亿，在总人口中所占的比率也由 22.4% 下降为 20.3%。联合国教科文组织认为，妇女识字率的提高尤为令人鼓舞。1995 年到 2000 年，全球 15 岁及 15 岁以上的女性文盲在这个年龄段女性中所占的比率已由 28.5% 下降为 25.8%。[①]

2. 人口大国推行全民教育的成果

据联合国教科文组织 1990 年的统计，人口数量前九位的国家人口总和为 29.68 亿，占世界总人口的一半以上；九国的成人文盲人数占世界成人文盲总人数的 70% 以上；九国未入小学的儿童人数在 7 000 万左右，其辍学人数也占到世界辍学总人数的一半以上。时任联合国教科文组织总干事的马约尔为此而指出："除非这些国家取得进步，否则整个世界的教育不会有实质的进步。可以说，这些国家是解决文盲和缺少教育等问题的关键所在。如果全民教育在这些国家取得了进展，全世界的全民教育亦有进展；如果这些国家的教育发展缓慢，或者说它们之中有的国家拖了后腿，世界统计数字将反映出它们的失败……在实现全民教育的神圣追求中，这九个国家完全可以作为地区和全球的实验室和资源库。"[②] 在九个人口大国和国际社会的共同努力之下，九国全民教育取得了显著的成绩。据联合国教科文组织统计，1990—1995 年期间，九国接受初等教育的儿童增加了 3 000 万人；九个人口大国几乎都增加了国家对基础教育的经费投入；成人文盲大量减少。九国在基础教育方面取得的显著成就加速了世界全民教育的进程。

3. 我国推行全民教育的进展

2005 年 11 月 10 日，国家教育部发布了《中国全民教育国家报告》。该报告全面总结了 2000 年达喀尔世界全民教育会议以来，我国在学前

---

① 见新华网，2002 年 9 月 2 日。

② 赵中建编：《教育的使命——面向二十一世纪的教育宣言和行动纲领》，教育科学出版社 1996 年版，第 108 页。

教育、义务教育、职业教育、成人扫盲及少数民族教育等方面所取得的进展，记述了我国推进全民教育的历程。报告显示，2000 年以来，我国义务教育发展取得了历史性进步。2004 年，全国"两基"（指基本普及九年义务教育和基本扫除青壮年文盲）人口覆盖率由 2000 年的 85%提高到 93.6%。成人扫盲也取得了巨大成就，2001—2004 年，全国共扫除文盲 803 万人，年均扫除文盲 200 多万人，青壮年文盲率控制在 4%左右，成人识字率居发展中人口大国前列。教育的性别差异进一步缩小，我国小学适龄女童基本都能接受教育，2004 年女童小学入学率达到 98.93%。报告还宣布了我国在新世纪前 20 年全民教育发展的战略目标：（1）到 2010 年，全国实现高质量的全面普及九年义务教育，普及九年义务教育人口覆盖率达到 98% 以上，扫除 15 至 24 岁文盲，全国青壮年文盲率降到 2% 以下，成人文盲率降到 5% 以下。（2）重视儿童保养和早期教育，到 2015 年，全国平均学前 3 年幼儿教育毛入园率达到 65% 以上，所有儿童都有机会受到学前一年教育。（3）构建全方位、多层次的信息技术教育和现代远程教育体系。积极发展职业教育、成人教育和培训，构建学习型社会。

当然，现在全民教育仍任重道远，存在不少问题。尤其是性别不平等的现象在个别国家仍然存在，在一些国家还相当严重。联合国教科文组织出版的《性别与全民教育：跃上平等》报告开宗明义地指出了当今存在的教育不平等的严峻现实。报告指出，世纪交替时期，估计有 1.04 亿学龄儿童未能入小学，而女童占所有失学儿童总数的 57%。初等教育中的性别差异突出表现在歧视女童上。撒哈拉以南非洲的毛入学率低，在校人数性别严重失衡。三分之一国家表明女童比例只有男童的四分之三，甚至不到四分之三（性别均等指数在 0.76 以下）。一些阿拉伯国家进入了性别差异最严重的国家行列（也门和吉布提，性别均等指数分别为 0.63 和 0.76)。在南亚和西亚性别差异也很严重（巴基斯坦、印度和尼泊尔的性别均等指数分别为 0.74、0.83 和 0.85)。另外，从文盲比例来看，女性几乎占世界文盲人数的三分之二。这个比例在大部分地区是相当稳定的。只有不到一半的国家（128 个国家中的 52 个）已经实现了初等和中等学校在校人数的性别均等目标，或者到 2005 年有可能实现；有 22 个国家有可能到 2005 年仍不能实现初等或中等教育（或者两者）的均等目标。超过 40% 的国家即使到 2015 年也不能实现性别均等，这些国家主要集中在撒哈拉以南非洲、东亚和太平洋地区以及阿拉伯国家。

但是，我们有理由相信，只要人们进一步认识全民教育的重大意义，努力采取持续有效的行动，世界全民教育一定会取得新的更大的进展！

第四章 教育目的理念

　　教育应当促进每个人的全面发展，即身心、智力、敏感性、审美意识、个人责任感、精神价值等方面的发展。应该使每个人尤其借助于青年时代所受的教育，能够形成一种独立自主的、富有批判精神的思想意识，以及培养自己的判断能力，以便由他自己确定在人生的各种不同的情况下他认为应该做的事情。①

　　众所周知，教育目的在教育中具有十分重要的地位。正是这个原因，使得它成为古今中外各家各派教育学说共同关注的教育基本理论问题。联合国教科文组织的重要教育文献，包括《学会生存》《教育——财富蕴藏其中》《从现在到2000年教育内容发展的全球展望》《今日的教育为了明日的世界》、教科文组织国际教育大会的建议以及《教育展望》杂志等，都对教育目的问题发表了一系列深刻而具有重要启示价值的观点。教科文组织教育文献关于教育目的问题的论述主要包括对传统教育目的的批判以及对教育总体目的和教育具体目的的认识等几个方

---

① 国际21世纪教育委员会报告，联合国教科文组织总部中文科译：《教育——财富蕴藏其中》，教育科学出版社1996年版，第85页。

面。系统地梳理和分析教科文组织教育文献中的教育目的理念，将有助于我们更好地认识和理解教育目的问题。

第一节　对传统教育目的的批判

教科文组织教育文献的教育目的理念不是凭空提出的，而是建立在对传统教育目的的认识基础之上。它们对传统的教育目的进行了深刻的批判，认为以往的教育目的主要存在以下弊端：

一、片面强调功利

教育本是一种具有功利性的社会活动，因此，我们在办教育或接受教育的时候考虑功利是无可厚非的。但是如果只考虑功利或片面强调功利，这样的教育便成为功利主义的教育。功利主义教育大致有两种表现形式：从教育与社会的关系角度看，它只是重视教育对经济的作用；从教育与人的关系角度看，它只是强调教育的个人利益。教科文组织的教育文献对此有一系列的论述。

《教育展望》中文版 1987 年发表了题为《乌托邦教育规划与发展》的署名文章，作者对于简单地把人看成生产要素以及把教育看成人力资源部门的观点提出了批评：

> 经济学和教育学一直以不同意识形态的名义，并为了制订各种各样规划的目的，使用"发展"这个概念。但是，人们所以把教育专门作为促进发展的手段，则主要是由于教育在培养满足一个国家的社会经济发展所必不可少的技术人力方面所起的作用。于是，教育就被认为是提供"人力资源"的部门……教育构成了实际上专管快速培养专门人才的正规机构，把人看

成生产要素，而人的社会作用、文化作用和公民作用却被看成是无关紧要的。①

　　教科文组织前总干事费德里科·马约尔也在《教育展望》杂志上发表文章，他坚决反对这样一种错误观念，即将人看作是一种"资源"而用于完成某种目标（尤其是经济目标），同时又将教育看作是"开发"这种资源的一种手段。②他明确提出：人既是发展的第一主角，又是发展的终极目标。该杂志发表的另一篇文章就功利主义教育的不良后果提出了尖锐的批评："当代世界正面临着一股日益高涨的使人类失去人性的潮流。它对年轻人的影响特别严重，使他们产生一种越来越深的萎缩和空虚感。知识界的成就和对操作技能的掌握似乎已失去光辉。"作者认为，狭隘地致力于经济问题的教育要对这股腐蚀性趋势负很大责任。"如果教育要在明天的复杂世界里充分发挥作用，就必须重新审查作为'全面发展'的教育的主要目的。"③《教育——财富蕴藏其中》一书也认为，一种单纯追求提高生产力的模式必然走向死胡同。因此，作者要求不能只是从教育对经济发展产生影响的角度，而应以一种更加开阔的眼光来确定教育的定义。也就是说，教育应超越经济的范畴而同时考虑其伦理、文化和生态的内涵。

　　埃德加·富尔在为《学会生存》一书所写的序言中指出：人们认为教育是一项艰苦的，甚至是厌烦的工作，它之所以使人感兴趣不在于它本身能得到什么结果，而在于他毕业以后一定可以得到相应的收入。他

---

　　①　［委内瑞拉］米格尔·安吉尔·埃斯科特：《乌托邦教育规划与发展》，《教育展望（中文版）》1987 年第 1 期，第 13 页。

　　②　［西班牙］费德里科·马约尔：《全民教育：2000 年的挑战》，《教育展望（中文版）》1991 年第 4 期，第 37 页。

　　③　［印］拉贾·罗伊·辛格：《为适应变化中的世界而变革教育》，《教育展望（中文版）》1993 年第 1 期，第 17 页。

同时还认为，现在人们接受教育的动机主要是为了谋求职业而不是渴望学习，后者的重要性往往被人视为是微不足道的。谋求职业的动机使人相信："每种学历都有取得与资历相当的职业的权利。结果，那些找不到与其资历相当的工作的毕业生就感觉到自己是受骗了，他们宁愿失业，也不愿从事那种名声较低的技能，因为这会降低自己的身份；何况这个教育体系又没有教给他们这种技能。"[1] 国际教育 21 世纪委员会主席雅克·德洛尔在《为了 21 世纪的教育：问题与展望》一书所写的序言中承认，教育要适应各种需求，例如教授实用的技能，为个人在经济中发挥作用做准备。但他同时又警告说，"仅仅集中于狭窄的实用目标的教育是最不全面的，甚至最终也未必能够恰当地达到这些目标。"[2] 联合国教科文组织国际教育规划研究所前所长雅克·哈拉克在《投资于未来：确定发展中国家教育重点》一书中也指出，教育的职能只是在于制造有技能的劳动力，这是目光短浅的观点。[3]《教育——财富蕴藏其中》一书则从正面阐述了这个问题，认为教育不仅仅是为了给经济界提供人才，它不是把人作为经济工具而是作为发展的目的加以对待的。作者指出，尽管教育应当重视职业技能培训，但是应当超越纯粹适应就业的范围，教育应当使每个人的潜在的才干和能力得到充分发展。[4]《教育展望》中文版 2002 年发表加拿大学者鲁珀·麦克莱恩的一篇文章也反对从狭隘的角度理解教育的性质与价值。他认为，传统的教育目的将教育

①　联合国教科文组织国际教育发展委员会编著，华东师范大学比较教育研究所译：《学会生存——教育世界的今天和明天》，教育科学出版社 1996 年版，第 11 页。

②　王晓辉、赵中建等译：《为了 21 世纪的教育：问题与展望》，"序言"，教育科学出版社 2002 年版，第 II 页。

③　[法] 雅克·哈拉克著，尤莉莉等译：《投资于未来：确定发展中国家教育重点》，教育科学出版社 1993 年版，第 45 页。

④　国际 21 世纪教育委员会报告，联合国教科文组织总部中文科译：《教育——财富蕴藏其中》，教育科学出版社 1996 年版，第 70—71 页。

的贡献降低到仅仅为功利目的服务，就好像教育的主要职能只是为就业而培养技能。在他看来，教育决不仅仅是技能培训，它应关注学生的完整人格的发展与成长。①

二、偏重认知发展

传统教育的目的过分重视认知发展而忽视与生产劳动和实际生活的联系。《学会生存》一书对此作了剖析。埃德加·富尔在该书的序言中将这种教育现象概括为"教育中的学院模式"，并对这种教育模式的特点作了深刻的剖析：

> 它过分地依赖理论和记忆。它给予传统的、书面的和复述的表达方式以特殊的地位，损害了口语的表达、自发精神和创造性的研究。……它把所谓普通教育和技术教育分开，表现出对抽象思维的偏爱，而这种偏爱显然是过去贵族反对实际应用的偏见的具体体现，把实际应用视为奴隶们做的事情……这种学院模式至今对所有的实际工作仍然是非常厌恶的。②

该书在论述教育的内容与方法时还对只重视智力培养而忽视实践训练的缺陷进行了深入的批判。作者指出，无论是在发展中国家还是在工业化国家，教育体系仍然助长保持智力训练和实践训练之间的区别，把体力劳动看成是一种灾难而想方设法加以逃避。课程计划经常划分等级，把体力劳动训练留给天资较差的学生。该书对教育中的这种状况表

---

①　[加拿大]鲁珀·麦克莱恩：《概述：面临抉择的中等教育》，《教育展望（中文版）》2002 年第 1 期，第 44 页。

②　联合国教科文组织国际教育发展委员会编著，华东师范大学比较教育研究所译：《学会生存——教育世界的今天和明天》，教育科学出版社 1996 年版，第 13 页。

示严重不满，认为这是教育中的一种非常严重的病症，它将造成人的片面发展甚至人格的分裂。

> 目前教育青年人的方式，对于青年人的训练，人们接收的大量信息——这一切都有助于人格的分裂。为了训练的目的，一个人的理智认识方面已经被分割得支离破碎，而其他的方面不是被遗忘，就是被忽视；不是被还原到一种胚胎状态，就是随它在无政府状态下发展。……对许多青年人原来应该进行的充分而全面的培养被弄得残缺不全。①

联合国教科文组织出版的《亚洲及太平洋地区的教育——回顾与展望》一书对教育脱离劳动与生活的弊端进行了批判，认为"正规学校教育将教育过程变得抽象、'书呆子气'，使教育从实际生活中的需求、利益和问题中分离出来，以致在职业界和知识界——它们本应是一个有机的整体——之间掘出了一条鸿沟。"② 作者认为，在人们对体力劳动持消极态度这一点上，教育负有不可推卸的责任。有鉴于此，该书提出应当将劳动实践纳入学习过程之中，而且要求将教育与劳动的结合从初等教育阶段就开始并且贯穿于整个教育过程。当然，教育与劳动结合的形式和目的因教育的层次不同而有一定的差异。在初等教育阶段，在使儿童的身体和知识获得发展的同时，还应使他们养成劳动习惯，树立劳动观念。中等教育是为青少年进入职业界做好准备的最关键阶段。在这个阶段应保证完成基本的职业教育。它的重点在于掌握多种技能，而不是只

---

① 联合国教科文组织国际教育发展委员会编著，华东师范大学比较教育研究所译：《学会生存——教育世界的今天和明天》，教育科学出版社 1996 年版，第 193—194.

② ［印］拉贾·罗伊·辛格著，马燕生等译：《亚洲及太平洋地区的教育——回顾与展望》，中国对外翻译出版公司 1989 年版，第 162 页。

熟悉一种特定的职业。高等教育则要解决地区经济和社会发展中遇到的问题，要为社会经济发展和提高生活质量服务。

《教育——财富蕴藏其中》一书提出了著名的"教育的四个支柱"的思想，即教育应当使学生学会认知、学会做事、学会共处及学会生存。该书认为，以往的教育只重视认知的发展，而忽视其他几个方面。"在一般情况下，正规教育仅仅是或主要是针对学会认知，较少针对学会做事。而另外两种学习往往带有很大的随意性，有时也被看作是前两种学习的一种自然而然的延伸。"[1] 作者提出，在任何一种有组织的教育中，这四种"知识支柱"中的每一种都应得到同等重视，使教育成为受教育者个人和社会成员在认识和实践方面的一种全面的、终生持续不断的经历。

教科文组织负责教育的原助理总干事科林·N.鲍尔在《教育展望》发表的一篇文章中专门评价了"教育的四个支柱"的思想，同时也尖锐地批评了以往教育只是重视学会认知而忽视其他方面内容的现象："教育系统的重点完全放在学会认知上。对于学会做事，它们尚能勉强应付。至于以公民教育、美育和体育的形式以及通过对这些课程的安排而使学生学会做人或学会共处，则它们也许会只说些空话，也许连空话都不会说。"[2]

三、忽视个性培养

对于传统教育目的忽视学生个性培养的问题，《学会生存》《教育——财富蕴藏其中》及《教育展望》杂志等都发表了深刻的见解。《学

---

① 国际 21 世纪教育委员会报告，联合国教科文组织总部中文科译：《教育——财富蕴藏其中》，教育科学出版社 1996 年版，第 76 页。

② ［澳］科林·N.鲍尔：《学习：手段抑或目的？我看德洛尔报告及其对振兴教育的意义》，《教育展望（中文版）》1998 年第 2 期，第 10 页。

会生存》一书反复批评传统教育忽视个性的现象。该书在论述教育平等问题时指出，给每一个人平等的机会，并不是指名义上的平等，即对每一个人一视同仁，不是要否认或消除差异。作者在谈到教育对待个性问题上的做法时指出，教育存在两个根本弱点："第一个弱点是它忽视了（不是单纯地否认）个人所具有的微妙而复杂的作用，忽视了个人所具有的各式各样的表达形式和手段。第二个弱点是它不考虑各种不同的个性、气质、期望和才能。"[①] 在论述教育目的问题时，该书再次批评道："大多数的教育体系，无论在它的机制方面还是在它的精神方面，都不把个人看作具有特性的人。"[②] 作者还具体指出了这种教育压抑人的个性的形式：人们过分重视选拔、考试和文凭，这种制度奖励强者、幸运者和顺从者，而责备和惩罚不幸者、迟钝者、不能适应环境者以及那些与众不同的人。在该书看来，如果我们不改革教育管理，不改革教育程序并使教育活动个别化，我们就无法培养出生气勃勃的学生个性。

《教育——财富蕴藏其中》一书首先充分肯定个性的意义，主张将尊重个人的多样性和特性当作教育的一个根本原则。接着对教育的现状提出了批评，认为正规教育系统由于其标准化的教学形式而在很大程度上限制了个性的发展。

> 它强迫所有儿童接受同样的文化和知识模式，而不充分考虑个人才能的多样性。例如，正规教育系统越来越趋向于优先提高抽象认识，这很不利于提高人的其他素质，如想象力，交往能力，对领导集体劳动的兴趣，美感或灵性，或动手能力

---

① 联合国教科文组织国际教育发展委员会编著，华东师范大学比较教育研究所译：《学会生存——教育世界的今天和明天》，教育科学出版社 1996 年版，第 105 页。

② 联合国教科文组织国际教育发展委员会编著，华东师范大学比较教育研究所译：《学会生存——教育世界的今天和明天》，教育科学出版社 1996 年版，第 196 页。

等。儿童的天赋和天生兴趣从他们出生之日起就是各不相同的，因此他们不可能从社区的教育资源中得到同样的好处。他们甚至可能因为学校不适于发挥自己的才能和实现自己的愿望而处于困难境地。①

《教育展望》杂志1991年发表的一篇文章从个性与群体关系的角度分析批判了以往的误解及其不良后果。作者认为，我们总是将个性视为群体的产品而不是基础。"我们长期抱着幻想，认为如果我们设法组成一个良好的群体，这个群体就会成为我们提供成熟的个性，而成熟的个性又会使这个群体臻于完善。"② 但事实上并没有这么简单，良好的群体并不会自动出现成熟的个性。忽视个性教育的后果是"多年来我们一直在培养各种工作人员、各种社会角色以及总是唯唯诺诺随大流而不是采取积极主动行动的人。"③

第二节　教育的总体目的

前文阐述的是教科文组织教育文献对传统教育目的的批判。那么，什么样的教育目的才是合理的和值得追求的？接下来拟从教育的总体目的和具体目的两个方面分析教科文组织教育文献对教育目的的认识和理解。这里先谈教科文组织教育文献对教育总体目的的构想。概括起来说，教科文组织教育文献关于教育的总体目的看法是：素质全面与和谐发展。

① 国际21世纪教育委员会报告，联合国教科文组织总部中文科译：《教育——财富蕴藏其中》，教育科学出版社1996年版，第41页。

② [苏联] V.V. 达维多夫、V.P. 津琴科：《文化、教育、思想》，《教育展望（中文版）》1991年第29期，第10页。

③ [苏联] V.V. 达维多夫、V.P. 津琴科：《文化、教育、思想》，《教育展望（中文版）》1991年第29期，第10页。

一、素质全面

教科文组织的重要教育文献，如《学会生存》《教育——财富蕴藏其中》及国际教育大会通过的建议和文件等都一再强调教育应当促进人的全面发展。

《学会生存》一书明确提出了培养"完人"的教育目的。在谈到"完人"的内涵时，作者认为知识、好奇心、观察力、表达能力、交往能力、怀疑能力、阅读能力、科学精神和人文品质、情感和审美素养、身体健康等都很重要。该书在分析完人素质构成的基础上，对教育目的作了一个简要的界定：

> 把一个人在体力、智力、情绪、伦理各方面的因素综合起来，使他成为一个完善的人，这就是对教育基本目的的一个广义的界说。[1]

作者在分析这个教育目的时指出：这是历史上大多数教育理论家们的教育理想，也一直是各个时代人道主义思潮的一个根本主题，它对于崇高的教育事业将发挥重要的指导作用。

《教育——财富蕴藏其中》一书在谈到教育目的时也一再强调应当促进人的全面发展，认为"教育不应忽视人的任何一种潜力：记忆力、推理能力、美感、体力和交往能力等"。[2]前文指出，该书极力倡导教育应当使学生学会认知、学会做事、学会共处及学会生存，认为这四种学习将是每个人一生中的知识支柱，教育应围绕这四种基本学习来加以

---

[1] 联合国教科文组织国际教育发展委员会编著，华东师范大学比较教育研究所译：《学会生存——教育世界的今天和明天》，教育科学出版社 1996 年版，第 195 页。

[2] 国际 21 世纪教育委员会报告，联合国教科文组织总部中文科译：《教育——财富蕴藏其中》，教育科学出版社 1996 年版，第 87 页。

安排。作者提出，学会生存是前三种学习成果的集中体现。在阐述学会生存问题时，该书进一步提出了教育的全面发展目的：

> 教育应当促进每个人的全面发展，即身心、智力、敏感性、审美意识、个人责任感、精神价值等方面的发展。应该使每个人尤其借助于青年时代所受的教育，能够形成一种独立自主的、富有批判精神的思想意识，以及培养自己的判断能力，以便由他自己确定在人生的各种不同的情况下他认为应该做的事情。①

联合国教科文组织第 40 届国际教育大会通过了题为《改进中等教育的目标、结构、内容和方法》的建议。在论及中等教育的目标时，该建议强调中等教育应有助于个人充分而全面的发展："通过提供智育、德育、体育、美育和社会教育以及为适应社会生活作好准备所需要的条件，来促进个人全面而和谐的发展，并以和平、国际谅解、合作和相互尊重的精神教育青年一代。"② 本次大会发表的《发展和改进中等教育》的文件在谈及中等教育的一般目的时又指出，教育的目的在于既保证个性在智力和认识、情感、美学、伦理和体质等方面的全面发展，又保证个人作为家庭成员、公民和生产者在其各自的环境中和国际社会中，对社会的发展和进步作出贡献。

联合国教科文组织国际教育大会第 78 号建议《教育对文化发展的贡献》在解释"教育"这一概念时也将促进人的全面发展摆在重要的地

---

① 国际 21 世纪教育委员会报告，联合国教科文组织总部中文科译：《教育——财富蕴藏其中》，教育科学出版社 1996 年版，第 85 页。

② 赵中建主译：《全球教育发展的历史轨迹——联合国教科文组织国际教育大会建议书专集》，教育科学出版社 2005 年版，第 406 页。

位。建议指出，教育是"实施人类全面发展的过程，贯穿于人的一生，旨在使每个人在智力、身体、情感、道德和精神等方面得到最全面的发展。"① 该建议在论述教育的任务时又强调，教育的使命不仅是传播知识、技能、价值观，而且要促进人的独立性和创造性的发展，还要有助于个人更好地融入文化、社会和经济生活。

二、和谐发展

教科文组织教育文献指出，教育不仅应当使人的各种素质都得到发展，而且还应当使人的各种素质处于和谐状态。《学会生存》倡导教育培养身体与心理、情感与道德、感性与理性和谐发展的"新人"。

> 这个新人必然能够在他日益增长的理解能力、肌体能力方面和潜在的另一方面，即个性的情感与道德方面建立一种和谐状态，这种新人只具有人类智慧（Homo sapiens）和人类技巧（Homo faber）是不够的；他还必须感到他自己和别人之间融洽无间：具有一种人类和谐（Homo concors）。②

《学会生存》一书在谈到现代教育所面临的挑战时，特别强调感性与理性的平衡与协调，认为这是教育的一项重要而有意义的任务。作者写道："今天的教育家面临着一件使人着迷的任务：发现如何在理性训练与感性奔放之间求得和谐平衡。"③

---

① 赵中建主译：《全球教育发展的历史轨迹——联合国教科文组织国际教育大会建议书专集》，教育科学出版社 2005 年版，第 441 页。
② 联合国教科文组织国际教育发展委员会编著，华东师范大学比较教育研究所译：《学会生存——教育世界的今天和明天》，教育科学出版社 1996 年版，第 21 页。
③ 联合国教科文组织国际教育发展委员会编著，华东师范大学比较教育研究所译：《学会生存——教育世界的今天和明天》，教育科学出版社 1996 年版，第 121 页。

事实上，早在1938年国际教育局召开的第7届国际公共教育大会通过的第14号建议就专门论述过教育促进人的和谐发展问题。该建议明确提出，教育的目的不仅在于保证实用知识的习得，而且更在于最大限度的品德、智力和审美意识的养成。该建议认为现代生活条件使得这种养成愈益必要，以便确保我们的能力与意趣之间的适当平衡；同时还认为帮助学生在学校及日后生活中得以自我发展的最佳途径，无疑是在开展智力活动和培养现实感的同时，培养他们的判断能力、探索精神和良好趣味。①

联合国教科文组织国际教育大会第78号建议《教育对文化发展的贡献》在论及学校在促进文化方面的作用时也要求学校教育在学生的理性因素与非理性因素之间保持恰当的平衡状态："除了发展学生的智力以及观察力、批判性推理能力和问题解决能力外，学校还应使他们在智力和分析能力以及情感、精神和道德素质之间达到一种平衡。"②《教育——财富蕴藏其中》在论述"教育的四个支柱"时认为，知识的四个方面，即学会认知、学会做事、学会共处、学会生存，应当有机地结合起来而不能顾此失彼。"教育的四个支柱不能只涉及生命的某个阶段或单独某一处。……对教育的各个阶段和领域应作重新思考，使其相互补充，相互渗透，从而使每个人在一生中能够充分利用范围不断扩大的教育环境。"③

第三节　教育的具体目的

联合国教科文组织教育文献不仅论述了教育的总体目的，而且还对

①　赵中建主译：《全球教育发展的历史轨迹——联合国教科文组织国际教育大会建议书专集》，教育科学出版社2005年版，第45页。

②　赵中建主译：《全球教育发展的历史轨迹——联合国教科文组织国际教育大会建议书专集》，教育科学出版社2005年版，第443页。

③　国际21世纪教育委员会报告，联合国教科文组织总部中文科译：《教育——财富蕴藏其中》，教育科学出版社1996年版，第87页。

教育的具体目的发表了一系列具有重要启迪价值的观点。这些观点主要包括以下几个方面：

一、激发学生的好奇心和求知欲

埃德加·富尔在为《学会生存》一书所写的序言中一再强调好奇心和求知欲的重要意义以及教育在激发好奇心和求知欲中的责任。他明确指出：

> 好奇心，即要求理解、认识和发现的欲望，仍然是人类本性中最大的驱策力之一。[1]

他认为，按照常理，如果这种好奇心能够得到鼓励的话，它肯定是最强烈的一种动机，但是事实上它并没有得到这种鼓励。有鉴于此，他呼吁现代教育要恢复人类求知的自然动力，应当永远刺激人们自我学习和培训自己的欲望。

《教育——财富蕴藏其中》一书不仅重视教育对于培养求知欲的作用，而且还将它看成是衡量教育是否成功的重要标志。该书作者指出，自基础教育阶段起，就应当培养学习兴趣、求知的欲望与乐趣以及不久以后接受终身教育的愿望与能力。"如果最初的教育提供了有助于终身继续在工作之中和工作之外学习的动力和基础，那么就可以认为这种教育是成功的。"[2]教科文组织国际21世纪教育委员会主席雅克·德洛尔在为该书所写的序言中，要求学校进一步赋予学生学习的兴趣和乐趣以及

---

① 联合国教科文组织国际教育发展委员会编著，华东师范大学比较教育研究所译：《学会生存——教育世界的今天和明天》，教育科学出版社 1996 年版，第 10 页。

② 国际 21 世纪教育委员会报告，联合国教科文组织总部中文科译：《教育——财富蕴藏其中》，教育科学出版社 1996 年版，第 78 页。

对知识的好奇心。他在回答《教育展望》杂志采访时甚至将激发求知欲望摆在教育目标的首要地位。他说："除了学习记忆、思考、分析和书写等各类传统课程外，中等教育给自己提出的优先目标应当是不仅使学生'学会学习'，而且要逐渐培养他们，使他们在离校时有一种真正的'对学习的渴望'。"①德洛尔在这里所谈的虽然是中等教育的目标，其实其他阶段的教育又何尝不是如此呢！我们应当使激发好奇心和求知欲成为各级各类教育的共同目标。

二、提高学生的认识能力

联合国教科文组织教育文献指出，在知识总量迅速增加及其更新不断加快的时代，教育不能满足于传授已有的知识，而应当将重点放在提高学生的认识能力上。《学会生存》一书明确提出：

> 教育应该较少地致力于传递和储存知识（尽管我们要留心，不要过于夸大这一点），而应该更努力寻求获得知识的方法（学会如何学习）。②

前文说过，《教育——财富蕴藏其中》将"学会认知"看成是教育的四个支柱之一。作者对这种学习的特点与使命作了深入的阐述，认为"这种学习更多的是为了掌握认识的手段，而不是获得经过分类的系统化知识。既可将其视为一种人生手段，也可将其视为一种人生目的。作为手段，它应使每个人学会了解他周围的世界，至少是使他能够有尊严地生活，能够发展自己的专业能力和进行交往。作为目的，其基础是乐

---

① 《雅克·德洛尔访谈录》，《教育展望（中文版）》1996年第1期，第13页。

② 联合国教科文组织国际教育发展委员会编著，华东师范大学比较教育研究所译：《学会生存——教育世界的今天和明天》，教育科学出版社1996年版，第12页。

于理解、认识和发现。"① 该书特别强调要学会运用注意力、记忆力和思维能力来学习。作者认为，在电视图像占主导地位的社会里，从小就应开始学习将注意力集中在人和事上。而记忆力的训练是避免完全受各种媒体传播的即时信息影响的一种必要的方法。该书还警告我们不能忽视记忆的价值：如果以为我们如今已拥有巨大的信息贮存和传播能力，记忆力就不再有用了，那将是很危险的。作者认为，人的记忆能力并不会自动发挥作用，它需要认真地加以培养，而且这种培养应该从幼年时就开始进行。该书还强调思维能力的训练，要求在教学和研究中把演绎法和归纳法这两种往往被视为对立的方法结合起来。

《从现在到 2000 年教育内容发展的全球展望》一书也将教育看成是发展认识的重要手段。作者指出，教育除了传播知识以外，还担负着让人们具备正确对待这些知识的态度的使命。教育应该培养人的批判精神，培养对不同思想观念的理解与尊重，尤其应该激发他发挥其特有的潜力。"教育首先应该是发展认识的手段，而不再仅仅是训练和灌输的工具。"②

三、使学生具备信息素养

教科文组织教育文献认为，在当今信息时代，教育应当承担起提高学生的信息辨别和使用能力的责任。《教育——财富蕴藏其中》一书曾就这个问题反复进行过论述。该书指出，在现代信息社会，个人获取信息和处理信息的能力对于进入职业界和融入社会及文化环境具有决定性的意义。因此，教育应当使每个人都能有效地收集、选择、整理、管理

---

① 国际 21 世纪教育委员会报告，联合国教科文组织总部中文科译：《教育——财富蕴藏其中》，教育科学出版社 1996 年版，第 76 页。

② ［伊朗］S. 拉塞克，［罗马尼亚］G. 维迪努著，马胜利等译：《从现在到 2000 年教育内容发展的全球展望》，教育科学出版社 1996 年版，第 86—87 页。

和使用信息。该书将提高学生的信息素养看成是当今教育的重要使命。该书特别要求教育提高学生的信息判断能力，认为这样才不会被充斥公共和私人场所的瞬息万变的大量信息搞得晕头转向，才能保证不会迷失发展的方向。作者在这个问题上的结论是：

> 教育既应提供一个复杂的、不断变动的世界的地图，又应提供有助于在这个世界上航行的指南针。[1]

《亚洲及太平洋地区的教育——回顾与展望》一书也将培养学生的信息素养看成是教育的责任。该书指出："学校的一个重要职责是使学生掌握对信息进行评价和解析的能力，将源源不断各种各样的情报加以分类和整理。"[2] 该书作者认为，只有在教育过程中及早地培养这种能力，个人才能自如地应付日益繁复的情报技术及其产品，并且谨慎地加以利用。

四、增强学生的适应能力

变化是绝对的和永恒的，而不变则是相对的和暂时的。因此，对于人来说，适应变化就成为生活的一种常态。对于教育来说，培养和增强人的适应变化的能力则无疑是其基本的职责。教科文组织教育文献对此有不少深刻的认识。

《学会生存》一书认为，变化多样而复杂是当今时代的一个显著特征，教育作为形成未来的主要因素必须为变化作好准备，必须培养人

---

① 国际 21 世纪教育委员会报告，联合国教科文组织总部中文科译：《教育——财富蕴藏其中》，教育科学出版社 1996 年版，第 75 页。

② ［印］拉贾·罗伊·辛格著，马燕生等译：《亚洲及太平洋地区的教育——回顾与展望》，中国对外翻译出版公司 1989 年版，第 136 页。

类去适应变化，必须培养人们的"能动的、非顺从的、非保守的精神状态"。①

面对变化不断加速、知识日益膨胀的世界，《教育——财富蕴藏其中》一书指出教育不能只是从数量上满足各种无止境的需求，不能不断地加重学生的课程负担。作者从终身学习的角度阐述了人们适应这种变革的策略，认为每个人在人生早期积累的知识不可能无限期地利用下去。"他必须有能力在自己的一生中抓住和利用各种机会，去更新、深化和进一步充实最初获得的知识，使自己适应不断变革的世界。"②

《从现在到 2000 年教育内容发展的全球展望》一书从当代世界变化节奏不断加快、变化不可预测及其可能造成严重后果的角度阐发了培养适应能力的客观必然性。该书指出，由于当今世界的变化节奏愈来愈快，"这就要求学校不仅能够与变化共存，而且能够培养学生适应变化"。③作者认为，这种双重要求促使人们给予未来学校教育内容和结构以足够的灵活性，并注意把学校和外部世界、把学校和国家及国际社会的文化、经济生活持久地结合起来。在谈到未来变化不可预测性及其后果问题时，该书指出："未来将是一连串的意外，人们应该得到训练以适应那些既非一律又非直线式的变化。有些变化或危险的行动可能会突然发生、迅速传播并暂时扰乱国家或国际社会的生活。教育应该在它的内容和方法中编入一些反应程式，以便培训对付这些局面的态度。"④该

---

① 联合国教科文组织国际教育发展委员会编著，华东师范大学比较教育研究所译：《学会生存——教育世界的今天和明天》，教育科学出版社 1996 年版，第 13 页。

② 国际 21 世纪教育委员会报告，联合国教科文组织总部中文科译：《教育——财富蕴藏其中》，教育科学出版社 1996 年版，第 75 页。

③ ［伊朗］S.拉塞克、［罗马尼亚］G.维迪努著，马胜利等译：《从现在到 2000 年教育内容发展的全球展望》，教育科学出版社 1996 年版，第 274 页。

④ ［伊朗］S.拉塞克、［罗马尼亚］G.维迪努著，马胜利等译：《从现在到 2000 年教育内容发展的全球展望》，教育科学出版社 1996 年版，第 228 页。

书还特别强调文化价值观念更新的意义。作者指出，教育不能置身于思想和行动的新潮流之外，它不仅要传播已有的价值观念，而且还应该使学生在原有价值观的基础上创立新的价值观，这样才能适应新时代的要求。

> 教育能够而且应该在发展伦理，培养未来社会必需的性格、品质方面负起责任。这些必需的性格、品质包括：向他人开放，有个人判断能力，能适应变化并能积极、创造性地掌握这些变化。①

《教育展望》杂志2002年发表的一篇文章也强调教育要培养人们适应变化的心态和能力。该文认为，我们所培养的学生不仅是要让他们面对已知的世界，而且还要培养他们应付不确定的未来的能力，应当使他们在面对社会的新变化时能够更容易地调整自己，而不是陷入绝望或使幻想破灭。"教育应该使我们具备在今天预见未来的能力，而不是事后聪明。我们需要向前看。让过去成为我们的向导，让未来激发我们的灵感。"②

五、发展学生的创造性

创造性是人的普遍本性，更是当代人的根本特征。《从现在到2000年教育内容发展的全球展望》一书引用著名科幻作家伊萨克·阿西莫夫（Issac Asimov）的话说："21世纪可能是创造的伟大时代。那时机器将最终取代人去完成所有单调的任务。电子计算机将保障世界的运转。而

---

① ［伊朗］S.拉塞克、［罗马尼亚］G.维迪努著，马胜利等译：《从现在到2000年教育内容发展的全球展望》，教育科学出版社1996年版，第101页。

② ［印］约格什·阿塔尔：《变化背景下的教育：新的社会功能》，《教育展望（中文版）》2002年第1期，第20页。

人类则最终得以自由地做非他莫属的事情——创造。"①《学会生存》这部名著中提出了一个重要的命题："人是在创造活动中并通过创造活动来完善他自己的。"②

在《教育——财富蕴藏其中》看来，每一个人生来就具有创造的潜能，但要使这种潜能转变为现实的创造能力，则无疑需要有意识的鼓励和培养。德洛尔在该书的序言中明确地提出，教育的任务是毫无例外地使所有人的创造才能和创造潜力都能结出丰硕的果实。该书在论述"教育的四个支柱"时，再次强调教育培养人的创造性的目标："为了迎接下一个世纪的挑战，必须给教育确定新的目标，必须改变人们对教育的作用的看法。扩大了的教育新概念应该使每一个人都能发现、发挥和加强自己的创造能力，也应有助于挖掘出隐藏在我们每个人身上的财富。"③

《学会生存》一书指出，不是所有的教育都能培养学生的创造性，有的教育可以培养学生的创造精神，有的教育则可能会压抑学生的创造精神。作者对于教育培养学生创造性的认识可谓既清醒又辩证：

> 保持一个人的首创精神和创造力量而不放弃把他放在真实生活中的需要；传递文化而不用现成的模式去压抑他；鼓励他发挥他的天才、能力和个人的表达方式，而不助长他的个人主义；密切注意每一个人的独特性，而不忽视创造也是一种集体活动。④

---

① ［伊朗］S. 拉塞克、［罗马尼亚］G. 维迪努著，马胜利等译：《从现在到 2000 年教育内容发展的全球展望》，教育科学出版社 1996 年版，第 44 页。

② 联合国教科文组织国际教育发展委员会编著，华东师范大学比较教育研究所译：《学会生存——教育世界的今天和明天》，教育科学出版社 1996 年版，第 188 页。

③ 国际 21 世纪教育委员会报告，联合国教科文组织总部中文科译：《教育——财富蕴藏其中》，教育科学出版社 1996 年版，第 76 页。

④ 联合国教科文组织国际教育发展委员会编著，华东师范大学比较教育研究所译：《学会生存——教育世界的今天和明天》，教育科学出版社 1996 年版，第 188 页。

六、建构学生的个性品格

为什么教育要关注和建构学生的个性品格呢？《学会生存》的解释是：人虽然具有普遍性，但同时也具有其特殊性。"作为教育主体的人，在很大程度上，是一个普遍的人——在任何时候，任何地方都是一样的。然而，作为一个特殊教育过程的对象的某一特殊个人则显然是一个具体的人。"①关于学生的个性问题，该书接下来还作了进一步的阐述。作者认为，每一个学习者都是一个非常具体的人，他有他自己的历史，他的历史不能和任何别人的历史相混淆；他有自己的个性，具有自己的特殊的心理特征。因此，当我们在决定教育的最终目的、内容和方法时，必须考虑他们的个性差别。

瑞士学者查尔斯·赫梅尔在《今日的教育为了明日的世界》一书中从教育平等的角度论述了这个问题。他反对平等主义的教育平等观，认为真正的教育平等应当充分考虑学生的个性特点。在他看来，由于先天和后天各种因素的影响，每个孩子都会形成自己独特的个性。"他有他自己的体格、自己的性格、感情、才能、本领、聪明、抱负和理想。在他整个一生中，他将保持一个独特的和不可代替的个人。"②过分平等的教育显然与人的个性特点背道而驰，从而会降低教育的质量。"平等主义难道不会导致拉平教育质量，从而迁就于较低的质量吗？……教育机会均等突出个人的差别；而不是缩小它们。"③

《教育——财富蕴藏其中》一书将个性的多样性看成是与自主性、首创精神同样重要的素质，并认为这些素质都是进行创造和革新的保

---

① 联合国教科文组织国际教育发展委员会编著，华东师范大学比较教育研究所译：《学会生存——教育世界的今天和明天》，教育科学出版社 1996 年版，第 195 页。

② ［瑞士］查尔斯·赫梅尔著，王静、赵穗生译：《今日的教育为了明日的世界》，中国对外翻译出版公司 1983 年版，第 77 页。

③ ［瑞士］查尔斯·赫梅尔著，王静、赵穗生译：《今日的教育为了明日的世界》，中国对外翻译出版公司 1983 年版，第 77 页。

证。该书还具体提出了促进学生个性发展的设想：对于那些不太适应学校系统，但对其他类型的活动往往显示出才能的学生，可以设想出若干灵活的、有弹性的学习途径，可以采用特殊的教学进度和开办学生人数不多的小班进行教学。雅克·德洛尔在为该书所写的序言中将普遍与个别之间的紧张关系看成是当代需要消除的紧张关系。他指出："最不可忽视的风险是忽视每个人的独特性格；每个人都应在其传统及其固有的、如不注意便会受到正在发生的演变威胁的文化财富范围内选择自己的命运，发挥自己的所有潜力。"①当然在该书看来，人的个性与社会性并不是矛盾的。教育不能走向另一个极端——轻视或忽视人的社会性的发展。

> 教育的使命是多么崇高啊！它需根据每个人的传统和信仰，在充分尊重多元化的情况下，促使每个人将其思想和精神境界提高到普遍行为模式和在某种程度上超越自我的高度。②

七、培养学生的共处能力和关心品质

感情在共处能力和关心品质中占有重要地位。正是在这个意义上，《学会生存》一书强调教育要培养人际关系方面的感情。

> 教育的一个特定目的就是要培养感情方面的品质，特别是在人和人的关系中的感性品质。系统的训练有助于人们学会彼此如何交往，如何在共同的任务中彼此合作。③

---

① 国际 21 世纪教育委员会报告，联合国教科文组织总部中文科译：《教育——财富蕴藏其中》，教育科学出版社 1996 年版，第 4 页。

② 国际 21 世纪教育委员会报告，联合国教科文组织总部中文科译：《教育——财富蕴藏其中》，教育科学出版社 1996 年版，第 5 页。

③ 联合国教科文组织国际教育发展委员会编著，华东师范大学比较教育研究所译：《学会生存——教育世界的今天和明天》，教育科学出版社 1996 年版，第 194 页。

"人们有相互了解、和平交流以及和睦相处的需要。"这是《教育——财富蕴藏其中》提出的关于教育的四个支柱之———"学会共处"的认识基础。该书认为，人类历史始终是一部冲突史，而当今世界仍是一个充满暴力的世界。教育能够为改变这种现状发挥什么作用呢？作者的回答是：我们拥有的智慧和经验构成的共同财富，能够使我们找到与他人和睦相处的办法。通过教育可以使人们团结起来去实现共同的计划或以理智的、和平的方式处理矛盾和冲突。面对可能提出的质疑，作者坚定地指出："有人会认为这是乌托邦，然而这是必要的乌托邦，甚至是至关重要的乌托邦。"[①]

联合国教科文组织第 46 届国际教育大会以"学会共处"作为讨论的主题，《教育展望》杂志为此专门组织了一期关于该主题的讨论。联合国教科文组织前总干事松浦晃一郎在该期讨论的"序言"中反复强调教育在培养人们的共处能力方面必须发挥重要的作用。他认为，为了使人们学会与他人共存，教育不仅要开发智力，更要培养心灵，"教育可以通过学习内容和教 / 学方法培养学生树立正确的人生观、价值观和思维方式，从而协助我们学会在充分尊重他人的权利与自由的同时，与他人共处。这不是为了消除差异，而是要承认人类的复杂，宣告文化多样性"。[②]

联合国教科文组织负责教育事务的副总干事约翰·丹尼尔（John Daniel）也在该期中发表文章围绕学会共处的主题进行了具体的分析。他认为正规教育大多过于重视认知能力，而忽视生活技能的培养，没有教会学生如何与他人和睦相处。教育必须关注学生的社会关系，培养情感能力，促使人们反思各自的人生观与信仰，处理人与人之间的差异与冲突。作者认为，当今世界的全球化程度正日益加深，学会与他人和睦

① 国际 21 世纪教育委员会报告，联合国教科文组织总部中文科译：《教育——财富蕴藏其中》，教育科学出版社 1996 年版，第 9 页。

② 《教育展望（中文版）》2002 年第 3 期，第 7 页。

相处，决不能局限于建立睦邻友好关系。我们必须深入研究和睦共处教育的其他方面是如何克服了距离的阻隔，这其中包括教育人们去理解和同情难民、战争受害者和被剥夺了基本人权的人所遭受的苦难。作者还特别强调要正确理解冲突和差异问题。要学会与他人和睦共处，不能错误地认为我们可以创造出一个没有冲突的世界，或是可以创造出某种不会惹人反感的差异形式。我们需要对冲突的性质有更深的了解，更巧妙地化解冲突，使局面不至于继续恶化而导致暴力或镇压。作者提出，别人与我们不一样，而且他们不愿意改变自己来取悦我们，对此我们必须学着接受现实。学会与他人和睦共处，就意味着人人都有保持"差异"的权利。

人的关心品质与上文所谈的共处能力紧密相连，甚至可以说关心品质是共处能力的重要内容。联合国教科文组织于 1989 年在中国召开了"面向 21 世纪教育国际研讨会"，会议发表的报告即以"学会关心"作为主题——《学生关心：21 世纪的教育》。该报告对于由于工业化而导致的人的关心品质的缺失表示深深的忧虑：

> 越来越多的人受到损人利己动机的驱使，对为社会服务和树立对社会利益的责任感越来越没有兴趣，恢复具有早期时代特征的关心价值观势在必须。许多民族文化本身就有提倡关心价值观和神话故事，包括关心曾经滋养过自己的土地。由于我们缺少关心和尊重，这些优良的民族传统已丧失了许多。①

报告呼吁要改变这种现状，要求教育培养人的关心品质，并且还

---

① 联合国教科文组织：《学会关心：21 世纪的教育——圆桌会议报告》，《教育研究》1990 年第 7 期，第 74 页。

提出了人们应当关心的具体内容。这些内容包括：关心自己；关心家庭，朋友和同行；关心他人；关心社会和国家的社会、经济和生态利益；关心人权；关心其他物种；关心地球的生活条件；关心真理、知识和学习。

八、塑造学生的公民精神和责任意识

《学会生存》一书明确提出教育要培养学生承担社会义务的态度，并唤醒他们的公民精神和社会责任感。作者对忽视公民精神和责任意识培养的教育现状提出了尖锐的批评："训练驯服而划一的公民这种思想代替了唤起人民的政治意识和发展民主的美德。人们满足于反复灌输政治思想，而不去培养人们了解他们所处这个世界的结构，履行他们生活中的真正任务，以便不至于在一个迷惘不清的宇宙里盲目前进。"[1] 埃德加·富尔在该书序言中倡导教育要培养"新人"，并认为"这种新人必须懂得个人的社会行为具有全球性的后果，能够考虑事物的轻重缓急，并能够承担人类命运的共同职责中自己的一份责任"。[2]

《从现在到 2000 年教育内容发展的全球展望》一书也指出，未来的教育不应仅限于给学习者坚实的知识和培养他们对继续学习的兴趣，它还应该培养人的行为能力并深入精神生活之中。作者认为，价值观念和负责精神的培养在将来应占有更重要的地位。[3] 该书在概括各国道德教育计划所强调的道德价值观念时，将公民精神和社会责任感列为社会价值标准的重要内容。该书还特别引用联合国教科文组织的《第二个中期

---

[1]　联合国教科文组织国际教育发展委员会编著，华东师范大学比较教育研究所译：《学会生存——教育世界的今天和明天》，教育科学出版社 1996 年版，第 189 页。

[2]　联合国教科文组织国际教育发展委员会编著，华东师范大学比较教育研究所译：《学会生存——教育世界的今天和明天》，教育科学出版社 1996 年版，第 7—8 页。

[3]　[伊朗] S.拉塞克、[罗马尼亚] G.维迪努著，马胜利等译：《从现在到 2000 年教育内容发展的全球展望》，教育科学出版社 1996 年版，第 144—145 页。

计划》中的观点指出：

> 这样做看来是有必要的，即让教育通过它计划中的内容和它的根本精神及方法，帮助人们在社会的各个层面上树立某些价值观念，如责任感，诚实和正直，忠诚，对别人的宽容，对生活的尊重等等，同时培养各种可以促使人们依恋家庭的态度，增进人类团结的意识、和平精神、对人权的尊重和民族之间的理解。[①]

目的总是属于理想世界，它虽然指出了基本方向但却永远不可能完全达到。教育目的也是同样的道理。不过我们不能由此而否认教育目的的价值。当然，我们也没有理由否认联合国教科文组织教育文献关于教育目的的理念。纳什·卡赞迈斯等人关于这个问题的一段精彩议论对我们应该具有重要的启示意义："从古代荷马时期到古典文明的繁荣，希腊人都有意识地运用教育来训练年轻一代，使他们具备参与社会生活所必需的技能和价值观，成为符合希腊人标准的理想的人。一切教育活动的基础是理想的人的形象和一种内在的信念，即社会的福利取决于社会成员的教育。这种内在信念广泛渗透在西方文明之中，直至今日仍然如此。我们和希腊人一样确信的这种信念给教育染上了崇高的色彩，但同时也使它有了一种可悲的特征。因为，尽管人类坚持不懈地努力运用教育来创造更美好的社会和更好的人类，但今天我们仍然面临着与古人相同的问题和矛盾。我们提出不同的解决办法，创立各种不同的理论，但许多基本问题仍然和以前一样无法回答。也许我们可以在这样的信念中

---

① ［伊朗］S.拉塞克、［罗马尼亚］G.维迪努著，马胜利等译：《从现在到 2000 年教育内容发展的全球展望》，教育科学出版社 1996 年版，第 224 页。

找到安慰，即令人感到满足的正是对目标的追求——不断探索，而不是达到目标，这是教育和文化发展的本质。"[1] 从某种意义上说，没有理想就没有真正的教育，崇高的理想是美好教育的基础和前提。正是在这个意义上，《从现在到 2000 年教育内容发展的全球展望》一书才提出以下发人深思的观点："教育活动和教育机构只有遵循着一个最高目的才有存在的理由。"[2]

---

① 见瞿葆奎主编：《教育学文集·教育目的》，人民教育出版社 1989 年版，第 419 页。

② ［伊朗］S.拉塞克、［罗马尼亚］G.维迪努著，马胜利等译：《从现在到 2000 年教育内容发展的全球展望》，教育科学出版社 1996 年版，第 118 页。

第五章　教师理念

教师和学生间确立的强有力关系是教学过程的关键所在。当然，知识可以各种方式获取，而且远距离教学和在教学方面使用新技术已表明卓有成效。但是，对几乎全部学生，尤其是尚未掌握思考和学习方法的学生而言，教师仍是无法取代的。如果说个人发展的继续必须以独立的学习和研究能力为前提，那么这种能力只有在向一位或数位教师求学一段时间后才能获得。[①]

联合国教科文组织文献对教师问题非常重视，许多教育文献论及教师问题。以国际教育大会通过的建议（或宣言）为例，自1934年至2004年间通过的82项建议（或宣言）中，就单一主题而言，关于教师的数量最多，共计17个。这些建议（或宣言）涉及教师的地位、待遇、招聘、培训等。[②] 教科文组织的其他不少重要教育文献，如《学会生存》《教育——财富蕴藏其中》《从现在到2000年教育内容发展的全球展望》《全球教育发展的研究热点——90年代来自联合国教科文组织的报告》

① 国际21世纪教育委员会报告，联合国教科文组织总部中文科译：《教育——财富蕴藏其中》，教育科学出版社1996年版，第138页。

② 这些建议（或宣言）全部收录于赵中建主译的《全球教育发展的历史轨迹——联合国教科文组织国际教育大会建议书专集》中，该书由教育科学出版社2005年出版。

《世界教育报告》及《教育展望》杂志等，也从不同的角度论述过教师问题，形成了较为系统的教师理念。

第一节　教师的地位与作用

教师的地位与作用问题不仅关系教师自身的生存与发展，而且会对教育事业和教育质量产生重要的影响。正因为如此，所以教科文组织的许多教育文献专门阐述过这个问题，发表了一些有益的见解。

一、教师的地位

关于教师的地位，教科文组织教育文献的观点主要有以下几个方面：

一是教师的地位具有重要的意义。教科文组织与国际劳工组织于1996年合作召开了一次关于教师地位的政府间特别会议，会议通过的《关于教师地位的建议书》特别强调了教师地位问题对于教育的重要意义。该建议书明确提出：

> 教师的地位应当符合依教育的目的和目标评定的教育的需求；应当确认：教师的正当地位和公众对教师职业应有的尊重，对于充分实现教育的目的和目标具有极其重大的意义。[①]

二是要改善教师的地位和工作条件。国际教育大会第45届会议通过的《加强教师在多变世界中的作用之教育》的建议指出，教师的生活

[①]　联合国教科文组织：《世界教育报告1998》，中国对外翻译出版社1998年版，第23页。

和工作条件与他们所承担的重要且意义重大的任务通常是不相称的，因而提出要提高教师的地位。《教育——财富蕴藏其中》一书也指出："教师有理由要求合适的工作条件和地位，因为它们表明他们的努力得到了承认。"① 作者还呼吁，为了挽留优秀教师继续任教，应向他们提供令人满意的工作条件和与其他要求同等教育水平的职业类别相同的报酬。对在边远地区和条件很差地区工作的教师要给予特别的对待，这对鼓励他们留下来为处境不利的居民服务是非常必要的。国际公共教育大会第7届会议专门就教师的经济待遇问题通过了一个建议。建议认为教师的物质条件对于他们完成其使命具有重要的意义，各类教师应获得同其任务的重要性相适应的工资，工资水平应足够使其避免处于低于相应社会地位的各类雇员的位置。

三是各类教师之间不应有等级差别。《学会生存》一书提出，小学、中学和大学教师之间的区别不应含有等级差别。无论薪金等级或晋级都不应取决于教育工作的类别。一个教师无论他在哪一个教育领域都应该有可能晋升到最高一级的机会，而这也只应取决于他的个人品质。"我们应该把教学的职能看成是一样的，而且应受到同样的尊重，不管这种职能是在哪个特定方面实现的。"②

二、教师的作用

1.教师在教学过程中的作用

关于教师在教学中的作用，曾经有人认为，随着新技术的发展教师的作用将被取代或被削弱。教科文组织教育文献对此持不同的看法，认

---

① 国际 21 世纪教育委员会报告，联合国教科文组织总部中文科译：《教育——财富蕴藏其中》，教育科学出版社 1996 年版，第 146 页。

② 联合国教科文组织国际教育发展委员会编著，华东师范大学比较教育研究所译：《学会生存——教育世界的今天和明天》，教育科学出版社 1996 年版，第 258 页。

为教育技术的进步不能取代教师的作用。

> 虽然我们必须更多且更广泛地利用新技术和媒体，它们的确具有辅助的作用，但却永远不会取代教师作为教学过程的组织者和年轻人的指导者与榜样的重要作用。①

《教育——财富蕴藏其中》一书对此也有深刻的论述。该书认为，知识可以通过各种方式来获取，而且远距离教学和在教学中使用新技术已取得了显著的效果。但对于学生而言，教师仍是无法取代的。因为个人的继续发展必须以独立的学习和研究能力为前提，而这种能力只有在向教师求学一段时间后才能获得。

联合国教科文组织第 40 届国际教育会议的文件对该问题也作了深入的分析，认为教育技术的进步及其日益用于课堂教学，远不是代替教师的作用，而是扩大他们的作用，把他们从单纯的知识的传授者，变成了学生学习经验的组织者和全面的教学过程的推动者。面对知识的快速增长和越来越多的各种各样的教具的出现，教师在提高教育质量方面依然保持着主要作用。

> 他们永远不会被机器所取代，而事实上，他们是不可缺少的，因为教师有责任把具有文化根基的伦理和社会价值注入研究得来的新知识，使之更丰富，并使之在年轻人的头脑中具有活力。②

---

①　赵中建编：《全球教育发展的研究热点——90 年代来自联合国教科文组织的报告》，教育科学出版社 1999 年版，第 242 页。

②　国家教育委员会教育发展与政策研究中心、中国联合国教科文组织全国委员会秘书处编：《世界中等教育发展与改革的趋向》，人民教育出版社 1987 年版，第 13 页。

《教育展望》1997 年发表了两篇文章专门谈到新技术与教师的关系。法国学者雅克·阿塔利的文章认为，如果用现代教育技术去代替教师的工作将可能产生严重的不良后果："我们不知道怎样用成批生产的产品去替代教师的工作。即使有可能，我们也不敢肯定是否该这么去做，因为对儿童社会化的这种替代以及对社会公正带来的影响都有可能是灾难性的。"① 厄瓜多尔学者罗莎·玛丽亚·托里斯的文章明确指出，应该是教育技术支持教师，而不是反其道而行之。教师是积极的、审慎的教育主体和施动者。②

上述表明，新的技术不会削弱教师的作用。但是应当承认，新技术的发展正在改变着教师的作用。早在 1975 年，国际教育大会第 35 届会议通过的《教师作用的变化及其对专业准备和在职培训的影响》建议中谈到教师的作用时就指明了这一点。该建议要求教师认识到自己的作用和功能不是一成不变的，而是随着社会和教育系统自身的变化而变化的。《教育——财富蕴藏其中》一书进一步指出了教师作用的具体变化：在信息社会里，教师不可能再像过去那样被看作是某种知识的唯一拥有者，他只需传授这一知识即可。从某种意义上说，他成了集体知识的合作伙伴，他应当对这种知识加以合理的组织。对于教师来说，其任务"已不再只是教学生学习的问题了，而且还要教学生寻找信息。鉴于目前在各种网络上流通的信息量极大，善于在知识的海洋中航行已成为实际获得知识的一个先决条件"。③

---

① ［法］雅克·阿塔利:《教育展望（中文版）》1997 年第 3 期，第 10 页。

② ［厄瓜多尔］罗莎·玛丽亚·托里斯:《没有师范教育的改革，就没有教育改革》，《教育展望（中文版）》1997 年第 3 期，第 19 页。

③ 国际 21 世纪教育委员会报告，联合国教科文组织总部中文科译:《教育——财富蕴藏其中》，教育科学出版社 1996 年版，第 172 页。

2. 教师在教育改革中的作用

教育改革是当代世界教育的主题，教师在教育改革中到底应该发挥什么作用？这个问题在很大程度上关系教育改革的成败。联合国教科文组织的许多教育文献都充分肯定了教师在教育改革中的重要性，认为教育改革的成败取决于教师的态度，教育改革的成功离不开教师的合作，教师不仅是教育改革的实施者，而且是教育改革的设计者、同盟军和主体。

国际教育大会第 80 号建议甚至提出，教师是发生在所有各级各类学校和课堂中并通过所有教育渠道进行教育变革的关键活动者。《教育——财富蕴藏其中》一书正确地指出：教育改革不能与教师的意愿相对立，也不能没有教师的参与。"没有教师的协助及其积极参与，任何改革都不能成功。"① 因此该书建议，应当尽量吸收教师参与有关教育的各种决策，教学计划和教材的制定要在教师的参与下进行，学校的行政管理和教师评价也应吸收教师参与决策。该书还希望教师组织在这个问题上发挥重要的作用，认为应当改进教师组织与教育负责当局之间的对话，对话不应只限于工资和工作条件问题，应将讨论扩展到教师在规划和实施改革中应起中心作用这一问题上来。"教师组织可在有关建立职业信任气氛和对教育革新持正面态度方面作出决定性的贡献。在所有教育系统中，教师组织都提供一条和各级教育工作者进行商讨的渠道，改革的规划和实施应成为一个时机，以就各种目的和方法达成协商一致。"② 教科文组织教育文献对传统的教育改革模式表示不满。《教育展望》1998 年发表了澳大利亚学者科林·N.鲍尔的文章，该文一针见

---

① 国际 21 世纪教育委员会报告，联合国教科文组织总部中文科译：《教育——财富蕴藏其中》，教育科学出版社 1996 年版，第 15 页。

② 国际 21 世纪教育委员会报告，联合国教科文组织总部中文科译：《教育——财富蕴藏其中》，教育科学出版社 1996 年版，第 137 页。

血地指出："在规划与实施改革时，教师却常常受到冷遇。一旦改革搞糟，遭到指责的则多半是教师。"①《学会生存》对这种现象也提出了尖锐的批评：

> 革新理论家们设计的许多方案，其目的似乎是强加在教师们身上的，是向他们提出的，而不是和他们共同提出的。这种专家统治论的家长作风是由于他们不信任教师，因此反过来引起了教师对他们的不信任。②

在该书看来，教师们并不反对改革，他们反对的是别人把改革方案交给他们去做的那种方式，更不用说把一个改革方案强加在他们身上了。因此，对教育工作者来讲，十分重要的是使他们主动地参加教育改革方案的工作。《教育展望》2001 年刊载的一篇文章对于传统教育改革存在的这种弊端也有深入的阐述，同时还提出了对策性建议。该文认为，传统的教育改革将改革者和教师区别开来，前者做出决定，后者负责实施。这种改革者／教师的"自上而下"的关系重复出现在教育政策中，如果改革遇到问题，那是实施方面的问题，而决不是计划或设计上的问题。在作者看来，教育改革应当是一种"自上而下"和"自下而上"的双向运动过程，教师应当有参与、协商和对话的余地。"对话、联盟、协商和建立共识是一条崎岖不平的路，需要人们为之付出大量时间和精力。然而，单行道，不管多么宽阔平坦，都已证明将通向死胡同。"③

---

① [澳] 科林·N.鲍尔:《学习：手段抑或目的？我看德洛尔报告及其对振兴教育的意义》,《教育展望（中文版）》1998 年第 2 期，第 11 页。

② 联合国教科文组织国际教育发展委员会编著，华东师范大学比较教育研究所译:《学会生存——教育世界的今天和明天》，教育科学出版社 1996 年版，第 222 页。

③ [厄瓜多尔] 罗莎·玛丽亚·托雷斯:《从改革的代理人到变革的主体：拉丁美洲教育的十字路口》,《教育展望（中文版）》2001 年第 2 期，第 119 页。

因此，作者呼吁不仅把教师当作实施者对待还要视其为教育政策的设计者。《从现在到 2000 年教育内容发展的全球展望》一书也主张教师广泛地参与影响学校生活的所有决策，认为如果没有这种参与便难以克服许多教师对变化和创新的自然抵抗。

第二节 教师的使命与责任

联合国教科文组织教育文献对于教师的使命与责任也给予了较多的关注。综观教科文组织的教育文献可以看出，教师的使命与责任主要体现在以下几个方面：

一、培养新一代的性格和精神

在教科文组织教育文献看来，教师的责任不仅仅是传授知识和技能，还应当着力陶冶新一代的性格和精神。教师应当在"培养未来社会必需的性格、品质方面负起责任。这些必需的性格、品质包括：向他人开放，有个人判断能力，能适应变化并能积极、创造性地掌握这些变化"。[①] 教师在教育过程中要使学生树立科学的世界观，培养学生承担社会义务的态度，唤醒他们的公民精神和对社会的责任感，培养关心别人的品质。教科文组织编写的《世界教育报告 1995》特别强调共同价值观的意义，认为在当今世界仅有技术和能力是不够的，如果没有共同的价值观，无论是在国家内部还是在国与国之间，都无法采取共同的行动。正因为如此，教科文组织于 2003 年 10 月 3—4 日在巴黎召开的教育部长圆桌会议关于《有质量的教育》的公报特别指出要培养学生的世

---

① ［伊朗］S . 拉塞克、［罗马尼亚］G . 维迪努著，马胜利等译：《从现在到 2000 年教育内容发展的全球展望》，教育科学出版社 1996 年版，第 101 页。

界性观念，使他们学会并实践这些品德，如非暴力、尊重多样性、学会
与人和睦相处等。针对冲突和暴力现象日趋严重的现实，国际教育大会
第44届会议结束后专门发表了题为《国际理解教育：一个富有根基的
理念》的文章，该文指出"面对世界问题的严重性，教育工作者不能仅
仅是旁观和等待。我们的世界正在各种冲突中颤抖。而这些冲突只能通
过实现国际理解的理想而得以解决"。[①]《教育——财富蕴藏其中》呼吁
教师在促进相互理解和宽容方面发挥积极的作用：

> 教师作为变革的因素，在促进相互理解和宽容方面，其作
> 用的重要性从未像今日这样不容置疑。这一作用在21世纪将
> 更具决定意义。狭隘的民族主义应让位于普遍主义，种族和文
> 化偏见应让位于宽容、理解和多元化，集权制应由民主的各种
> 表现形式所取代，一个高技术为某些人之特权的分裂世界应由
> 一个技术上统一的世界所取代。这一变革的迫切需要赋予教师
> 以巨大职责，他们要为培养新一代的性格和精神作出贡献。[②]

二、提高学生辨析信息的能力

信息量和知识传播渠道剧增是当代社会的一个非常重要的现象。今
天学生受到来自四面八方各种知识和信息的"狂轰滥炸"。这些知识和
信息往往互不协调，甚至自相矛盾，让人无所适从，由此引起了思想混
乱并导致了怀疑主义的倾向。在这种情况下，培养学生对于信息的辨
别、评价和批判能力就显得特别重要。教科文组织教育文献深刻地认识

---

① 赵中建编：《全球教育发展的研究热点——90年代来自联合国教科文组织的报
告》，教育科学出版社1999年版，第379页。

② 国际21世纪教育委员会报告，联合国教科文组织总部中文科译：《教育——财
富蕴藏其中》，教育科学出版社1996年版，第134页。

到了这一点,指出教师的一个重要职责就是使学生掌握对信息进行分析和评价的能力,将源源不断涌来的各种各样的情报加以分类和整理。只有在教育过程中尽早培养这种能力,个人才能自如地应付日益繁复的情报技术及其产品,并且谨慎地加以利用。《教育——财富蕴藏其中》一书提出:

> 教育系统承担着重大责任:它应使每个人拥有控制信息大量增加的手段,即有办法本着批判精神,对信息进行筛选,将其分出主次;它还应帮助人们与传媒和信息社会(逐渐变成短暂性和瞬时性的社会)保持一定的距离。①

国际教育大会第 80 号建议进一步要求教师在信息社会中担负起道德引导的责任:"面临着其他信息提供者和社会化机构的作用不断增强,人们期望教师将担负起道德指引和教育指引的作用,使学习者能够在大量的信息和不同的价值观中不迷失方向。"②

三、成为学生学习的促进者

国际教育大会第 80 号建议提出,教师应当促进学生的学习,并且认为教师的作用将日益成为学生学习的促进者。《学会生存》一书在谈到教师责任的变化时指出,从终身教育的立场和当前人类知识的现状来看,教师应当花费更多的时间来判断学习者的需要,推动和鼓励学生的学习。

---

① 国际 21 世纪教育委员会报告,联合国教科文组织总部中文科译:《教育——财富蕴藏其中》,教育科学出版社 1996 年版,第 52 页。

② 赵中建主译:《全球教育发展的历史轨迹——联合国教科文组织国际教育大会建议书专集》,教育科学出版社 2005 年版,第 465—466 页。

　　　　教师的职责现在已经越来越少地传递知识，而越来越多地
激励思考。他必须集中更多的时间和精力去从事那些有效果的
和有创造性的活动：互相影响、讨论、激励、了解、鼓舞。[①]

　　《从现在到 2000 年教育内容发展的全球展望》一书在展望未来教师
的使命时也指出，教师的权威将不再建立在学生的被动与无知的基础
上，而是建立在教师借助学生的积极参与以促进其充分发展的能力之
上。这样一来教师的作用就不会混同于一部百科全书或一个供学生利用
的资料库。一个有创造性的教师应能帮助学生在自学的道路上迅速前
进，他更多的是学生学习的一名向导和顾问，而不是机械传递知识的简
单工具。为了有效地促进学生的学习，《教育——财富蕴藏其中》要求
教师在学习方面作学生的榜样。为了促进学生的学习，教师自己要表现
出强烈的好奇心和浓厚的学习兴趣。

四、为学生提供咨询和指导

　　《学会生存》一书提倡教师对学生的学习提供有益的指导，教师"除
了他的正式职能以外，他将越来越成为一位顾问，一位交换意见的参加
者，一位帮助发现矛盾论点而不是拿出现成真理的人"。[②] 国际教育大
会第 69 号建议也明确指出，教师除了教学任务外，还应承担更多的责
任，还应当为学生提供各种咨询和指导，应该有机会参与课外活动和校
外活动，并帮助学生组织自己的闲暇活动。

------

　　① 联合国教科文组织国际教育发展委员会编著，华东师范大学比较教育研究所译：
《学会生存——教育世界的今天和明天》，教育科学出版社 1996 年版，第 108 页。
　　② 联合国教科文组织国际教育发展委员会编著，华东师范大学比较教育研究所译：
《学会生存——教育世界的今天和明天》，教育科学出版社 1996 年版，第 108 页。

第三节　教师的素质与培养

教师的素质是教师发挥作用和获得社会地位的基础和前提。如果没有一支合格的、责任心强的和有抱负的师资队伍，就不可能有高质量的教育。国际教育大会第 69 号建议指出，不管教育系统产生或将要产生什么样的变化，教师必然处于教育过程的中心地位，他们的良好准备是教育发展的基本因素之一，也是任何教育革新的重要前提。《关于教师地位的建议书》也强调说："应当确认，教育的进步主要取决于全体教学人员的资历和才能，也取决于教师个人的人格、教学方法和技术素质。"[①]

一、教师素质的内容

关于教师素质的具体内容，联合国教科文组织教育文献特别强调职业伦理、教育才能、人文品质和科研素养等几个方面。

1. 职业伦理

关于教师的职业伦理，联合国教科文组织教育文献特别强调教师的人格、事业心和献身精神。国际公共教育大会第 4 号建议提出，在教师培训中不仅应传授一般知识和教育学知识，而且要重视道德价值观的培养。该建议还要求，年轻教师在着手履行其教师职责前应在道德方面达到充分的成熟，并深切地认识到教师职责的重要性。国际公共教育大会第 5 号建议也要求重视教师职责方面的系统的道德培训，在任命新教师时不仅应考虑他们的理论知识，更应考察他们的伦理品质。国际教育大会第 69 号建议指出，社会、文化和教育的各个方面都在发生变化并将

----

① 联合国教科文组织：《世界教育报告 1998》，中国对外翻译出版公司 1998 年版，第 23 页。

持续地变化，而这必然会影响到教师的作用和功能。考虑到这种情况，有必要使将来的教师意识到这些变化，并在思想上做好专业准备。在教师培训过程中要特别重视教师的人格发展。教科文组织出版的《世界教育报告1991》认为，作为教师不仅仅要看他们"是否接受过培训或有无学历，还要看他们是否有事业心和献身精神。没有这种精神，他们甚至懒得去管学生的学习，就更谈不上去帮助他们进步了"。①《教育——财富蕴藏其中》也强调指出，无论是教师的入门培训还是在职培训，都应该重视培养他们的伦理品质，"学生和整个社会有权期待教师以献身精神和敏锐的责任感来完成他们的职责"。②

2. 教育才能

《从现在到2000年教育内容发展的全球展望》一书对于教师教育中忽视教育才能培养的现象提出了批评，认为在教师的培训中科学的培训和教育的培训不成比例。"科学培训部分在有些国家约占90%，在另一些国家则占90%或更多一些。未来的教师与其说在被训练为负有组织创造性、参与性和训练性学习使命的教育家，不如说在被训练为各学科的研究者。"为了说明问题，该书还引用一位作者的观点说："大部分教师都是因为他们有专业知识或科学才能而不是因为他们有教育才能而被聘用的。"③该书认为，那种以为精通某些知识就足以将它们传授给他人的说法已经过时，那种不是把个人全面教育而是把理论知识的简单传授作为目的的做法也已经行不通了。有鉴于此，国际教育大会第80号建议要求在教师教育中使未来的教师掌握各种教学策略：将掌握教师应

---

① 联合国教科文组织：《世界教育报告1991》，人民教育出版社1992年版，第65页。

② 国际21世纪教育委员会报告，联合国教科文组织总部中文科译：《教育——财富蕴藏其中》，教育科学出版社1996年版，第146页。

③ ［伊朗］S. 拉塞克、［罗马尼亚］G. 维迪努著，马胜利等译：《从现在到2000年教育内容发展的全球展望》，教育科学出版社1996年版，第266页。

该传授的知识同掌握适合此知识的教与学的方法联系起来。由于不同的教学情景和学习过程的各个阶段需要使用不同的教学策略,因此必须在未来教师的培养中融入期望他们在其职业生涯中将利用的积极学习的方法,加强培养他们掌握各种教学策略的能力,特别要注意发展教师鼓励学生的态度,即鼓励各类学生成功地进行学习。

3.人文品质

教师所做的是教书育人的工作,因此必须强调教师的人文品质。《教育——财富蕴藏其中》一书提出,教师不仅应当具有极为多样的教学才能,而且应当表现出情感同化、耐心和谦虚等人文品质。如果一个儿童遇到的第一位教师是一位未经过充分培训并且缺乏积极性的老师,那么他们未来进行学习的基础就缺少坚固性。该书强调要在教师培训中重视教师情感品质的培养,认为这是日后他们培养学生情感品质的重要前提。国际教育大会第 12 号建议强调通过心理学方面的培训来提高教师的人文品质,而且特别指出:"重要的不是给予未来的教师以专门的心理学方面的训练,而是培养他们爱好观察的习惯以及关心和尊重儿童并遵循儿童心理发展规律的态度。"《从现在到 2000 年教育内容发展的全球展望》则强调教师乐观精神的重要性,认为教师的多疑和忧郁等不良品质以及各种侮辱性的处理方式,会对学生的进步起持久的抑制和阻碍作用。为此,该书呼吁教育者要学会以乐观精神教学和使学生保持自信。①

4.科研素养

在联合国教科文组织教育文献看来,科研并不是科研工作者的专利,教师可以而且应该根据自己的实际情况积极从事研究活动。基层

---

① ［伊朗］S.拉塞克、［罗马尼亚］G.维迪努著,马胜利等译:《从现在到 2000 年教育内容发展的全球展望》,教育科学出版社 1996 年版,第 196 页。

实际工作者，例如教师和学校领导者，在不同条件下直接接触日常教育活动，通常比专职研究者更有条件收集资料并确定需要。因此"科研应成为武装教师和管理者的工具，使他们能够发现身处危机的儿童，设计本地的课程，控制教学方法，成为先行者而并非无用资料的被动使用者"。①

二、教师素质的培养

关于教师素质的培养，教科文组织教育文献主要强调了两点：一是要注意培养内容的平衡；二是要重视在职培训，并将职前教育和在职培训整合起来。

《教育——财富蕴藏其中》一书提出，在教师培养的过程中，要保持所授学科方面的才能和教学法方面的才能之间的平衡。该书指出，在一些国家里，有人指责教育系统忽视教学法，而在另一些国家，却又过分优先考虑教学法，人们认为这种做法会导致出现一些对其所授学科不具有足够知识的教师。"其实，两者都是需要的，入门培训和在职培训都不应舍此就彼。"②国际教育大会第80号建议对教师培养的全面性作了具体的阐述，认为教师要胜任教学活动就应当满足如下要求：（1）他们对任教学科的掌握；（2）在教师作用发挥以及在多样化的教和学的情景中，他们对教学策略的掌握；（3）他们对终身教育的强烈兴趣；（4）他们的创新能力和在小组中工作的能力；（5）他们对职业伦理的遵守。③

变化与发展是时代的永恒主题，教育领域也不例外。联合国教科文

---

① 赵中建：《全球教育发展的历史轨迹——90 年代来自联合国教科文组织的报告》，教育科学出版社 1999 年版，第 256 页。

② 国际 21 世纪教育委员会报告，联合国教科文组织总部中文科译：《教育——财富蕴藏其中》，教育科学出版社 1996 年版，第 143 页。

③ 赵中建主译：《全球教育发展的历史轨迹——联合国教科文组织国际教育大会建议书专集》，教育科学出版社 2005 年版，第 468 页。

组织教育文献指出，在这种情况下，教师的入门培训不可能满足教育发展的要求，他们必须在整个职业生涯期间不断更新和提高自己。国际教育大会第 69 号建议专门提到教师的继续教育问题，认为继续教育是教师教育过程中不可分割的一部分，应定期地安排各类教育人员接受继续教育。继续教育的程序和方法应尽可能灵活，适合教师的个人需求和各个地方的特点，并考虑到不同专业的发展和知识的扩展。建议还特别提到教师的自我教育问题，认为教师的自我教育是教师继续教育的重要方面，要求教育当局和教育研究及文献中心为教师的自我教育提供必要的时间、文献、场所和指导。

对于职前教育和在职培训的关系，国际教育大会第 69 号建议提出："需要一种综合性政策来确保把教师教育重组成一个持续的协调过程，从职前准备开始并继续于教师的整个职业生涯。在这个系统中，职前教育和在职教育应该整合起来。"[1] 国际教育大会第 80 号建议重申了这个观点，认为职前培养应该与在职培训密切结合，建立一种视职前学习和在职学习为连续统一体的师范教育和培训系统。

第四节　教师与学生的关系

众所周知，师生关系在教育过程中具有重要的意义，是影响教育效果的一个基本因素。《教育展望》2002 年发表的一篇文章指出："任何一个教育系统的质量与作用最终都要取决于学生与教师之间的相互作用的质量与性质。"[2] 国际教育大会第 69 号建议在谈到师生关系的地

---

① 赵中建主译：《全球教育发展的历史轨迹——联合国教科文组织国际教育大会建议书专集》，教育科学出版社 2005 年版，第 354 页。

② ［澳］鲁珀特·麦克莱恩：《概述：面临抉择的中等教育》，《教育展望（中文版）》2002 年第 1 期，第 41 页。

位时强调："不管教育系统产生或将要产生什么样的变化，教师与学习者之间的关系必然处于教育过程的中心地位。"[1]《教育——财富蕴藏其中》一书也认为"在任何情况下都应特别重视师生关系，因为哪怕是最先进的技术，也只能对师生关系（传播，对话和争论）起支持辅助作用。"[2] 师生关系的重要性决定着它历来成为一个备受人们关注的教育问题，联合国教科文组织教育文献对这个问题也发表了许多精辟的见解。

《学会生存》对传统的师生关系提出了尖锐的批评，认为"应该从根本上重新评价师生关系这个传统教育大厦的基石，特别当师生关系变成了一种统治者和被统治者的关系的时候。这种统治与被统治的关系，由于一方在年龄、知识和无上权威等方面的有利条件和另一方的低下与顺从的地位而变得根深蒂固了"。[3] 联合国教科文组织教育文献在批评与反思传统师生关系的基础上，提出要建构一种新型的师生关系，这种新型的师生关系表现出平等合作、相互尊重、自主选择等特征。

一、平等合作

国际教育大会第 69 号建议提出，有效的学校教育主要依赖于发展一种新型的师生关系，在这种关系中学生越来越成为教育过程中积极的合作伙伴。《教育——财富蕴藏其中》也提出教师与学生要建立起一种新的关系，教师要"从'独奏者'的角色过渡到'伴奏者'的角色，从

---

① 赵中建主译：《全球教育发展的历史轨迹——联合国教科文组织国际教育大会建议书专集》，教育科学出版社 2005 年版，第 352 页。

② 国际 21 世纪教育委员会报告，联合国教科文组织总部中文科译：《教育——财富蕴藏其中》，教育科学出版社 1996 年版，第 132 页。

③ 联合国教科文组织国际教育发展委员会编著，华东师范大学比较教育研究所译：《学会生存——教育世界的今天和明天》，教育科学出版社 1996 年版，第 107 页。

此不再主要是传授知识，而是帮助学生去发展、组织和管理知识，引导他们而非塑造他们。"①

《学会生存》提出了一个著名的口号："教育能够是，而且必然是一种解放。"②该书在这句话的注释中大段引用了巴西当代著名教育家保罗·弗莱雷（原书译为保罗·弗雷尔）的观点：

> 同驯化教育相反，这种理想的、预言的和有希望的解放教育是一种认知的行动，是改造人所要认知的现实的行动手段。……在驯化教育中，不能说，人有什么可以认知的对象，而只能说，他已经具有了完整的知识。教育工作者具有这种完整的知识，并把它传递给受教育者。在解放教育中，教育工作者并没有完整的知识而只有可以认知的对象，而这种对象在认知过程中作为主体把教育者和受教育者联系起来。在驯化教育的实践中，教育工作者总是受教育者的教育者。在解放教育的实践中，教育工作者作为受教育者的教育者必须"死去"，以便作为受教育者的受教育者重新"诞生"。同时，他还必须向受教育者建议：他应作为教育者的受教育者而"死去"，以便作为教育者的教育者而"重生"。这是一个往来不绝的连续过程。这是一个谦逊的和有创造性的运动，在这里教育者与受教育者都必须参加。③

---

① 国际 21 世纪教育委员会报告，联合国教科文组织总部中文科译：《教育——财富蕴藏其中》，教育科学出版社 1996 年版，第 136—137 页。

② 联合国教科文组织国际教育发展委员会编著，华东师范大学比较教育研究所译：《学会生存——教育世界的今天和明天》，教育科学出版社 1996 年版，第 175—176 页。

③ 联合国教科文组织国际教育发展委员会编著，华东师范大学比较教育研究所译：《学会生存——教育世界的今天和明天》，教育科学出版社 1996 年版，第 176 页。

二、相互尊重

《学会生存》一书明确反对片面强调教师权威的传统师生关系，提出"权威式的教学形式必须让位于以独立性、互相负责和交换意见为标志的师生关系；教师的训练必须使人了解和尊重个性的各个方面"。①《从现在到 2000 年教育内容发展的全球展望》一书赞同这种观点，认为权威与服从的关系将由相互尊重的新型师生关系所取代。在这种新型关系中，教师所扮演的角色是顾问而不再是专横的上司。

联合国教科文组织教育文献特别声明，在师生关系中，教师要尊重学生，但是与此同时，教师的权利也应当受到尊重。《教育展望》杂志2000 年发表的一篇文章深刻地指出：

> 儿童的权利是重要的，但不应过分夸大其重要性；不能说儿童权利是唯一重要的权利，比其他任何人的权利都重要；也不能因为儿童的权利可以实现，就不管他人的权利是否受到尊重。②

作者强调，"想让人家怎样待我们，我们也要怎样待人"，这是一条重要的"为人准则"。作者还提出，学校应当是尊重权利的场所，儿童、教师、助教、职员、管理人员的权利在这里都应受到尊重，这种相互尊重所营造的学习环境将有助于师生的共同成长。

三、自主选择

联合国教科文组织教育文献在分析传统教育弊端时指出，传统的教

---

① 联合国教科文组织国际教育发展委员会编著，华东师范大学比较教育研究所译：《学会生存——教育世界的今天和明天》，教育科学出版社 1996 年版，第 110 页。

② ［美］辛西娅·普林斯·科恩等：《国际会议与专题论坛综述》，《教育展望（中文版）》2000 年第 2 期，第 22 页。

育观是建立在教师和教材是知识源泉、学生只是被动的接受者这样一种学习观的基础上，学生被迫接受学校传授给他们的东西。《教育——财富蕴藏其中》提出，在有关教学安排的决定方面，学生应当有权发表自己的意见。1989年联合国教科文组织在我国召开的"面向21世纪教育国际研讨会"通过的文件《学会关心：21世纪的教育》也反复强调学生在教育中的自主选择问题，认为儿童的学习应当以他们早期的好奇、好动和好创造为基础，学习应当成为学习者主动和由学习者推动的过程，这个过程应当是主动的和积极的。《学会生存》一书从终身教育的角度论述了学习者在教育中的主体地位：

> 虽然一个人正在不断地受教育，但他越来越不成为对象，而越来越成为主体了。他并不认为，他所受的教育似乎是他的保护人，即那些有权势的人们，送给他礼物或者是对他所履行的一种社会义务。他是依靠征服知识而获得教育的。这样，他便成了他所获得的知识的最高主人，而不是消极的知识接受者。①

为了进一步说明问题，该书还引用了一位学者的精辟观点："未来的学校必须把教育的对象变成自己教育自己的主体。受教育的人必须成为教育他自己的人；别人的教育必须成为这个人自己的教育。"②简言之，教育已不再是从外部强加在学习者身上的东西，它必须从学习者本人出发。关于学习者在学校生活中的地位，该书特别强调学习者的自由选择：

---

① 联合国教科文组织国际教育发展委员会编著，华东师范大学比较教育研究所译：《学会生存——教育世界的今天和明天》，教育科学出版社1996年版，第200页。

② 联合国教科文组织国际教育发展委员会编著，华东师范大学比较教育研究所译：《学会生存——教育世界的今天和明天》，教育科学出版社1996年版，第200页。

我们应使学习者成为教育活动的中心；随着他的成熟程度允许他有越来越大的自由；由他自己决定他要学习什么，他要如何学习以及在什么地方学习与受训。这应成为一条原则。即使学习者对教材和方法必须承担某些教育学上的和社会文化上的义务，这种教材和方法仍应更多地根据自由选择、学习者的心理倾向和他的内在动力来确定。①

《教育——财富蕴藏其中》一书也充分肯定尊重学生自主性的重要意义，认为只有这样学生的人格才能得到充分发展，才能培养学生的判断力、批判意识和责任感，使他们日后能更好地预见和适应变革。

---

① 联合国教科文组织国际教育发展委员会编著，华东师范大学比较教育研究所译：《学会生存——教育世界的今天和明天》，教育科学出版社1996年版，第263页。

第六章　教育内容理念

制定教育内容是一项兼有认识论、价值哲学和教学法特点的活动。它主要在于根据各个层次或年级的特定目标恰当地选择和组织信息。选择和组织所授知识的工作由课程设计者完成后，还要由教师通过在特定条件下组织学习过程来最终实现。①

众所周知，教育内容是构成教育的基本要素，它在很大程度上影响着教育的效果。正因为如此，教科文组织的不少教育文献，如《学会生存》《从现在到 2000 年教育内容发展的全球展望》《教育——财富蕴藏其中》《教育的使命——面向二十一世纪的教育宣言和行动纲领》、国际教育大会通过的许多建议以及《教育展望》杂志等，都对教育内容问题发表过许多精辟的观点。

第一节　对传统教育内容的批判

《学会生存》一书首先指出了传统教育内容受到普遍批评的事实：

---

① ［伊朗］S. 拉塞克、［罗马尼亚］G. 维迪努著，马胜利等译：《从现在到 2000 年教育内容发展的全球展望》，教育科学出版社 1996 年版，第 124—125 页。

"教育内容……几乎在全世界都受到指责。"① 该书还谈到传统教育内容之所以受到批评的原因，即它不符合个人的需要，阻碍了科学进步和社会发展，或者和当前的问题脱节等。综观教科文组织教育文献的论述，可以看出它对传统教育内容的批判主要集中在以下几个方面：

一、正规教育内容与非正规教育内容脱节

教科文组织教育文献明确指出，教育的内容既包括正规的教育内容，也包括非正规的教育内容，而且这两种教育内容应当有机地结合起来。但是事实上，现在人们往往只是重视正规的教育内容，而忽视非正规的教育内容，两者之间的差距日益扩大，缺乏联系的现象日趋严重。学生"在校外获得的相当一部分信息极为多样化，缺乏内在的联系，其价值也不尽相同，它们成了消极的储存物。另一部分有用的、现代的、适合学生兴趣的信息却很少被教师提到或利用。当两种信息出现矛盾时便更加令人担忧了。"②

二、自然科学教学与人文科学教学分离

《学会生存》一书认为，自然科学与人文科学本来具有内在的联系。作者引用马克思的观点说："自然科学往后将包括关于人的科学，正像关于人的科学包括自然科学一样，这将是一门科学。"③ 但是，传统教育却反其道而行之。正如埃德加·富尔在该书的序言中所批判的："传统教育任意地把人文学（它认为这不是科学）和科学（它认为这是非人道

---

① 联合国教科文组织国际教育发展委员会编著，华东师范大学比较教育研究所译：《学会生存——教育世界的今天和明天》，教育科学出版社 1996 年版，第 89 页。

② [伊朗] S. 拉塞克、[罗马尼亚] G. 维迪努努著，马胜利等译：《从现在到 2000 年教育内容发展的全球展望》，教育科学出版社 1996 年版，第 179 页。

③ 联合国教科文组织国际教育发展委员会编著，华东师范大学比较教育研究所译：《学会生存——教育世界的今天和明天》，教育科学出版社 1996 年版，第 94 页。

主义的）分开，又拒不承认'科学的人道主义的'出现。"①

《教育展望》杂志 1998 年发表的一篇文章指出，在 18 世纪，自然科学与人文科学的分化与孤立一度曾经是正常的，并且具有进步性。因为它使得人们可以掌握那时业已形成、但却彼此独立、相互间没有密切联系和渗透的学科的基本知识。但是，现在这种孤立却会造成不良的后果，它会"阻止人们形成一种完整的科学的世界观和学习融合了人文科学与自然科学的文化的基本原理"。②

在传统教育对待自然科学与人文科学关系这个问题上，联合国教科文组织教育文献还批评了另一种较普遍的现象，即偏重自然科学而轻视或忽视人文科学。《学会生存》指出，"人们往往特别会忽视人文科学。一般讲来，大多数教育体系不是有助于受教育者——无论他们是青年还是成人——去认识他们自己，去理解他们个性中的有意识的和无意识的组成部分，去理解大脑机制、智力活动、支配身体发展的规律、梦想和抱负的意识、他们互相之间的关系以及他们和整个共同体的关系。因此，教育忽视了教人如何在社会中生活、热爱生活并从事工作的基本职责"。③《从现在到 2000 年教育内容发展的全球展望》一书则对道德教育方面存在的问题发表了自己的看法：

> 如果说在课程中加强道德教育显得越来越有必要，那么落实这一行动则在许多国家仍然是一个头等重要而又尚待解决的问题。无论是对于学习规划的制定者还是在师资培养工作方

---

①　联合国教科文组织国际教育发展委员会编著，华东师范大学比较教育研究所译：《学会生存——教育世界的今天和明天》，教育科学出版社 1996 年版，第 13 页。

②　[俄] 弗拉基米尔·G.基涅列夫：《教育与文明》，《教育展望（中文版）》1998 年第 3 期，第 36 页。

③　联合国教科文组织国际教育发展委员会编著，华东师范大学比较教育研究所译：《学会生存——教育世界的今天和明天》，教育科学出版社 1996 年版，第 94—95 页。

面，这个问题都是存在的。①

三、科学教学与技术教学分离

《学会生存》一书认为，技术教学与科学教学一样具有重要的意义。在当今世界，懂得技术是十分重要的，它应当成为基本教育的一部分。如果一个人不懂得技术方法，那么他在日常生活中就会越来越依赖别人，就会减少就业的机会。大多数人只是消极地得到技术的好处，或者不懂得技术而屈从于技术。在作者看来，科学教学的一个基本目标是强调知识与行为相互依赖的关系。而强调这种相互依赖的关系就应当促使科学教学与技术教学两者的结合，就应当突出科学研究与实际发展及其应用之间的关系。"但是当前发生的情况恰恰与此相反，教育体系往往引起了这两者之间的严重分离……在普通教育方面，课程计划过分倾向于重视科学，而忽视技术。割断科学与实践的联系之后，一部分科学便在特殊威望的借口下被禁锢起来。结果，科学也就失去了它作为教育工具的作用。"②埃德加·富尔在《学会生存》一书的序言中分析了出现这种情况的原因：传统教育"把所谓普通教育和技术教育分开，表现出对抽象思维的偏爱，而这种偏爱显然是过去贵族反对实际应用的偏见的具体体现，把实际应用视为奴隶们做的事情"。③

四、教育内容脱离社会和学生的实际

《学会生存》一书指出，由于课程计划过时，使得教育的内容跟不

---

① ［伊朗］S. 拉塞克、［罗马尼亚］G. 维迪努著，马胜利等译：《从现在到 2000 年教育内容发展的全球展望》，教育科学出版社 1996 年版，第 160—161 页。

② 联合国教科文组织国际教育发展委员会编著，华东师范大学比较教育研究所译：《学会生存——教育世界的今天和明天》，教育科学出版社 1996 年版，第 95 页。

③ 联合国教科文组织国际教育发展委员会编著，华东师范大学比较教育研究所译：《学会生存——教育世界的今天和明天》，教育科学出版社 1996 年版，第 13 页。

上时代发展的步伐，脱离了社会的实际需要，无法解决现实的问题。"事实上，许多学校的教学大纲都不能为人们提供有关真实世界的知识，如现在一代人所见到的那样，也不能帮助人们解决他们今天所面临的各种问题：例如，军事的、社会的和民族的矛盾，世界性的饥馑、污染，青年与妇女的地位以及少数民族的环境条件等等。"①

在该书看来，教育内容不仅脱离社会现实，而且也与学生的生活经验脱节。作者认为，这种情况从根本上使教育受到了损害。该书在谈到文字的传统时指出，书写和印刷出版给予了人类以新的巨大力量，它们对于教育也有重要的价值。但是我们也要看到它们的不利影响。书本代替了直接传递知识的方法，使人养成了一种偏见，"认为书面文字（及其口头背诵）是一切称得上知识的知识的表示，它比那些从日常生活中学来的经验要优越得多"。②针对这种误解，埃德加·富尔在该书的序言中明确提出：学校教育不能和学生的生活脱节，"儿童的人格不能分裂成为两个互不接触的世界——在一个世界里，儿童象一个脱离现实的傀儡一样，从事学习；而在另一个世界里，他通过某种违背教育的活动来获得自我满足。"③

第二节 教育内容的界定与分类

什么是教育内容？教育的内容应当如何分类？教科文组织教育文献，尤其是《从现在到 2000 年教育内容发展的全球展望》一书对此有

---

① 联合国教科文组织国际教育发展委员会编著，华东师范大学比较教育研究所译：《学会生存——教育世界的今天和明天》，教育科学出版社 1996 年版，第 93 页。

② 联合国教科文组织国际教育发展委员会编著，华东师范大学比较教育研究所译：《学会生存——教育世界的今天和明天》，教育科学出版社 1996 年版，第 28—29 页。

③ 联合国教科文组织国际教育发展委员会编著，华东师范大学比较教育研究所译：《学会生存——教育世界的今天和明天》，教育科学出版社 1996 年版，第 12 页。

明确的阐述。

一、教育内容的界定

《从现在到 2000 年教育内容发展的全球展望》一书将教育内容理解为"一整套以教学计划的具体形式（课表和课程）存在的知识、技能、价值观念和行为。它们是根据各种社会为学校规定的目的和目标而设计的"。① 按照不同教育层次、类型、年级和学科安排的这些内容是依据某种教育目的制定的，是构成一个具体过程学习的对象。因此，这些内容是确定的，是通过教师指南、教学大纲和教材的形式所表现出来的。该书认为，按照广义的理解，教育内容既包括教学大纲阐明和安排的信息，也包括"潜在"或隐性的内容，即经由学校生活质量、教师态度、教学活动的道德背景等传递的内容。

二、教育内容的分类

教育内容的分类可以有多种角度。联合国教科文组织的教育文献主要从教育内容的正规性这个角度将教育内容分为正规教育内容、非正规教育内容和非正式教育内容等三种类型。《从现在到 2000 年教育内容发展的全球展望》一书指出，现在学生在校外获得的信息量迅速增加，课程制定者和教师不可能也没有责任掌握全部教育内容。但在组织（校内及校外）教育的过程中，他们越来越有责任用恰当的方式把不同类型的内容更紧密地联系起来，并且充分地发挥其作用。②

---

① ［伊朗］S. 拉塞克、［罗马尼亚］G. 维迪努著，马胜利等译：《从现在到 2000 年教育内容发展的全球展望》，教育科学出版社 1996 年版，第 124 页。

② ［伊朗］S. 拉塞克、［罗马尼亚］G. 维迪努著，马胜利等译：《从现在到 2000 年教育内容发展的全球展望》，教育科学出版社 1996 年版，第 126 页。

1.正规教育内容

正规教育内容是由学校当局确定的，学生必须掌握这些内容，其成绩受到系统的评价。这些内容的学习是按部就班地进行的，有系统、成体系、呈密集型，有专家指导，有教学法规范和学校时间表可循。在一定阶段结束后要安排考试或竞赛以保证学生达到教学过程一定阶段的一定水平。

2.非正规教育内容

非正规教育内容表现为各种具有选择性和非强制性的活动，这些活动是由学校、青年组织、与家长或各文化协会合作的学校或学生自己等组织的。它们或在学校进行(如各学科性、主题性的或多学科性的小组，文化的或体育运动的竞赛，纪念仪式和节庆活动等)，或在校外进行(如参观，远足，各种自然保护)，或在少年宫里进行。这些活动的内容、方法和时间长短原则上由学生们确定；在教师的帮助下，学生可以自己负责辩论、竞赛、远足等活动。作为正式活动的补充，更灵活多变的非正式活动在才能的识别和培养方面，在推行跨学科性的学习方面，在一些具体问题的处理方面，都起着重要的作用。

3.非正式教育内容

非正式教育内容是由大众传播媒介、家庭生活、体育竞赛等场合获得的信息。这些信息的特点是量非常之大，且极其多样，在每个学生那里都呈现着不同的形态。它包括关于科学技术最新成就的各种图像和观点，关于过去或未来的各种知识，关于各国、各地区或千差万别的各种现象的资料等。

第三节　教育内容的改革

关于教育内容的改革，联合国教科文组织教育文献首先对以往教育内容的改革策略进行了评价，并在此基础上提出了教育内容改革的基本原则。

一、对以往教育内容改革策略的分析

《从现在到 2000 年教育内容发展的全球展望》一书分析了以往关于教育内容改革的几种策略。作者认为，以往关于教育内容改革的策略大致可以划分为以下三大类：[①]

1. 保守策略

保守策略的特点是，它求助于某种有限现代化的进程，这个进程以传统的教育内容如数学、物理、历史等为基础。体现这种战略的课程设计者们指出，新教育内容以各种形式存在于传统内容的最终目的或本质之中，因而只需将物理、生物、历史、地理等传统学科的内容现代化，就可以对各种新要求做出满意的回答。这种守旧的方法受到了很多批评家的指责。

2. 激进策略

激进策略的代表们认为，各国政府应该毫不迟疑地抛弃传统的内容，提出一套全新的课程。该书对这种激进的观点明确表示反对。作者指出，"阻碍教育面向未来的东西，主要的并不是过去的知识，如果没有过去和现在这些参照字眼，怎么能够面向未来？如果不参考历史上的例证，又怎么能使理性成为生活的最高权威？"[②] 为了进一步说明问题，该书还引用舍恩（Shane）和泰伯勒（Tabler）等人的观点指出，当今的教育"发生在一个充满紧张状态和动乱的时期，应该突出一切经过历史

---

① ［伊朗］S. 拉塞克、［罗马尼亚］G. 维迪努著，马胜利等译：《从现在到 2000 年教育内容发展的全球展望》，教育科学出版社 1996 年版，第 187—190 页。

② ［伊朗］S. 拉塞克、［罗马尼亚］G. 维迪努著，马胜利等译：《从现在到 2000 年教育内容发展的全球展望》，教育科学出版社 1996 年版，第 189 页。

进程确认并长期引导过人类前进的价值观念"。①

3. 中间道路

该书指出，除了保守策略和激进策略之外，还有一条中间道路。它尽管显得过于谨慎，却无疑体现了某种现实主义精神：它的目的是要取得在现存社会政治条件下可能取得的东西。

在上述三种改革策略中，该书更倾向于第三种策略。作者明确指出，"教育的研究应该毫不迟疑地坚决提倡相对缓慢的体系变化和推敲新的替代方案，以便能够向决策者提供可能在下一个十年里被证明为贴切适宜的方法"。②

二、教育内容改革的原则

联合国教科文组织教育文献指出，教育内容的改革大概从来没有像今天这样复杂和迫切。教科文组织召开的欧洲地区各成员国教育部长第三次大会（1980 年）的重要主题即是教育内容的改革。会议提出了以下一系列亟待回答和解决的问题：面对现代世界和其中发生的各种迅速变化向教育体系提出的日益增多的要求，如何避免课程的超载和教育各层次和各类型中（尤其是一般教学中）科目和学科的增殖？在各种情况下，应按照哪些标准来选择教学的科目和学科？怎样在看起来都很重要的各科目之间，根据哪些标准来保证合理的平衡？怎样为每个科目选定最基本的、首要的内容和较次要的内容，以便赋予课程一种最低限度的"生命的希望"，并避免过于频繁而仓促的修改？跨学科有什么好处和局限性？在教育内容中加强理论和实际之间的联系可以采取哪些途径和方

---

① ［伊朗］S. 拉塞克、［罗马尼亚］G. 维迪努著，马胜利等译：《从现在到 2000 年教育内容发展的全球展望》，教育科学出版社 1996 年版，第 189 页。

② ［伊朗］S. 拉塞克、［罗马尼亚］G. 维迪努著，马胜利等译：《从现在到 2000 年教育内容发展的全球展望》，教育科学出版社 1996 年版，第 190 页。

法？怎样组织课程和教材的改革和修正而不致损害教育过程的必要的延续性？怎样在大众带来的信息增值及其影响的情况下设计教育内容？[①]综观联合国教科文组织教育文献关于教育内容改革的论述，我们可以归结出以下几条教育内容改革的原则：

1. 共同内容与选修内容相结合

《从现在到 2000 年教育内容发展的全球展望》一书承认，如何使教育内容更加适合学生的特点和社会的要求，这已经成为教育负责人、课程设计者和教师们经常关心的问题。作者指出，在过去，教育内容长期固定不变，尤其在集权的体制下，可以在全国范围为学同一门课的所有学生制定一种大纲。在该书看来，由于个人需求和愿望的多样化以及环境的千差万别，这种以颁布统一大纲为特征多少简单化的方式已不得不让位于更为灵活的方式。作者在比较各国教学内容发展特点后发现，在大多数国家，无论是地方分权的还是中央集权的，人们已倾向于把普通教育的内容分成两部分：一部分是共同的、所有人都须掌握的最低限度内容；另一部分是各种选修课。共同的内容包括社会认为其一切成员都应具备的知识、观念、本领和价值观。选择性内容则是根据学生的愿望、兴趣、才能以及社会经济和文化环境的需要来确定的内容。该书对这种做法表示肯定，认为这种办法既保持了教育体制的基本统一和受教育机会的平等，又能满足个人的需求和发展的需要。尤其在城乡差别很大的国家，不顾环境条件，专断和一律地确定统一内容导致了严重弊病。而选修内容和共同内容的结合则有助于克服这种弊病。[②]

---

① ［伊朗］S. 拉塞克、［罗马尼亚］G. 维迪努著，马胜利等译：《从现在到 2000 年教育内容发展的全球展望》，教育科学出版社 1996 年版，第 202 页。

② ［伊朗］S. 拉塞克、［罗马尼亚］G. 维迪努著，马胜利等译：《从现在到 2000 年教育内容发展的全球展望》，教育科学出版社 1996 年版，第 166—167 页。

2. 显性内容与隐性内容相结合

《从现在到 2000 年教育内容发展的全球展望》一书指出，教育的内容并不完全是已经计划好的或明确的。不明确的或潜在的内容对学生的发展也起着重要的作用，这种作用比人们习惯地设想的要重要得多。作者进一步指出，无论教师描绘的某些理想是多么崇高，但是如果他的非言语行为（他的手势，他对这些价值和孩子们的态度）使人感到他个人对这些理想并不感兴趣，那么这种明确的内容是肯定达不到预期效果的。① 这就是说，在教学中，只有将显性内容与隐性内容有机地结合起来，才能有效地达到教育的目标。

3. 科学教育与人文教育相结合

《学会生存》一书充分肯定了科学教育的重要意义，认为"在现代文明中，只有一个人不仅能够应用科学方法，而且能够懂得若干科学方法，他才能够参加生产。更重要的是，他还要能够正确地感知和理解他所居住的这个宇宙，他才可以掌握获得科学知识的钥匙"。② 该书还特别提到了科学教育对于个性发展的价值，认为科学是培养个性的各个方面和满足个性的各种要求的决定因素，因而要求将科学训练和培养科学精神作为当代教育的主要目的之一。在联合国教科文组织教育文献看来，科学教育固然重要，但人文教育也不可缺少，并且这两种教育还应当紧密地结合起来。《从现在到 2000 年教育内容发展的全球展望》一书强调，使科学技术服务于进步事业越来越需要进行扎实的伦理和人道主义教育。该书还引用联合国教科文组织前总干事姆博的观点指出，在教育中应该更加重视与严格意义上的社会科学并列的人文科学，如人类

---

① ［伊朗］S. 拉塞克、［罗马尼亚］G. 维迪努著，马胜利等译：《从现在到 2000 年教育内容发展的全球展望》，教育科学出版社 1996 年版，第 275 页。

② 联合国教科文组织国际教育发展委员会编著，华东师范大学比较教育研究所译：《学会生存——教育世界的今天和明天》，教育科学出版社 1996 年版，第 185 页。

学、语言学、地理学和历史学等。埃德加·富尔在《学会生存》一书的序言中也明确要求：任何教育行动都必须把重点放在"科学的人道主义"这个概念上。"它是人道主义的，因为它的目的主要是关心人和他的福利；它又是科学的，因为它的人道主义的内容还要通过科学对人与世界的知识领域继续不断地做出新贡献而加以规定和充实。"① 该书提出，教育应当促使儿童进入一个道德、智慧和感情融洽一致的世界，鼓励发展学生的宽容、和平、友谊与合作等品质。作者特别强调民主教育、公民教育、国际教育、情感教育、美感教育、个性教育等。联合国教科文组织国际 21 世纪教育委员会主席雅克·德洛尔在回答《教育展望》杂志采访时特别强调人文学科在高等教育中的地位。他说："所有各级高等教育，包括最尖端的专业培训，都必须为在最充分意义上的人文学科，即在认识自己、认识别人、认识世界方面留有余地。"② 此外，《教育——财富蕴藏其中》一书提出的著名的"教育的四个支柱"的思想也表达了将科学教育与人文教育有机结合在一起的愿望。

4.普通教育与生产劳动相结合

《从现在到 2000 年教育内容发展的全球展望》一书在谈到普通教育时指出，以往的普通文化教育只是意味着数学、物理、文学、哲学等，而对劳动世界漠不关心。但是现在要对教育内容进行重新思考和安排，要把劳动、技术、文化有机地结合起来，要把这些内容纳入课程设计的整体之中。1979 年，联合国教科文组织出版了一部题为《学习与劳动》的综合性论著。该书强调指出：

> 如果有一个问题是其他所有问题的焦点的话，那么这个问

---

① 联合国教科文组织国际教育发展委员会编著，华东师范大学比较教育研究所译：《学会生存——教育世界的今天和明天》，教育科学出版社 1996 年版，第 8 页。

② 《雅克·德洛尔访谈录》，《教育展望（中文版）》1996 年第 1 期，第 12 页。

题肯定是：在教育实践中确定并建立普通教育过程同劳动世界之间的连接。[①]

联合国教科文组织教育文献认为，劳动对于青少年在智力、道德、社会和政治方面的培养具有重要的意义。一个将来从事智力或管理工作的儿童如果只是待在普通学校中，不了解他们所在的社区的工业、农业、商业或社会文化生活，他们所受到的道德和政治培养将是脆弱的。《从现在到 2000 年教育内容发展的全球展望》一书还就普通教育与生产劳动的结合提出了几个需要讨论的问题：如何确实将技术和生产劳动结合进整个校内外活动中？这种新内容有时只是被"挂上"而没有真正地结合。为了促进学科之间的有效联系并进一步发展学习过程的跨学科性，应该把哪些技术素养作为培养教师的最低要求？在何种框架里，由谁来培养负责普通技术教学的教师？用何种方法和技术评价学生在这一新领域中的成绩？在那些社会经济发展以农村生产活动为主要源泉的国家里，如何构想学校与生产劳动的联系？在不了解学校活动的教育目的性和儿童生理心理特点的情况下能够把生产劳动引进学校吗？作者认为，不考虑教育的特点和教学要求的劳动形式将不会是一种有效的教育措施。

5. 教育内容与社会及个体需求相结合

联合国教科文组织教育文献提出，在组织教育内容的过程中应当遵循教育学和认识论的原理，还应当重视并结合社会和个人的需求。《从现在到 2000 年教育内容发展的全球展望》将教育内容结合社会和个体的需求看成是教育内容恰当性的标准：

---

① ［伊朗］S.拉塞克、［罗马尼亚］G.维迪努努著，马胜利等译：《从现在到 2000 年教育内容发展的全球展望》，教育科学出版社 1996 年版，第 162 页。

教育内容恰当性可以看作是内容与两方面要求的一致性：一方面是所有内容来源和社会价值观反映的要求，一方面是学习者的需要、兴趣和身心能力反映出来的要求。[①]

在联合国教科文组织教育文献看来，教育内容首先要考虑社会的需求。如果一所学校无视当代社会的要求、变化和迫切问题，单纯迎合儿童和少年们的需求和兴趣（他们的兴趣往往尚不确定），那么它只能暂时满足学生。加拿大学者鲁珀特·麦克莱恩在《教育展望》杂志发表的一篇文章也指出，在课程方面，应提高中等教育内容的针对性，以适应社会为迎接 21 世纪的挑战而不断变化的要求；应丰富并改革现有的课程，使其能反映出日益加速的全球化进程、文化间相互理解的必要性与利用科学促进人类的可持续发展。[②]《从现在到 2000 年教育内容发展的全球展望》一书要求教育内容对科学技术的进步保持开放态度，应该对科学技术的新成果及其对社会经济的发展和社会的精神生活的影响保持敏感。该书还要求教育内容对现代世界问题和对地区或国家需要保持开放态度。作者认为，在根据现在的优先考虑和未来需要调整教育内容的时候，应当经常不断地保持这种双重开放。该书在肯定教育内容保持各个国家民族特性的同时，要对世界采取开放的态度。该书反复强调世界性问题的重要性，要求对世界的开放幅度更大一些，组织得更好一些。

该书还认为，相反的情况（即只考虑教育内容的社会需要而忽视个体的需求）也应该避免。因为教育内容如果不顾学生的才能、兴趣和智力程度，仅满足于严格回答社会要求，那么它最终既不能满足个人的需

---

① ［伊朗］S.拉塞克、［罗马尼亚］G.维迪努著，马胜利等译：《从现在到 2000 年教育内容发展的全球展望》，教育科学出版社 1996 年版，第 201 页。

② ［加拿大］鲁珀特·麦克莱恩：《概述：面临抉择的中等教育》，《教育展望（中文版）》2002 年第 1 期，第 41 页。

求和愿望，也不能满足社会的需求。① 该书强调，教育内容应与学习者知识和身体的需要及能力相一致。在这个问题上，该书揭示了以往引进新教育内容方面存在的问题和困难：一是由于在引入各种科学的或文学的新理论、各种科学的新概念和成就时不注意对知识整体的质和量加以调整，结果造成了课程的超载。二是在中学课程中普及一些以前属于高等教育的科目；在这种数学、物理、化学或生物诸方面的普及之前，人们又很少注意作一番分析并使之适应青少年的兴趣和接受能力。三是抽象地介绍发展、国际经济新秩序、外层空间问题等，结果非但不能引起学生们的兴趣，反而引起了他们的冷漠态度。

6. 各项教育内容应保持平衡

国际教育大会早在 1960 年通过的第 50 号建议《普通中等学校课程的准备和发布》中就阐述过教育内容的平衡问题。该建议提出，"在相对重视有关学生的智力、道德、社会、手工、体育和美育的课程和教学大纲时，应保持适当的平衡以确保每个儿童全面而和谐的发展"。②

《学会生存》对于教育内容的失衡现象提出了尖锐的批评：

> 人们忽视或轻视教育计划中某些因素，课程计划中存在着某些缺陷和不平衡状态，在我们看来这乃是毛病中最严重的病症，而教育既是这种疾病的受害者，也是它发生的原因。③

《从现在到 2000 年教育内容发展的全球展望》一书对教育内容平衡

---

① ［伊朗］S.拉塞克、［罗马尼亚］G.维迪努著，马胜利等译：《从现在到 2000 年教育内容发展的全球展望》，教育科学出版社 1996 年版，第 171 页。

② 赵中建主译：《全球教育发展的历史轨迹——联合国教科文组织国际教育大会建议书专集》，教育科学出版社 2005 年版，第 205 页。

③ 联合国教科文组织国际教育发展委员会编著，华东师范大学比较教育研究所译：《学会生存——教育世界的今天和明天》，教育科学出版社 1996 年版，第 98 页。

的问题从正面作了具体的阐述。该书认为，这个原则主要涉及各项教育内容的内部组织问题，其中既包括量的方面（某一学科所代表的工作负荷在整个内容中所占的比重），也包括质的方面（各类内容价值的汇合，理论和例证之间的关系等）。在该书看来，平衡的范围主要有：不同类目标（认知的、情感的、心理运动的）之间的平衡；不同类学科之间的平衡；理论内容和应用内容之间的平衡；各类不同层次的教育，从初等（或学龄前）教育直到高等教育之间在教育内容分布方面的平衡；在学校教育和校外教育之间的各学科或内容（有关生活质量和环境问题的教育，争取和平的教育等）分布的平衡；能够促进民族之间或个人之间交流的民族（特定的）价值观和普遍价值观之间的平衡；根据教育的不同层次分别强调语言和图像的重要性之间的平衡。

7. 教育内容的组织采取跨学科的方法

教育内容为什么要采取跨学科的方法？联合国教科文组织教育文献认为，这是因为：（1）劳动世界和日常生活的各种问题正愈来愈具有多学科的性质；（2）面对复杂的需要可以避免使课程超载。针对有人担心跨学科会导致各传统学科的取消，该书指出：跨学科并不取消特殊性，而是要消除各学科之间的隔膜。

《从现在到 2000 年教育内容发展的全球展望》一书认为，教育内容的跨学科方法具有许多显而易见的优点：（1）增添了教育内容的灵活性，有利于新内容的引进；（2）可以减轻学生在校学习计划和学习过程的负荷；（3）可以提高学习者对科学在解决实际问题方面的应用能力；（4）学科融合打破了学科之间的界限，突出了将要解决的问题的复杂性、整体性和相互关联的性质，使我们更清楚地看到了世界、生命和科学的统一性；（5）各学科之间相互关联的增多突出了教育内容中的关键性概念，消除了一些无用的重复，由此简化了学习者的努力，提高了学习的效率；（6）在教育过程方面，实行跨学科成了把不同类型的（正规的、非正规的和非正式的）内容结合起来的一种方式。该书最后总结说：

> 跨学科既有理论上的优点，又有实际上的优点。这些优点已经或将要在实施跨学科方法的教育实践中表现出来。跨学科方法不仅给学校教育计划的研究者和负责人，而且给教育者和师资培训者，都开辟了新的前景。①

《教育展望》杂志 2002 年发表的一篇文章也充分肯定跨学科方法的优势。作者指出：教育必须以一种跨学科的甚至是超越学科的框架来锻炼人们的大脑，这样，学生学到的就是知识结构的整体原则。②

第四节　教育内容的展望

教育内容的发展是一个涉及面很广、影响因素多样而复杂的问题。罗马尼亚学者乔治·维德阿努（又译为乔治·维迪努）在《教育展望》杂志发表的文章指出："教育内容从来没有象今天这样面临着这样多的要求，和承受着这样多的压力。……教育内容的来源增多了，各来源之间有着千丝万缕的联系和影响，而且正在迅速地演变。此外，随着现代世界面临的各种问题产生的崭新的教育内容（环境教育、维护和平的教育等）由于其相互交织的性质而超越了传统的学科，使课程编制者和教

---

① ［伊朗］S.拉塞克、［罗马尼亚］G.维迪努著，马胜利等译：《从现在到 2000 年教育内容发展的全球展望》，教育科学出版社 1996 年版，第 221 页。

② ［印］约格什·阿塔尔：《变化背景下的教育：新的社会功能》，《教育展望（中文版）》2002 年第 1 期，第 18 页。

师碰到了难以应付的课程方法问题。"①

联合国教科文组织教育文献对于现代教育应该选择哪些内容发表了许多有价值的观点。《从现在到 2000 年教育内容发展的全球展望》一书甚至完整地提出了关于普通教育内容的方法论框架。作者从学科分类的角度要求实施如下几个方面的教育：自然科学教育（含数学、计算机科学、物理、化学、生物学、地理学、地质学、天文学等）；社会科学和人文科学（含历史、文学和哲学）；技术和劳动教育；母语和外语；道德教育和公民教育；精神和文化的教育；艺术教育；体育；现代家庭教育；当代世界性问题的教育（环境教育、民主教育、国际新秩序的教育、和平与合作的教育、人口教育等）。这里拟以该书提供的上述线索为参照，对教科文组织教育文献关注相对较多的几种教育内容进行具体的分析。有的教育内容，如道德教育、国际理解教育、环境教育等，将在后面的其他章节中作专门论述，这里先不涉及。

一、科技教育

众所周知，在现代社会，科学技术对人类社会的影响正在日益拓展和深入。《学会生存》正确地指出："掌握科学思想和科学语言，像掌握其他的思想与表达思想的手段一样，对一般人来讲，已成为必不可少的了。"②正是因为这个原因，联合国教科文组织教育文献一直重视科学技术的教育。《学会生存》一书反复强调科学技术教育的重要性。该书明确提出：

> 科学与技术必须成为教育事业基本的组成部分；科学与技术

---

① ［罗马尼亚］乔治·维德阿努：《教育中的学科融合：初步研讨综述》，《教育展望（中文版）》1988 年第 16 期，第 8 页。

② 联合国教科文组织国际教育发展委员会编著，华东师范大学比较教育研究所译：《学会生存——教育世界的今天和明天》，教育科学出版社 1996 年版，第 185 页。

必须同一切儿童、青年或成人的教育活动结合起来，以帮助个人既控制自然与生产的力量，也控制社会的力量，并从而控制他自己，控制他所作出的决定和行为。最后，科学和技术还必须帮助人类养成科学精神，因而使他能促进科学而不致为科学所奴役。①

《从现在到 2000 年教育内容发展的全球展望》一书同样充分肯定科学技术教育的意义。"在一个科学技术日益深入个人生活和社会生活的世界里，教育不仅在传播科学技术知识方面，而且在发展使人类掌握和利用这些知识的行为方面都应该发挥重大作用。"②

关于科技教育，联合国教科文组织教育文献要求注意以下几个问题：

（1）技术教育与科学教育同等重要。全面而完整的科技教育既包括科学教育，也包括技术教育。但以往在普通教育方面，课程计划过分倾向于重视科学，而忽视技术。《学会生存》提出，在现代社会，一个人懂得技术是十分重要的，技术教育必须成为基本教育的一部分。在该书看来，如果一个人不懂得技术方法，那么他在日常生活中就会越来越依赖别人，就会减少就业的机会，而且会增添这样的危险，即过度地应用技术所产生的潜在的有害影响最终会变得猛烈起来（如个人之间的疏远和环境污染等）。大多数人只是消极地得到技术的好处，或者不懂得技术而屈从于技术。

（2）技术教育应与其他方面的教育及生活现实相联系。《学会生存》认为，技术教育不应限于学习各种科学定律及其应用，也不应限于学习已经在使用的工艺程序。如果技术教育要体现出它的充分意义，就必须

①　联合国教科文组织国际教育发展委员会编著，华东师范大学比较教育研究所译：《学会生存——教育世界的今天和明天》，教育科学出版社 1996 年版，第 122 页。

②　［伊朗］S. 拉塞克、［罗马尼亚］G. 维迪努努著，马胜利等译：《从现在到 2000 年教育内容发展的全球展望》，教育科学出版社 1996 年版，第 86 页。

进行两方面的改变：第一，同语言、历史、地理、社会学和集体生活等方面的教学一起，在整个教学过程中必须给予技术教学以适当的地位；第二，技术问题的处理必须联系工作、休闲、社会机构、通信、环境等多方面的生活现实。

（3）不能把科技教育理解为积累一堆科学技术的知识，而应理解为掌握基本的科学方法。

（4）要使科学技术有助于人类建立一种科学的世界观，以促进科学的发展而不至于被科学所奴役。

（5）要在科技教育中培养伦理道德精神。科学技术既可用来造福人类，也可能危害人类，因此必须在科学发展和社会的道德精神价值之间找到平衡。国际教育大会通过的建议《教育对文化发展的贡献》在肯定科学技术意义的同时，也提出要注重其伦理和人道价值。"为了真正的自由和免受源于自然与社会环境的制约性因素的影响，人类需要科学与技术。然而，为了成为解放者，科学文化与技术文化必须与伦理价值和人道主义价值观相联系。其终极目标仍然是人类的自我完善和未来，换言之是组成人类社会的每一个个人的自我完善和未来。"[1]

二、历史教育

教科文组织的许多教育文献都强调要进行历史教育。《从现在到2000年教育内容发展的全球展望》为了说明历史教育的重要性，特意转引了西塞罗的一句经典性的话："对于在你出生前发生的事一无所知，意味着你永远是一个孩子。"[2] 国际教育大会发表的建议《教育对文化的

---

① 赵中建主译：《全球教育发展的历史轨迹——联合国教科文组织国际教育大会建议书专集》，教育科学出版社2005年版，第442页。

② [伊朗] S.拉塞克、[罗马尼亚] G.维迪努努著，马胜利等译：《从现在到2000年教育内容发展的全球展望》，教育科学出版社1996年版，第209页。

贡献》专门谈到了历史教育的目的、内容以及在教学中应注意的问题。该建议提出，历史教育的目的是使学生批判性地了解自己的文化，还应促使他们意识到并能鉴赏其他国家对世界文明的贡献。关于历史教育的内容，该建议特别强调应该包括有关世界文化、思想和创造性发展的要素，要避免只是用权力冲突和对抗的词语来展示历史。历史教科书的作者和历史教师在向学生传授历史知识时，应当以研究的结果为基础，力求使知识达到最大可能的精确，并应避免过分强调那些导致人类社会发生冲突的主题，应该为科学和技术发展的历史保留合理的地位。《学会生存》一书也表达了类似的观点。该书指出，历史教学应超出国家的范围，同时还应当包括社会和文化方面的内容，以使对历史的认识有助于更好地理解和正确地评价现在。

联合国教科文组织 1998 年出版的《为了 21 世纪的教育：问题与展望》一书收录了法国学者勒内·雷蒙的《历史教学与公民素养》一文。该文指出，课程中历史教学的重要性在不同国家各不相同，而且它在课程中的地位也有差异。在有些情况下，历史是一门基础的必修科目；在另一些情况下，历史只是一门选修课。也就是说，人们对于历史教学的价值尚未形成共识。作者的观点非常鲜明，他充分肯定历史教学的重要意义。他认为，历史有助于我们更清楚地理解人在社会中的位置。我们可以从历史中了解人类在科学技术、文化等领域所取得的发明和创造。"没有任何其他一门学科能像历史一样，很好地讲授人类的多样性。各种人类群体、各种民族、各个国家和各个大洲都是不尽相同的。这个简单的事实使我们超越了我们当前的体验，来接受和承认我们的差异，来发现其他人同样也有丰富的、有教益的历史。"[①] 在他看来，历史教学有

---

① 王晓辉、赵中建等译：《为了 21 世纪的教育——问题与展望》，教育科学出版社 2002 年版，第 316 页。

助于我们开放地吸收其他国家和人民的历史与文化。

三、劳动教育

《学会生存》一书对于传统教育忽视劳动的现象提出了尖锐的批评，认为无论是在发展中国家，还是在工业化国家，教育体系都是偏重智力训练而忽视实践训练。"把体力劳动视为一种灾难而且不惜任何代价通过教育加以逃避。课程计划经常这样划分等级，把体力劳动训练留给天资较差的学生。"[①]

《从现在到 2000 年教育内容发展的全球展望》一书高兴地指出，现在人们关于劳动的观念已经发生改变：

> 把劳动看作对人的惩罚和永久治罪的观念已被另一种观念
> 所取代。这种新的观念认为，劳动和消遣一样，都是个人自我
> 实现和充分发展的机会。[②]

这种估计恐怕过于乐观，劳动观念的转变并没有成为现实，而是我们应当继续努力追求的目标。该书明确指出了教育与劳动相结合的重要性，提倡技术和生产劳动在普通教育中结合起来。

四、外语教育

《教育——财富蕴藏其中》认为，现在人们对于普遍开展第二和第三语言的教学工作还没有引起足够的重视。在作者看来，很有必要进一

---

① 联合国教科文组织国际教育发展委员会编著，华东师范大学比较教育研究所译：《学会生存——教育世界的今天和明天》，教育科学出版社 1996 年版，第 97 页。

② ［伊朗］S. 拉塞克、［罗马尼亚］G. 维迪努著，马胜利等译：《从现在到 2000 年教育内容发展的全球展望》，教育科学出版社 1996 年版，第 85 页。

步强调外语的教学，"懂一种国际语言，这在 21 世纪的地球村里和世界市场上将是不可缺少的。……在许多情况下，要获取最新科学技术知识，懂一种国际语言可能是必不可少的，这些知识有助于一个国家达到经济发展的现代水平。鼓励儿童和青年学习几种语言，这就是让他们握有为在未来的世界中获得成功而必备的王牌。"① 针对人们对于外语学习的畏难情绪，该书指出，每个人掌握两种语言并不是一个不可实现的目标。从历史上看，会说几种语言的能力曾是世界许多地方确定的标准。

五、道德教育和公民教育

国际教育大会第 44 届会议主席伊万·匹利普（Ivan Pilip）曾不无忧虑地指出：在这纷繁复杂的社会中，高尚的道德观念在人们的头脑和国家事务中似乎变得日益模糊和淡漠了。如何改变这种现状呢？他认为"毫无疑问只有教育才能逐渐填补人们精神和道德观念方面与日俱增的空白，帮助我们去面对当今社会及不久的将来所产生的各种新的威胁和挑战。"②

《从现在到 2000 年教育内容发展的全球展望》一书还以"对道德价值观念和道德教育的再度关注"为题具体评介了当今国际社会和部分国家对道德教育的重视情况。该书对当今世界各国道德教育计划所强调的道德价值观念分为如下几类。③（1）社会价值标准：合作、正直、和蔼、孝敬长辈、社会正义、尊重他人、公民精神、社会责任感、尊重人类尊严、人权、劳动尊严等。（2）有关个人的价值标准：忠厚、诚实、守纪

---

① 国际 21 世纪教育委员会报告，联合国教科文组织总部中文科译：《教育——财富蕴藏其中》，教育科学出版社 1996 年版，第 120—121 页。

② 赵中建选编：《全球教育发展的研究热点——90 年代来自联合国教科文组织的报告》，教育科学出版社 1999 年版，第 339 页。

③ ［伊朗］S. 拉塞克、［罗马尼亚］G. 维迪努著，马胜利等译：《从现在到 2000 年教育内容发展的全球展望》，教育科学出版社 1996 年版，第 158 页。

律、宽容、有条理、襟怀坦荡、上进心强。（3）有关国家和世界的价值标准：爱国主义、民族意识、和平的公民责任、国际理解、人类友爱、民族间相互依存的意识等。（4）认识过程的价值标准：实事求是的科学方法、辨别真伪、追求真理、慎于判断等。

国际教育大会通过的建议《教育对文化发展的贡献》特别强调教育要发展伦理和公民价值观。该建议要求教育系统在伦理、公民和道德教育中应发挥一种基本的作用。教育系统应与其他机构一起，帮助促进人权、培养民主的行为和确定当今时代急需的价值观，如尊重人的尊严、宽容、对话、团结和互助。为了培养这些品质，教师应和学生一起参加一些团结互助活动，帮助病人、穷人或社会处境不利者、老年人和受灾者。

《教育——财富蕴藏其中》一书极力提倡公民教育，以培养共同价值观和公民的责任意识。该书认为，在当今十分复杂的社会里，参与共同的事业大大超出了严格意义上的政治范畴。社会的每一个成员在其职业、文化、结社和消费活动中，每天都应承担自己对他人的责任。而学校应当为每个人发挥这种作用作好准备，不仅向他们传授享受的权利和应尽的义务，使他们把行使以公共自由为基础的个人权利同履行对他人及所属社区的义务和责任协调起来。该书还提出，公民教育应在人的一生中持续不断地进行，并成为公民社会和现代民主基础的一个组成部分。

六、民主教育

联合国《儿童权利公约》第 29 条规定，教育应当培养儿童对于在一个自由社会里过负责任的生活作好准备。其他一些条款则强调指出，儿童有权对影响他们的问题表达自己的观点，有权集会、提出问题和发表意见。这些条款表明，儿童必须对参与民主社会生活具备一定的知识教养。

《学会生存》一书将民主教育看成是真正实行民主的准备。该书还就民主教育提出了具体的要求，认为民主教育不能与政治实践相分割，它必须使公民具有从事社会经济活动的坚实基础，而且必须加强他们的判断力。民主教育必须在个人关心的和努力的各个方面——政治、公共事务、工会活动、社会与文化生活等方面——使每一个人勇于负责和积极行动，并帮助他们保持自己的自由意志，作出可靠的个人选择。该书号召：

> 民主教育必须教育每一个人向滥用宣传机器作斗争，向利用大众通信媒体到处散布消息并进行诱惑的情况展开斗争，以及向这些媒体可能带来的破坏团结和"反教育"的危害展开斗争。[①]

美国学者 F. 克拉克·鲍尔在《教育展望》2000 年第 2 期曾发表专文论述民主教育问题，他提倡参与式教育，认为参与式教育为学生提供了一个学习民主的机会。他还引用美国公立学校创始人贺拉斯·曼的话说："为使人们有自治的思想准备，必须从小就开始学习……直到 21 岁的前一天还一直是个农奴，以后也不可能是一个独立的公民；不管他是奥地利的农奴，还是美国的农奴，并无区别。要使学生适应专制主义，就要让其接受专制主义教育；要使学生适应民主，就要让其接受自治的教育。"[②]民主学习需要为学生提供机会，让他学会在教育的帮助下，在

---

① 联合国教科文组织国际教育发展委员会编著，华东师范大学比较教育研究所译：《学会生存——教育世界的今天和明天》，教育科学出版社 1996 年版，第 135 页。

② [美] F. 克拉克·鲍尔：《民主教育：如何得以实现?》，《教育展望（中文版）》2000 年第 2 期，第 60 页。

课堂环境中进行民主审议。

七、艺术教育

联合国教科文组织召开的第 18 届国际公共教育大会通过的建议《中小学的艺术教学》指出，艺术是人格全面发展的一个必要的教育因素，是更深刻地理解现实的重要途径；对儿童进行艺术教育，有利于提高他们的审美、智力和道德水平。国际教育大会通过的建议《教育对文化的贡献》在谈及美学和艺术教育时，也强调它们对个体全面发展的价值。该建议指出："这种教育不仅旨在完善个性和开启其他的感知力，而且还在于激发创造性和发展美学及艺术鉴赏力。"[①] 它积极倡导在各级教育中更多地加强这种教育。《学会生存》一书认为美感经验与科学经验一样具有重要的意义，它们是我们感知世界的两条基本道路。如同清晰的思考的能力一样，一个人的想象力也必须得到发展，因为想象力既是艺术创造的源泉，也是科学发明的源泉。该书除了重视艺术对于个性发展、激发创造的热忱、提高人们的生活水平的价值外，还强调它的另一种功能，即它是我们了解环境以及自然环境、社会环境相互沟通的一种手段，而且当某种情况发生时，它又是对抗环境的一种手段。[②] 但是，该书认为，艺术在教育实践中至今还没有受到应有的重视，应当采取有力的措施予以加强。国际教育大会第 44 届会议后发表的《国际理解教育：一个富有根基的理念》在谈到艺术教育时特别强调了促成人们相互理解的价值：造型艺术的色彩和形状、音乐的声音、戏剧艺术和舞蹈的形体等，虽然它们只是表达方式中的一小部分，但却总是有助于在因文

[①] 赵中建主译：《全球教育发展的历史轨迹——联合国教科文组织国际教育大会建议书专集》，教育科学出版社 2005 年版，第 444 页。

[②] 联合国教科文组织国际教育发展委员会编著，华东师范大学比较教育研究所译：《学会生存——教育世界的今天和明天》，教育科学出版社 1996 年版，第 96 页。

化、语言和风俗习惯的不同而妨碍相互理解的人们之间达成理解。

八、体育和健康教育

关于体育问题，《从现在到 2000 年教育内容发展的全球展望》一书一方面肯定它是个人充分发展的不可替代的手段，另一方面又指出了它存在的问题，即在教学计划中缺乏应有的地位以及开展体育运动所必要的各种条件，如运动场所、合格的教师、设备等。《学会生存》一书也对体育的现状提出了批评：一是体育在学校教育中没有受到应有的重视，"体育并不是在理论上有什么不足之处，而是受损于人们对它的漠不关心，这种不关心体育的现象实际上仍然是非常普遍的。"[①] 二是体育存在片面性。现在的体育基本上是关于肌肉、神经和反射作用的训练，没有重视竞争精神的价值以及体力训练与品德修养的关系。有鉴于此，该书呼吁体育在各级教育中应发挥重要的作用，要使青少年在学校中得到身体锻炼，以促进他们的和谐发展。国际教育大会通过的第 22 号建议《中学体育》也认为，体育对于人的发展不仅仅具有发展体力的价值，而且还具有道德的和社会的真正价值。

关于健康教育，早在 1946 年召开的第 9 届国际教育大会上就通过了《中小学的卫生教学（健康教育）》的建议。该建议提出，各级学校和培训机构都应当将健康教育作为必修的内容，并就不同层次学校健康教育的内容、形式与方法等提出了具体的要求。1967 年召开的第 30 届国际教育大会又通过了《小学健康教育》的建议。该建议不仅界定了健康教育的内涵，而且具体论述了健康教育的价值。该建议对健康教育的定义是：健康教育是指一种有助于养成良好习惯、形成正确知识和启迪

---

① 联合国教科文组织国际教育发展委员会编著，华东师范大学比较教育研究所译：《学会生存——教育世界的今天和明天》，教育科学出版社 1996 年版，第 98 页。

个体和社区转变健康态度的教育，它涵盖了人的体力、智力和情感的多方面发展，涵盖了个体、家庭和社区的健康。关于健康教育的价值，该建议认为它关系到家庭、学校和工作地点，同时还与营养、心理健康、性教育、事故预防、急救、闲暇时间的利用问题有关。该建议强调，学校开展健康教育是儿童接受普通教育的一个重要方面，是增进个体和公共健康的重要途径之一，要求健康教育必须在儿童的全部学校教育中占有重要的位置。

九、人口教育

联合国教科文组织和联合国人口基金会于 1993 年 4 月 14—17 日在伊斯坦布尔召开的国际人口教育与发展大会通过了两个与人口教育相关的重要文件：《国际人口教育与发展大会宣言》和《21 世纪前夕人口教育行动纲领》。

《国际人口教育与发展大会宣言》指出，教育是人口变化和人的发展的一个基本条件。"人口问题是今天地球上的主要问题之一，而教育必须为解决这一问题做出贡献。"《宣言》要求在所有层次以及正规教育和非正规教育中，向所有年龄阶段的人提供涉及人口问题的教育，并考虑到每一人口群体的特殊需要。为了使年轻人对迎接 21 世纪的挑战做好充分的准备，人口教育项目和方案应该推广到包括高等教育在内的各级教育阶段，推广到各种教育机构以及所有的非正规教育形式，并作为教育的整合课程的一个方面予以开发。[①]

《21 世纪前夕人口教育行动纲领》阐述了人口教育的意义与目的。关于人口教育的意义，《行动纲领》指出，人口教育有助于获得知识和

①　赵中建编：《教育的使命——面向二十一世纪的教育宣言和行动纲领》，教育科学出版社 1996 年版，第 169 页。

发展技能与价值观念，而这些知识、技能和观念能使每个人批判性地理解人口问题，并尽可能合理地将自己的判断、决定和行为建立在对相关事实和因素进行分析的基础上。关于人口教育的目的，它认为是促进个人和群体对待人口问题时在观念、态度和行为方面的变化，以期对生活质量的改善有所贡献。①《行动纲领》还对不同阶段和类型教育中进行人口教育提出了具体的建议。如在初等教育阶段，人口教育的内容可以以一种跨学科单元的形式予以呈现，而这些单元是以与日常生活和地方事件相联系的主题为基础的。这种方式还可以弥补学科与其环境之间的差距，而且并不需要新的资源。在中等教育阶段，人口教育可以以不同的方式进行：在已确立的序列框架内同现有学科如生物学、地理学、经济学、文学、历史学和社会学科等相联系，在可能的情况下可以作为一门独立的科目，还可以在课外活动中进行。在中等后、大学和专业培训阶段，人口教育的内容需要进一步予以深化和拓展。所有校外教育和非正规扫盲计划、成人教育以及社区发展活动都应该系统地引进关于人口问题的入门知识。《行动纲领》还要求扩大人口教育内容的范围，以便包括正在出现的与人口相联系的各种问题：与预防艾滋病和少女怀孕、移民现象、代际关系和老龄化、城市化、妇女地位以及人口、环境和资源之间的关系等相联系的主题内容。《行动纲领》认为应该鼓励这方面的努力并进一步予以加强。

十、多元文化教育

《教育——财富蕴藏其中》充分肯定多元文化教育的意义，认为这种教育将使每个人意识到多样性和尊重他人，不论他是近邻、工作单位

---

① 赵中建编：《教育的使命——面向二十一世纪的教育宣言和行动纲领》，教育科学出版社 1996 年版，第 172—173 页。

的同事，还是遥远国度的居民。有鉴于此，该书明确提出，教育在人的一生中都要促进文化多元化，应当把文化多元化作为人类财富的源泉加以宣传，也即应当通过关于各种文化的历史和价值的信息交流，同产生暴力和排斥现象的种族偏见作斗争。[①] 为了有效地实施多元文化教育，作者指出有必要重新考虑教育目标，改变传统学校的教学内容和计划，设想新的教学方法和新的教育方式。在该书看来，真正多元化的教育是建立在一种以积极的态度看待文化多元性产生的社会影响的伦理学基础之上。

联合国教科文组织出版的《为了 21 世纪的教育：问题与展望》收录了美国学者玛丽·赫本的《多元文化、媒体与教育》一文。该文作者指出：

> 多元文化教育旨在拓宽现有文化基础，增强对其他文化的尊重和理解。不论是在美国、法国还是其他任何一个国家，都应在发展本国主流文化的同时鼓励，而不仅仅是允许，多种语言和文化的繁荣。这种教育鼓励各民族都来丰富国家现存文化的形式、前景和价值。各种文化就如同马赛克或锦绣的一部分，它们共同创造着整体文化的美丽。[②]

---

① 国际 21 世纪教育委员会报告，联合国教科文组织总部中文科译：《教育——财富蕴藏其中》，教育科学出版社 1996 年版，第 225 页。

② 王晓辉、赵中建等译：《为了 21 世纪的教育——问题与展望》，教育科学出版社 2002 年版，第 310—311 页。

第七章　德育理念

在这纷繁复杂的社会中，高尚的道德观念在人们的头脑和国家事务中似乎变得日益模糊和淡漠了。毫无疑问只有教育才能逐渐填补人们精神和道德观念方面与日俱增的空白，帮助我们去面对当今社会及不久的将来所产生的各种新的威胁和挑战。[①]

联合国教科文组织对德育问题一直非常关注，提出了一系列具有重要启示价值的主张和观点，形成了较为系统的德育理念，其内容主要涉及德育的目标、德育的内容和德育的策略等几个方面。这些德育理念主要体现在《学会生存》《教育——财富蕴藏其中》《从现在到2000年教育内容发展的全球展望》《反思教育：向"全球共同利益"的理念转变?》《教育的使命——面向二十一世纪的教育宣言和行动纲领》等书之中。学习和研究教科文组织教育文献中的德育理念对于我们进一步认识和理解德育问题具有重要的指导意义。

---

① 赵中建选编：《全球教育发展的研究热点——90年代来自联合国教科文组织的报告》，教育科学出版社1999年版，第339页。

第一节　德育的目标

联合国教科文组织高度重视德育目标问题，认为通过教育可以更新人们的价值观念，促进个体的和谐发展和社会正义，使青年一代面对世界的重大问题，培养未来社会必需的品质。[①] 联合国教科文组织教育文献中关于德育目标的理念，大致包括个体、个体与他人及个体与社会三个维度。

一、个体维度

在联合国教科文组织看来，个体维度的德育目标在于培养"完善的人"。埃德加·富尔在将《学会生存》报告呈送时任教科文组织总干事勒内·马厄时指出，人类发展的目的在于使人日臻完善；使他的人格丰富多彩，表达方式复杂多样。[②]《学会生存》也明确指出，教育的基本目的是"把一个人在体力、智力、情绪、伦理各方面的因素综合起来，使他成为一个完善的人"[③]。一个"完善的人"具有以下主要特征：能获取知识，具有好奇心，具有丰富的感情品质和审美情趣，性格坚强，个性鲜明，身体健康。该书还特别强调教育应当培养新人，"这个新人必然能够在他日益增长的理解能力、肌体能力方面和潜在的另一方面，即个性的情感与道德方面建立一种和谐状态，这种新人只具有人类智慧（Homo sapiens）和人类技巧（Homo faber）是不够的；他还必须感到他

---

① ［伊朗］S. 拉塞克、［罗马尼亚］G. 维迪努著，马胜利等译：《从现在到 2000 年教育内容发展的全球展望》，教育科学出版社 1996 年版，第 101 页。

② 联合国教科文组织国际教育发展委员会编著，华东师范大学比较教育研究所译：《学会生存——教育世界的今天和明天》，"呈送报告"，教育科学出版社 1996 年版，第 2 页。

③ 联合国教科文组织国际教育发展委员会编著，华东师范大学比较教育研究所译：《学会生存——教育世界的今天和明天》，教育科学出版社 1996 年版，第 195 页。

自己和别人之间融洽无间：具有一种人类和谐（Homo concors）。"①《教育——财富蕴藏其中》一书认为，形成完整的人格是教育宗旨的重要组成部分。"教育应当促进每个人的全面发展，即身心、智力、敏感性、审美意识、个人责任感、精神价值等方面的发展。"②《从现在到2000年教育内容发展的全球展望》一书对德育个体维度的目标作了更为具体的阐述，认为未来的教育除了给学生传授扎实的知识和培养学生对继续学习的兴趣外，还应注重丰富学生的内心世界和精神生活，着重培养学生诸如明智、责任感、宽容和自立精神等品德；并指出了未来教育应该培养的个人价值标准，具体包括忠厚、诚实、守纪律、宽容、有条理、襟怀坦荡、诚实正派、献身精神、坚忍不拔、幽默诙谐、光明正大、廉洁正直等。③该书认为科学精神和人文精神对于个体都非常重要，鉴于科学技术对人类生存的至关重要性，因而要激发和维持人们对科学技术的兴趣；但是同时也不能忽视人文精神的教育，要使青年人时刻保持清醒的意识，能够依据必要的标准正确地评价各种科学方法的影响、选择各种可能的解决方案以及避免各种危险等。④教育应该在作为方法的科学技术与作为人类生活与行动目的的价值观之间建立平衡。⑤

---

① 联合国教科文组织国际教育发展委员会编著，华东师范大学比较教育研究所译：《学会生存——教育世界的今天和明天》，教育科学出版社1996年版，第21页。

② 国际21世纪教育委员会报告，联合国教科文组织总部中文科译：《教育——财富蕴藏其中》，教育科学出版社1996年版，第85页。

③ ［伊朗］S.拉塞克、［罗马尼亚］G.维迪努著，马胜利等译：《从现在到2000年教育内容发展的全球展望》，教育科学出版社1996年版，第144—158页。

④ ［伊朗］S.拉塞克、［罗马尼亚］G.维迪努著，马胜利等译：《从现在到2000年教育内容发展的全球展望》，教育科学出版社1996年版，第154页。

⑤ ［伊朗］S.拉塞克、［罗马尼亚］G.维迪努著，马胜利等译：《从现在到2000年教育内容发展的全球展望》，教育科学出版社1996年版，第86页。

二、个体与他人关系维度

联合国教科文组织所揭示的个体与他人维度的德育目标可以概括为以下几个方面：(1) 学会平等与尊重。平等与尊重是个体与他人和谐相处的前提和基础。《反思教育》一书认为，不平等容易导致社会排斥，破坏社会融合，在所有社会中极端不平等都是造成社会矛盾的根源，是引发政治动荡和暴力冲突的潜在催化剂。[①] 教科文组织特别强调要培养青年人对世界和各国人民的认识和了解；使青年人能够毫无偏见地认识、欣赏和吸收他国文化；要使青年人以平等和尊重的态度去对待彼此存在的差异，以平等与尊重的精神处理和解决共同面对的世界问题。[②] (2) 学会合作与共处。《教育——财富蕴藏其中》一书认为，人们有相互了解、和平交流以及和睦相处的需要。正因为如此，所以该书把学会共处作为教育的四大支柱之一，即通过增进对他人及其历史、传统和精神价值的了解，学会共同生活。在此基础上，还要树立这样一种新的精神：它基于对我们之间日益增加的相互依赖性的认识，借助于对未来的风险和挑战的共同分析，促使人们去实现共同的计划，或以理智的、和平的方式对不可避免的冲突进行管理。[③] 教育不但要使青少年理解人类世界的多样性，还要使其认识人与人之间具有相似性及依存关系，使青少年能够正确地认识世界，在认识自己的基础上发现和认识他人，培养青少年的参与及合作精神。[④] 该书认为，社会的每一个成员在其日常各

---

① 联合国教科文组织：《反思教育：向"全球共同利益"的理念转变?》，教育科学出版社 2017 年版，第 15 页。

② 赵中建等译：《全球教育发展的历史轨迹——国际教育大会 60 年建议书》，教育科学出版社 1999 年版，第 350 页。

③ 国际 21 世纪教育委员会报告，联合国教科文组织总部中文科译：《教育——财富蕴藏其中》，教育科学出版社 1996 年版，第 9 页。

④ 国际 21 世纪教育委员会报告，联合国教科文组织总部中文科译：《教育——财富蕴藏其中》，教育科学出版社 1996 年版，第 83 页。

种活动中都应当承担自己对他人的责任。因此，学校应为每个人发挥这种作用作好准备，不仅向他们传授应享受的权利和应尽的义务，还应提高他们的社会生活技能，并鼓励他们参加集体工作。在该书看来，学会共同生活的途径在于，本着尊重多元性、相互了解及平等价值观的精神，在开展共同项目和学习管理冲突的过程中，增进对他人的了解和对相互依存问题的认识。2001年，在第46届国际教育大会上，面对全球化给国家之间、种族之间、民族之间共处带来的复杂而多样的问题，联合国教科文组织再次强调"学会共处"的重要性。大会报告认为，在全球化背景下，"学会共处"是一种基本学习需求，同时认为共处能力是未来公民必须具有的生活所必需的条件。联合国教科文组织前总干事伊琳娜·博科娃也强调共处能力的重要性，她明确指出"教育必须教导人们学会如何在承受压力的地球上共处"。[1]《反思教育》一书再次重申了"学会共处"的主张，认为"学会做人"和"学会共处"这两大支柱最能反映出教育的社会化功能，"学会共处"旨在"加深对于他人的理解，认识相互依存的道理"。[2]（3）学会宽容与关心。1995年11月16日，联合国教科文组织大会通过的《宽容原则宣言》将11月16日定为国际宽容日。该宣言系统地阐述了宽容的内涵、价值和要求，认为宽容是对世界丰富多彩的不同文化、不同的思想表达形式和不同的行为方式的尊重、接纳和欣赏。宽容通过了解、坦诚、交流和思想、良心及信仰自由而促进求同存异。宽容以积极的态度承认普遍的人权和他人的基本自由。宽容是一种确认人权和多元化的责任。宽容与尊重人权是一致的。宽容是指人们可自由坚持自己的信仰，并宽容他人坚持自己的信

---

① 联合国教科文组织：《反思教育：向"全球共同利益"的理念转变?》，"序言"，教育科学出版社2017年版，第1页。

② 联合国教科文组织：《反思教育：向"全球共同利益"的理念转变?》，教育科学出版社2017年版，第31页。

仰。宽容是指接受事实，即人虽然在相貌、处境、讲话、举止和价值观念上天生不同，但均有权利按其本来之方式和平生活。宽容还意味着人之观点不应强加于他人。《反思教育》一书也尖锐地指出，全球化时代虽然财富在不断增加、人们之间相互联系日益紧密，但脆弱性与不平等却在不断加剧，文化和宗教不宽容、文明和政治的冲突却在屡屡发生、不宽容与暴力现象日益严重。有鉴于此，《宽容原则宣言》强调要重视宽容教育，认为教育是防止不宽容的最有效途径。宽容教育的第一步就是要教育人们什么是人类共同的权利和自由，以便使这些权利和自由得到尊重，并且要树立保护他人的权利和自由的思想。应当视宽容教育为当务之急，因而有必要加强系统合理的宽容教育方法，解决因文化、社会、经济、政治和宗教差异而产生的不宽容。宽容教育的目的应是制止导致恐惧与排他的影响，帮助青少年增强独立判断、批判性思维和道德推理的能力；使培养的公民有爱心、责任心、能接受其他文化、能够欣赏自由的价值、尊重人的尊严与差别，并能够通过非暴力手段阻止或解决冲突。正因为宽容教育具有重要的意义，所以《教育——财富蕴藏其中》一书强调，宽容教育"应被视为一项综合性的持久的事业。"[1]1989 年，联合国教科文组织发布的《学会关心：21 世纪的教育——圆桌会议报告》认为，21 世纪教育的发展主题是学会关心，要求教育培育人们学会关心的品性，并提出了关心的具体内容：即关心自己和家庭，关心朋友和他人，关心国家和社会、关心生态环境，关心真理与学习等。[2]

---

① 国际 21 世纪教育委员会报告，联合国教科文组织总部中文科译：《教育——财富蕴藏其中》，教育科学出版社 1996 年版，第 45 页。

② 联合国教科文组织：《学会关心：21 世纪的教育——圆桌会议报告》，《教育研究》1990 年第 7 期，第 74 页。

三、个体与社会关系维度

综观联合国教科文组织教育文献，可以看出德育目标的个体与社会关系维度主要体现在以下几个方面：（1）履行责任与义务。《学会生存》指出，教育应有助于唤醒学生的公民精神和对社会的责任感，有利于培养学生关心别人并帮助别人摆脱孤立状态。《从现在到 2000 年教育内容发展的全球展望》一书指出了青少年道德教育的社会价值标准：合作、正直、和蔼、孝敬长辈、社会正义、尊重他人、社会责任感、尊重人类尊严、人权、劳动尊严、爱国主义、民族意识、和平的公民责任、国际理解、人类友爱、民族间相互依存的意识等。① （2）尊崇理解与和平。联合国教科文组织成立时的《组织法》序言开篇就郑重宣告："战争起源于人之思想，故务须于人之思想中筑起保卫和平之屏障"。教科文组织成立的宗旨就在于通过教育、科学及文化来促进国家之间的相互理解与合作，为全球安全与和平做出贡献。教科文组织成立至今，一直不遗余力地推进国际理解与和平，消除人们的偏见和冲突。国际教育大会就理解与和平教育的主题先后提出了多个建议：如《青年的国际理解精神的培养和有关国际组织的教学》（1948）、《关于促进国际理解、合作与和平的教育以及关于人权与基本自由的教育的建议》（1974）、《为和平、人权和民主教育之综合行动纲领》（1994）等。（3）热爱自然与环境。随着地球生态环境的持续恶化，20 世纪 70 年代以来，联合国教科文组织积极致力于倡导和推动环境教育及可持续发展理念，教育青少年要意识到环境保护的必要性和紧迫性，要求学会热爱自然与环境，追求人与自然的和谐统一，意识到环境问题以及自然环境和文化环境的日益恶化，养成新的行为方式以使他们能够为环境的保护和改善作出其个

---

① ［伊朗］S.拉塞克、［罗马尼亚］G.维迪努著，马胜利等译：《从现在到 2000 年教育内容发展的全球展望》，教育科学出版社 1996 年版，第 158 页。

人贡献，并使他们意识到诸如生产、加工和转移有毒废物及其生态和文化后果此类的问题。①《反思教育》高度关注可持续发展问题。在揭露当今生态压力以及不可持续的经济生产和消费模式的严重后果的同时，指出了环境教育的重要性，认为教育能有力地促进可持续发展，有效地提升人们解决环境与发展问题的能力，必须向当前一代和下一代传授在不断变化的环境中根据生态、社会和经济现状而调整生活和生计所需的知识、技能和行为。②

第二节　德育的内容

联合国教科文组织认为，唯有教育可以引导人类走向健康的合作与和平的生活，走向繁荣和文明，因而其德育内容非常重视对世界性问题的了解、预见能力的训练，以使青少年能适应与今天截然不同和难以预料的未来。为了解决全球面对的共同问题，联合国教科文组织教育文献关于德育的内容主要聚焦于以下方面。

一、品性教育

联合国教科文组织高度肯定对个体进行品性教育的重要意义。《从现在到 2000 年教育内容发展的全球展望》一书指出，"教育能够而且应该在发展伦理，培养未来社会必需的性格、品质方面负起责任"。③《反思教育》引用南非社会权利活动家和主教德斯蒙德·图图（Desmond

---

① 赵中建主译：《全球教育发展的历史轨迹——联合国教科文组织国际教育大会建议书专集》，教育科学出版社 2005 年版，第 445—446 页。

② 联合国教科文组织：《反思教育：向"全球共同利益"的理念转变？》，教育科学出版社 2017 年版，第 20 页。

③ ［伊朗］S.拉塞克、［罗马尼亚］G.维迪努努著，马胜利等译：《从现在到 2000 年教育内容发展的全球展望》，教育科学出版社 1996 年版，第 101 页。

Tutu）的名言："我的人性与你紧密相连，我们站在一起，始成人类。"
强调人性是人类重要的道德和伦理问题，重申了人文主义的德育观，
强调要尊重生命和人格尊严，维护和增强个人在其他人和自然面前的
尊严、能力和福祉。[①] 联合国教科文组织教育文献指出，教育要培养
未来一代正确的道德伦理及价值观，如对人的尊严、对他人的爱、同
大自然的和谐共处等，要着重培养青少年向他人开放，有个人判断能
力，能适应变化并能积极、创造地掌握这些变化等性格品质。联合国
教科文组织教育文献弘扬人的主体性，非常注重个体的主体意识和个
性发展，注重提升学生的主体性品质与能力，促进学生个性自由、个
性发展、自我完善；同时也高度重视增强培养青少年的群体意识和社
会责任感，以使其学会承担社会责任和义务，尊重自己、关心他人、
为他人和社会作出奉献。在面对传播媒介能力巨大的发展的背景下，
教科文组织认为必须注重个体的批判和理性推理精神的培养，使个人
对大众传播媒介的攻势有免疫力，加强他们的批判能力，培养人的批
判精神，理解与尊重不同思想观念，激发其特有的潜力。[②] 教科文组
织反对把教育视为训练和灌输的工具，认为教育应该发展对道德、精
神和美学价值的认识，要防止科学在课程中占的比重过大，要进行文
化渊源的追溯，提高艺术和"人文科学"在教育中的地位，增加音乐
教育、艺术、诗歌、历史和地理等科目的分量，以提升精神品质，促
进人格和谐。[③]

---

① 联合国教科文组织：《反思教育：向"全球共同利益"的理念转变?》，教育科学
出版社 2017 年版，第 30 页。

② ［伊朗］S. 拉塞克、［罗马尼亚］G. 维迪努著，马胜利等译：《从现在到 2000 年
教育内容发展的全球展望》，教育科学出版社 1996 年版，第 86 页。

③ ［伊朗］S. 拉塞克、［罗马尼亚］G. 维迪努著，马胜利等译：《从现在到 2000 年
教育内容发展的全球展望》，教育科学出版社 1996 年版，第 87 页。

二、公民教育

联合国教科文组织自成立以来，关于公民教育内容和形式的认识在不断深化。1948 年，联合国教科文组织提出针对青少年的公民教育：即培养学生对世界共同体的责任感，以作为国家公民责任感的延伸。[①]1968 年，联合国教科文组在《作为学校课程和生活之组成部分的国际理解教育》建议中指出，公民教育的目的，除了增加学生对国家机构的了解和培养对它们的忠诚外，还应让学生熟悉国际机构在促进人类福利方面所起的作用，应该客观且建设性地展示这些机构和联合国系统的工作，应该关注联合国及其相关机构在工作中遇到的障碍。[②]1992 年，在《教育对文化发展的贡献》的建议中提出，教育系统在公民教育中应发挥一种基本的作用，教育应发展伦理和公民价值观，包括尊重人的尊严、宽容、对话、团结和互助。[③]1994 年，联合国教科文组织在《为和平、人权和民主教育之综合行动纲领》中提出，教育必须发展承认并接受存在于不同个人、男女、民族和文化之中的价值观的能力，并发展同他人进行交流、分享和合作的能力，人们应该相互理解和相互尊重并以完全平等的地位进行磋商，以期寻求一种共同的基础。教育必须鼓励能增强个人和民族之间和平、友谊和团结的各种思想和解决方法。

教育必须发展非暴力解决冲突的能力。因此，教育还应促进培养学生思想中的内在和平观，这样他们就能更牢固地形成

---

① 赵中建主译：《全球教育发展的历史轨迹——联合国教科文组织国际教育大会建议书专集》，教育科学出版社 2005 年版，第 73 页。

② 赵中建主译：《全球教育发展的历史轨迹——联合国教科文组织国际教育大会建议书专集》，教育科学出版社 2005 年版，第 316 页。

③ 赵中建主译：《全球教育发展的历史轨迹——联合国教科文组织国际教育大会建议书专集》，教育科学出版社 2005 年版，第 445 页。

宽容、同情、分忧和相互关心的品质。①

　　该文件提出，为了加强形成各种价值观念和能力，如团结、公民责任、批判意识以及非暴力手段解决各种冲突的能力，必须在各级课程中引入包括国际层面的真正的公民意识教育。在教学中应特别关注建设和平的各种条件，理解不同形式的冲突及冲突的原因和后果等。②《教育——财富蕴藏其中》一书认为公民教育是公民社会和现代民主基础的一个组成部分，应通过公民教育培养学生的共同价值观，使学生了解公民的权利和义务。③2004 年，在《提高所有青年的教育质量之优先行动事项》的建议中强调，"通过积极的和负责任的公民意识教育，增强共存的和建设世界和平的意识和能力，因为国家之间和国家内部的武装冲突及各种形式的暴力和战争已经成为这个世界的特征"。④2014 年，联合国教科文组织在《世界公民教育：培养学习型人才以应对 21 世纪的挑战》中提出，世界公民教育的目标旨在增强学习者的公民知识、技能、价值观和态度，使他们能够在地方和全球两级参与并发挥积极作用，以应对和解决全球挑战，并最终成为一个更加公正、和平、宽容、包容、安全和可持续的世界的积极贡献者。《反思教育》一书在谈到公民素质问题时指出，教育面临的重要挑战是在相互联系日益紧密和彼此日益加深的世界中如何增进对于他人的责任

---

　　① 赵中建编：《教育的使命——面向二十一世纪的教育宣言和行动纲领》，教育科学出版社 1996 年版，第 194 页。

　　② 赵中建编：《教育的使命——面向二十一世纪的教育宣言和行动纲领》，教育科学出版社 1996 年版，第 196 页。

　　③ 国际 21 世纪教育委员会报告，联合国教科文组织总部中文科译：《教育——财富蕴藏其中》，教育科学出版社 1996 年版，第 47—50 页。

　　④ 赵中建主译：《全球教育发展的历史轨迹——联合国教科文组织国际教育大会建议书专集》，教育科学出版社 2005 年版，第 484 页。

意识和责任感。①

三、人权教育

1948 年《世界人权宣言》指出：人人生而自由，在尊严和权利上一律平等；人人有权享有生命权、自由权和人身安全权；法律之前人人平等。人权教育也是德育的重要内容。《反思教育》认为：普遍人权是对于共同理想的集体愿景，期待人类享有尊严，获得尊重，不受其他差异和差别的影响，并且可以获得充分的机会来实现全面发展。人权教育可以帮助人们认识到引发冲突的问题以及如何公正地解决这些问题。在暴力和冲突期间，人权教育可以有力地促进不歧视这一重要原则，并且保护所有人的生命和尊严。②1968 年联合国教科文组织关于国际理解教育的建议也提到了人权教育问题。该建议要求教育鼓励尊重人权并在日常生活中做到这一点，教育应强调人人平等的观念以及《世界人权宣言》中所体现的公正的精神，要求平等地尊重所有的人，而不考虑其民族、肤色、性别、语言、宗教、政治或其他观点、国籍或社会背景、财产、出生或其他地位等。③1994 年《联合国人权教育十年行动计划：人权教育——终身学习》阐述了人权教育的基本宗旨和主要内容。人权教育指为建立普遍的人权文化，通过传授人权知识及技能和塑造态度，开展培训传播和信息交流的教育。其主要内容包括：加强尊重人权；充分发展人的人格和尊严；促进民族、宗教、性别的平等和宽容；促进社会的有

---

① 联合国教科文组织：《反思教育：向"全球共同利益"的理念转变?》，教育科学出版社 2017 年版，第 2 页。

② 联合国教科文组织：《反思教育：向"全球共同利益"的理念转变?》，教育科学出版社 2017 年版，第 16—17 页。

③ 赵中建主译：《全球教育发展的历史轨迹——联合国教科文组织国际教育大会建议书专集》，教育科学出版社 2005 年版，第 313 页。

效参与；推动联合国的维和活动。[①] 教科文组织对各国人权教育政策
的制定提出了七条指导原则：各级各类教育都应有国际视角和全球视
野；对所有民族及其文化文明、价值观与生活方式的理解与尊重；认
识到各民族之间及各国国民之间的世界性相互依存关系正在日益强
化；同他人交流的能力；不仅懂得权利，而且懂得个人、社会及国家
各自所负有的义务；理解国际团结和国际合作的必要性；为个体参与
解决社区问题、国际问题及世界问题做好准备。教科文组织是推动
国际人权教育发展的重要机构，在人权教育方面做出了积极的贡献。
1995 年联合国教科文组织提出了《教育促进和平、人权和民主综合
行动框架与宣言》，通过人权教育世界项目继续推动人权教育发展，
项目旨在将人权教育融入各教育阶段尤其是中小学阶段的教育内容
之中。

四、和平教育

联合国教科文组织是倡导和促进和平教育的重要国际组织。罗马
尼亚学者亚丹·米哈伊·巴尔利巴于 1984 年在教科文组织出版的《教
育展望》杂志发表文章指出，和平是当代世界的主要政治价值准则之
一。它的重要性在于它是今天保证人类继续生存下来的唯一可供选择
的途径。但是，"和平是不会自行建立起来的。即使已经取得和平，也
还需要不断地推进、发展它，并使之代代相传下去。"[②] 他还就和平教育
的目的和方式发表了深刻的见解，认为用和平的精神教育青年，必须
致力于某种真正能培养青年性格的目标，而不能仅仅限于给他们传授

---

① "人的安全网络"组织编写，李保东译：《人权教育手册》，生活·读书·新知三
联书店 2005 年版，第 19 页。

② ［罗马尼亚］丹·米哈伊·巴尔利巴：《青年与和平》，《教育展望（中文版）》
1984 年第 2 期，第 47—48 页。

知识。同时，和平教育不应仅仅在教育和文化部门进行，而且应该在整个社会中，通过大众传播媒介、出版物、和平行动及和平运动来进行，还应在家庭和其他集团中，在工会和参加社会和文化活动的各种组织中进行。①《从现在到 2000 年教育内容发展的全球展望》一书引用"争取学校成为和平工具世界协会"的观点，即"要解除手上的武装就需先解除思想上的武装"，以强调和平教育的重要性。② 在联合国教科文组织看来，和平教育主要目的在于倡导尊重和保护人权，增强个人和民族之间的和平、友谊和团结意识，发展非暴力解决冲突的能力，促进培养学生思想中的内在和平观，形成牢固的宽容、同情、分忧和相互关心的品质，确保各个国家、各个种族、各个宗教信仰的人们能够互相沟通，加深彼此的交流、分享和合作，从而形成和谐的共存关系，培养在国家和国际范围内的团结和公平的感情。③ 联合国教科文组织倡导的和平教育的内容主要包括：了解人类历史上的灾难和战争，充分认识战争、武装冲突、恐怖主义、种族歧视及暴力犯罪对人类的危害；熟悉联合国等国际机构、国际组织的职能、作用等相关知识，了解运用和平方式解决各种国际争端的重要意义；通过对当代社会的人权、民主、平等、正义、发展等理念的理解，加强对和平观念、和平文化的理性认识；通过社会实践活动和日常生活中的社会交往，学会与他人和谐相处及运用和平方式解决各种矛盾和冲突；了解建设和平的各种条件，不同形式的冲突及冲突的原因和后果等。④ 加强和平教育有利于提

---

① ［罗马尼亚］丹·米哈伊·巴尔利巴：《青年与和平》，《教育展望（中文版）》1984 年第 2 期，第 49—50 页。

② ［伊朗］S.拉塞克、［罗马尼亚］G.维迪努著，马胜利等译：《从现在到 2000 年教育内容发展的全球展望》，教育科学出版社 1996 年版，第 173 页。

③ 赵中建主译：《全球教育发展的历史轨迹——联合国教科文组织国际教育大会建议书专集》，教育科学出版社 2005 年版，第 454—455 页。

④ 赵中建主译：《全球教育发展的历史轨迹——联合国教科文组织国际教育大会建议书专集》，教育科学出版社 2005 年版，第 456 页。

升人们的和平意识，增加和平知识与技能，消除国家间的矛盾和冲突，促进国际关系的友好化。

五、国际理解教育

全球的相互依赖和全球化是当代的重要现象。在国际交流与合作日益频繁的背景下，为了帮助学生面对和适应全球化时代不同国家和民族的文化的挑战，国际理解教育成为联合国教科文组织倡导的德育内容的重要组成部分。早在 1948 年联合国教科文组织在《青年的国际理解精神的培养和有关国际组织的教学》的建议中就提出，教育的主要目的之一是使儿童和青少年作好准备，能有意识地积极参与建设一个多元的、和平、安全及人人享有更完满生活这一共同目标的世界社会（world society）。这种准备不仅应包括获得技能，而且更应包括形成并发展有利于建设、保持和完善一个统一的世界的心理态度。该文件还就教育中如何实施国际理解教育提出了一系列具体的建议，主要的有：

（1）所有教学应有助于学生认识和理解国际团结（international solidarity）；

（2）所有教育机构的生活的安排，应有助于培养学生的责任感和社会合作精神；

（3）应培养学生对世界共同体的责任感，以作为公民责任感的延伸；

（4）应通过各种手段促进国际理解，这种国际理解应以国家间的相互尊重和对相互历史发展的欣赏为基础；

（5）应客观、准确无误地学习关于联合国及其专门机构的宗旨、原则、结构和功能的知识；

（6）教师本人要有国际理解的精神并受到专门的培训，以使其能胜任作为整个教育必不可少的这部分的教学；

（7）各种地方组织应与学校合作，帮助培养青年学生的合作精神；

（8）应采取步骤通过广泛的成人教育提高成人对国际组织有关知识的了解；

（9）应准备适当的国际理解方面的材料；

（10）应尽可能经常地对各国教科书进行复查，以减少可能导致国家间误解的内容，并充实有利于促进国际合作的材料；

（11）各国教育当局应相互交流有关这类教学的特点和结果的认识和信息，以便充分利用各国的经验；

（12）各国教育部和其他教育当局应运用其影响，鼓励在青年中培养国际理解精神，并对有关以促进世界和平为己任的国际组织的教学提供帮助。[①]

1968年，联合国教科文组织提出的关于国际理解教育的建议进一步指出，国际理解教育的目的应不仅仅是传授知识，而且应致力于发展有利于国际理解和尊重人权的态度和行为。该建议还提出了国际理解教育的指导原则，即教育应帮助增进人们对世界和各国人民的了解，帮助青年人形成以相互欣赏和尊重的态度，来观察别的文化、种族和生活方式；在教育中应介绍存在于世界各国人民的生活和意识中的共同价值观、抱负和需要；教育应强调每一个国家，每个国家都有平等的权利来决定自己国家的生活，并充分地开发其文化的和物质的可能性；教育应

---

① 赵中建主译：《全球教育发展的历史轨迹——联合国教科文组织国际教育大会建议书专集》，教育科学出版社2005年版，第72—73页。

增进国际团结和对世界各国及民族之间相互依存的理解，教育应指出在处理世界问题上国际合作的必要性，应阐明所有的国家都应有义务和兴趣为这一目标而合作。① 联合国教科文组织认为，文化多样性是激发人类创造力和实现财富的最大源泉，要以多种方式来看待这个世界。"假如我们愿意放弃固有观念，敞开心扉，接受对于现实的各种不同解释，丰富多彩、异彩纷呈的世界观将丰富我们所有人的世界。"②《学会生存》一书强调指出，教育有一个使命，就是帮助人们不把外国人当作抽象的人，而把他们看作具体的人，他们有自己的理性，有他们自己的苦痛，也有他们自己的快乐；教育的使命就是帮助人们在各个不同的民族中找出共同的人性。③《教育——财富蕴藏其中》再次指出，教育的主要任务之一是"帮助将事实上的相互依赖变成有意识的团结互助。为此，教育应使每个人都能够通过对世界的进一步的认识来了解自己和了解他人。"④ 该书呼吁教育应致力于使人们学会了解和尊重其他文化，认为对其他文化的了解可以使人们产生双重意识：不但意识到自己的文化的独特性，而且意识到人类共同遗产的存在。该书还特别强调，教育在建设一种更加团结一致的世界方面负有特殊的责任，要十分了解和尊重不同文明的文化和精神价值，培养共同的价值观和共同命运的意识。⑤2001年，联合国教科文组织前总干事费德里科·马约尔与美国学者戴维·亚

---

① 赵中建主译：《全球教育发展的历史轨迹——联合国教科文组织国际教育大会建议书专集》，教育科学出版社 2005 年版，第 312—313 页。

② 联合国教科文组织：《反思教育：向"全球共同利益"的理念转变?》，教育科学出版社 2017 年版，第 22 页。

③ 联合国教科文组织国际教育发展委员会编著，华东师范大学比较教育研究所译：《学会生存——教育世界的今天和明天》，教育科学出版社 1996 年版，第 191—192 页。

④ 国际 21 世纪教育委员会报告，联合国教科文组织总部中文科译：《教育——财富蕴藏其中》，教育科学出版社 1996 年版，第 34—35 页。

⑤ 国际 21 世纪教育委员会报告，联合国教科文组织总部中文科译：《教育——财富蕴藏其中》，教育科学出版社 1996 年版，第 35—36 页。

当斯在题为《和平文化：行动纲领》的文章中深刻地指出了加强国际理解教育的重大意义：

> 从来没有一场没有"敌人"的战争。为彻底铲除战争，我们必须持久而普遍地推行理解、宽容与团结精神，杜绝敌人形象的形成。①

六、环境教育

为了提高人类的环境保护意识，有效地保护、建设和发展良好的生态环境，联合国教科文组织多次召开会议，呼吁各国加强环境教育，要求环境教育为教育过程的更新做出强有力的贡献。《教育——财富蕴藏其中》从了解世界的角度阐述了环境教育的意义，认为要了解这个世界，就要了解人类与其环境的关系。并且指出，这并不意味着要在课程中增加新的学科，而是要同时借助自然科学和社会科学，从全面看待人类与其环境之关系的角度出发重新安排教学。也可以从终身教育角度为所有公民提供这种培训。②1977年联合国教科文组织和联合国环境规划署共同组织召开了世界首届政府间环境教育大会并发布了著名的《第比利斯宣言》，宣言首次系统论述了环境教育的内涵、目的、标准和指导原则。宣言认为环境教育应是面向各个层次所有年龄的人的全民教育，也应是一种全面的终身教育；环境教育应使人们认识当前的主要问题，树立环境保护的意识和可持续发展的理念，获得环境保护的知识、技能、态度和价值观；环境教育具有跨学科的特征；环境问题是世界性的问

---

① ［西班牙］费德里科·马约尔、［美］戴维·亚当斯：《和平文化：行动纲领》，《教育展望（中文版）》2001年第1期，第15页。

② 国际21世纪教育委员会报告，联合国教科文组织总部中文科译：《教育——财富蕴藏其中》，教育科学出版社1996年版，第35页。

题，各民族和国家的责任感和团结意识是保护和改善环境的保证。① 联合国教科文组织尤其强调环境教育要面向社会，鼓励青少年发挥主动精神，积极参与环境问题的解决，同时要对青少年进行环境道德方面的教育，引导青少年充分认识到传统的以牺牲环境为代价的不可持续发展模式对环境的危害性，充分认识到可持续发展观对保护人类生存环境的积极意义，使人们树立人与自然和谐发展的生态整体观，培养青年一代对环境欣赏的态度，自觉地敬畏自然、热爱自然、欣赏自然、美化自然，珍惜自然资源、维护生物多样性，共同保护自然环境，维护全人类及子孙后代的生存环境。

第三节 德育的策略

德育的重要性毋庸置疑，但德育如何开展则是一个复杂的课题。正如《从现在到 2000 年教育内容发展的全球展望》一书所指出的，"在课程中加强道德教育显得越来越有必要，那么落实这一行动则在许多国家仍然是一个头等重要而又尚待解决的问题"。② 联合国教科文组织对这个问题有系统的思考并提出了有价值的观点。

一、重视德育课程开发与教科书编写

教科文组织认为，课程是教育中的核心问题，德育课程开发和教科书编写对于德育的顺利开展具有重要的意义。课程与教科书是德育目标和内容实现的重要载体，如果缺乏必要的课程和教科书资源，德育目

---

① 赵中建编：《教育的使命——面向二十一世纪的教育宣言和行动纲领》，教育科学出版社 1996 年版，第 101—103 页。

② ［伊朗］S．拉塞克、［罗马尼亚］G．维迪努著，马胜利等译：《从现在到 2000 年教育内容发展的全球展望》，教育科学出版社 1996 年版，第 160—161 页。

标和内容就无法得到有效的落实。联合国教科文组织一直重视开发德育课程、编写教科书及学习材料，强调所有从事教育行动的人士必须拥有可供其使用的足够的教科书和教学资料，要定期对使用的教学材料进行审查。在课程开发和教科书编写方面，教科文组织鼓励国际合作，减少可能导致国家之间误解的课程内容，并充实有利于促进国际合作的教学材料，编写没有偏见且能增强不同民族之间的互相认识和理解的教科书，强调教科书的内容要以科学研究的成果为基础；在编订新教科书和教学材料时应当与时俱进。①《学会生存》强调指出，为了使学生更好地了解自己文化以外的文化，从而能够意识到人类的统一性，我们就必须越来越多地出版和翻译书籍，组织好书籍和其他资料的发行，以便在介绍一种文化时也要呈现另一种文化价值的真正图景，从而可以增强共同从事伟大的世界事业的感情。②《反思教育》也认为，课程的编排应当提倡尊重多样性，反对一切形式的（文化）霸权、刻板观念和偏见。这种课程应建立在跨文化教育的基础上，承认社会多元化，同时确保在多元化和共同价值观之间保持平衡。③ 联合国教科文组织指出，在编制国际理解教育课程时，应在文化和教育专家以及人类学家、社会学家、心理学家和其他有关学者的共同参与下进行。为了促进国际理解教育，教科文组织明确提出了对学校教科书修订的观点：各成员国应该鼓励更广泛的教科书交流，尤其是历史和地理教科书，并在可能的情况下采取适当的措施将双边的和多边的协议纳入其中，以利于相互学习和修订教科书，同时保证它们是正确的、平衡的、具有现实性的、没有偏见的，而且是可以

---

① 赵中建编：《教育的使命——面向二十一世纪的教育宣言和行动纲领》，教育科学出版社 1996 年版，第 197 页。

② 联合国教科文组织国际教育发展委员会编著，华东师范大学比较教育研究所译：《学会生存——教育世界的今天和明天》，教育科学出版社 1996 年版，第 285 页。

③ 联合国教科文组织：《反思教育：向"全球共同利益"的理念转变?》，教育科学出版社 2017 年版，第 33 页。

增强不同民族之间的互相认识和理解的。[①] 为了加强环境教育，联合国教科文组织提出要开发环境教育课程并就环境教育课程开发设计了一套完整严谨的程序。[②] 为了加强全球公民教育课程建设，联合国教科文组织亚太地区国际理解教育中心和国际教育局达成一项长达 3 年主题为"全球公民教育课程发展与整合"的项目合作，支持柬埔寨、哥伦比亚、蒙古及乌干达等国家进行全球公民教育（GCED）课程开发工作。[③] 除了鼓励教科书编写的国际合作外，联合国教科文组织也积极组织力量编写教科书并在国际范围内大力推广。联合国教科文组织下属的科学、技术与环境教育部从 1983 年到 1985 年间共出版了 21 册环境教育的系列教学资料。联合国教科文组织在人权教育方面也出版了《教授人权 ABC——中小学实用活动》《所有人——人权教育手册》等书籍，旨在加强人权教育，提升人们尊重和保障人权的知识、态度和能力，促进世界人权教育的发展。

二、关注德育师资的培训与交流

教师是实施德育的主体，他们在德育中具有不可替代的地位。联合国教科文组织也一直关注德育的师资问题。早在 1948 年提出的关于国际理解教育的建议中就提出，教师本人要有国际理解的精神并受到专门的培训，以使其能胜任国际理解的教学，不论这种教学是直接的还是间接的。[④]1968 年关于国际理解教育的另一个建议再次提及教师培训问题，

---

① 赵中建编：《全球教育发展的研究热点——90 年代来自联合国教科文组织的报告》，教育科学出版社 1999 年版，第 350—351 页。

② 赵中建编：《全球教育发展的研究热点——90 年代来自联合国教科文组织的报告》，教育科学出版社 1999 年版，第 60 页。

③ 胡佳佳编译：《联合国教科文组织推进全球公民教育课程建设》，《世界教育信息》2016 年第 12 期，第 79 页。

④ 赵中建主译：《全球教育发展的历史轨迹——联合国教科文组织国际教育大会建议书专集》，教育科学出版社 2005 年版，第 73 页。

提出应研究出一些能指导教师培训的一般课程和教学的合适方法。教师
培训应致力于减少他们自身的偏见的影响，并培养一些能提高他们为国
际理解所做工作的成效的思维和行为素质。培训的目标应是唤起学员对
国际理解教育的兴趣，相信其重要性，并对自己进行国际理解教学的能
力充满信心。应该鼓励教师培训机构设计出适合自己境况的国际理解教
育的方案和修学计划。①《教育——财富蕴藏其中》也强调教师在职培
训的重要性，指出面对世界的迅速变化，无论从事何种活动和专业在
职培训都是至关重要的事情，教师要不断地更新自己的技能，认为提
升社会所需要的伦理的、智力的和情感的品质是培养学生同样品质的
条件和基础。

> 无论是教师的入门培训还是在职培训，其主要使命之一是
> 在教师身上发展社会期待于他们的伦理的、智力的和情感的品
> 质，以使他们日后能在他们学生身上培养同样的品质。②

1994 年，《为和平、人权和民主教育之综合行动纲领》提出，教师
培训的内容应包括为和平、人权和民主的教育。为了成功地实施这些培
训，应该寻求在和平、人权和民主活动中有经验的人士以及相关组织的
支持。《反思教育》一书进一步明确了教师培训的目标和具体内容：教
师要学会促进学习、理解多样性、做到包容、培养与他人共处的能力
以及保护和改善环境的能力；教师要学会营造尊重他人和安全的课堂环
境，鼓励和提倡学生自尊自主；在教学能力方面，教师要学习灵活选择

---

① 赵中建主译：《全球教育发展的历史轨迹——联合国教科文组织国际教育大会建
议书专集》，教育科学出版社 2005 年版，第 319 页。

② 国际 21 世纪教育委员会报告，联合国教科文组织总部中文科译：《教育——财
富蕴藏其中》，教育科学出版社 1996 年版，第 143 页。

和利用教学内容，熟练运用教学技术和教学材料，熟练掌握各种教学策略和辅导策略来发展学生的能力，做到了解学生和因材施教；教师要善于沟通，能够与其他教师开展团队合作，并经常性地与学生家长及社区沟通，熟悉学生及其家庭。[①] 早在 1950 年，教科文组织就教师的国际交流专门提出了《教师的国际相互交流》建议书，明确指出教师和教育工作者之间的国际交流，是促进不同民族、不同文化的人民之间加深相互理解及提高教育标准的最有效的一种方法，敦促各国政府在促进各国教育工作者相互交流和教学人员到国外非终身任职的计划方面加强合作。[②] 联合国教科文组织认为，应尽可能地鼓励并支持教师出国参与经济、社会、文化和教育发展的志愿服务。

三、组织和推广德育项目与案例

在全球范围内推广德育项目和案例一直是联合国教科文组织的重要德育策略。1996 年，联合国教科文组织在《国际理解教育：一个富有根基的理念》报告中就曾列举了世界部分国家国际理解教育的成功案例，以供其他国家参考。综观联合国教科文组织的文献，可以发现很多报告中都有不同国家、地区或组织在开展和平教育、人权教育、国际理解教育等方面经验的丰富案例，有些以专题形式介绍，有些以框柱及资料卡片形式呈现。在实践层面，联合国教科文组织也参与策划了一些国际德育合作项目，如联合国教科文组织的联系学校项目（Associated Schools Project）、联合国教科文组织非洲、亚太地区、拉丁美洲及加勒比地区、阿拉伯国家和欧洲等的主要教育项目，这些项目旨在推动国际间青少年

---

① 联合国教科文组织：《反思教育：向"全球共同利益"的理念转变?》，教育科学出版社 2017 年版，第 47 页。

② 赵中建主译：《全球教育发展的历史轨迹——联合国教科文组织国际教育大会建议书专集》，教育科学出版社 2005 年版，第 83 页。

加强沟通和交流，增进国际间的交流与理解。另一方面，还遴选了一些国家和地区组织运行比较成功的案例在全球推广示范，为其他国家提供参照和借鉴。如2003年联合国教科文组织和戴姆勒公司共同启动为推进文化间对话和文化多样性而开展的"Mondialogo跨文化对话和交流"项目，包括Mondialogo工程竞赛和Mondialogo学校竞赛。该项目旨在促进各大洲的青少年彼此间的跨文化知识共享和交流，促进相互的尊重、理解和宽容。该项目搭建起国际青少年相互理解、尊重和友谊的桥梁。ACTIVATE是联合国教科文组织亚太国际理解教育中心成员国根据自身国情开发的世界公民教育项目，旨在提升和培养南非各国具有潜能的青少年的应对能力，促进南非公共事业的发展。在该项目实施的三年期间，青少年通过个体学习、交流讨论、实习、在线平台学习等方式，促进自我发现、自我反思以发掘自身潜藏的能力，不断发展自身领导和管理能力。由于ACTIVATE效果很好，教科文组织亚太国际理解教育中心将其推广到其他成员国。

第八章　国际理解教育理念

教育在建设一种更加团结一致的世界方面负有特殊的责任。……教育应当有助于一种可以说是新型的人道主义的产生，这种人道主义应有主要的伦理标准并十分注重了解和尊重不同文明的文化和精神价值，这是对只从经济主义和技术主义观点理解全球化的必要的抗衡力量。归根到底，享有共同的价值观和共同命运的意识，是一切国际合作项目的基础。[1]

当代世界各国之间的联系正在日益加强，但国民之间的相互偏见和冲突仍然存在，有时候在某些地区甚至还相当严重。为了消除人们的偏见和冲突，维护世界的持久和平，联合国教科文组织一直致力于促进国际理解教育。国际教育大会就这个专题先后提出了多个建议：即"青年的国际理解精神的培养和有关国际组织的教学"（1948年）、"作为发展国际理解工具的地理教学"（1948年）、"作为学校课程和生活之组成部分的国际理解教育"（1968年）、《为国际理解、合作与和平的教育及与

---

[1]　国际21世纪教育委员会报告，联合国教科文组织总部中文科译：《教育——财富蕴藏其中》，教育科学出版社1996年版，第36页。

人权和基本自由相联系的教育之建议》（1974 年）、"国际理解教育的总结与展望"（1994 年）、关于"全民教育与学会共存"的《结论和行动倡议》（2001 年）等。此外，《学会生存》《教育——财富蕴藏其中》《从现在到 2000 年教育内容发展的全球展望》及《教育展望》杂志等，也都关注过这个主题。系统地分析这些文献中的国际理解教育理念有助于促进国际理解教育的研究与实践。

第一节　国际理解教育理念提出的背景

国际理解教育理念的提出并不是偶然的。众所周知，人类社会在 20 世纪取得了辉煌的成就，得到了飞速的发展。但是这个发展过程并不顺利和平静，各种矛盾和冲突一直没有停息。国际理解教育理念就是在这种发展与危机同在、忧虑与希望并存的社会背景下产生与发展起来的。

一、人类和平期望的回应

20 世纪发生的两次规模空前的世界大战，给人类带来了巨大的破坏和损失。紧接着在美苏两个阵营之间又发生了长达几十年的冷战。如今冷战虽然已经结束，但是世界并没有因此而变得太平，战争的威胁仍然存在。事实上，局部战争和冲突经常在各地发生。正如《教育——财富蕴藏其中》一书所指出的："过去几十年的冷战结束后，世界却变得更加复杂和不安定，而且可能更加危险。过去，可能是冷战长期掩盖了国与国之间、民族与民族之间和宗教团体之间的各种潜在的紧张关系。而如今，这些紧张关系均将重新暴露出来，成为动荡的起因或公开冲突的原因。进入这样一个'危险重重'或给人以这种感觉的世界，而且对其许多方面仍捉摸不透，这是 20 世纪末的特点之一，它打乱了世界的意识，并要求全世界进行深刻的反思。"① 现在人类虽然已经进入到 21 世纪，但是这个特点并没有消失。由于国家利益和资源的争夺、宗教信仰的差异以及意识形态和价值观念的对立，狭隘的民族主义、宗教极端主义及国际恐怖主义的猖獗，使世界各地局部战争和冲突此起彼伏。

2001 年 9 月，联合国教科文组织第 46 届国际教育大会在日内瓦召开，大会的主题是"学会共处"。会议提出：近几十年来，各种残害民生的内战、种族冲突、种族歧视、排外潮流和各种暴力行为在各大洲许多国家屡屡发生。在 20 世纪 90 年代，世界上武力冲突超过 150 起，而这些冲突主要涉及内战，而不是国家之间的战争。另据联合国统计，1965 年国际移民的数量仅为 7500 万人次，1990 年达到了 1.2 亿人次，2000 年估计为 1.5 亿人次。国际移民的不断增长和国际移民日趋多样化，不仅使文化更具多样性，也使不同群体间的关系更为紧张。结果是，以种族、性别和宗教歧视为表现形式的各种暴力现象在全世界到处可见，发达国家与发展中国家之间、穷人和富人之间的不平等形成了空前巨大的鸿沟。如果说，1820 年世界穷人和富人之间的收入比为 1：3，1950 年则上升到 1：35，1974 年为 1：44，1992 年高达 1：72。

在目睹战争对人类的残酷破坏后，人们开始认识到和平的意义和可贵。和平环境的创造是以对人的尊重及主权国家间的理解、团结和宽容为前提的。历史的经验告诉我们，仅仅依靠签订军事停战条约，还不可能彻底遏制人类的冲突从而实现持久的和平。最根本的办法是通过教育来培养人类相互理解的理念，发展其追求持久和平的人性。联合国教科文组织的组织法序言对此有精辟的论述：

---

① 国际 21 世纪教育委员会报告，联合国教科文组织总部中文科译：《教育——财富蕴藏其中》，教育科学出版社 1996 年版，第 32 页。

战争起源于人之思想，故务须于人之思想中筑起保卫和平之屏障；

人类自有史以来，对彼此习俗和生活缺乏了解始终为世界各民族间猜疑与互不信任之普遍原因，而此种猜疑与互不信任又往往使彼此间之分歧最终爆发为战争；

现已告结束之此次大规模恐怖战争其所以发生，既因人类尊严、平等与相互尊重等民主原则之遭摈弃，亦因人类与种族之不平等主义得以取而代之，借无知与偏见而散布；

文化之广泛传播以及为争取正义、自由与和平对人类进行之教育为维护人类尊严不可缺少之举措，亦为一切国家本关切互助之精神，必须履行之神圣义务；

和平若全然以政府间之政治、经济措施为基础则不能确保世界人民对其一致、持久而真诚之支持。为使其免遭失败，和平尚必须奠基于人类理性与道德上之团结。①

由于国际理解教育对于实现人类的持久和平具有深远的意义，因而受到人们的普遍重视。"在数十年的国际紧张局势和核恐怖的威胁之后，在政治和经济领域发生了根本的变革，对人类和睦团结的前景日益关注，促使越来越多的国家寻求能加强尊重人权和行使民主权利以及能有效地促进国际了解与和平的教学内容和方法。"②《教育——财富蕴藏其中》一书对于通过教育来促进世界的和平与进步充满信心："面对未来的种种挑战，教育看来是使人类朝着和平、自由和社会正义迈进的一张必不可少的王牌。……教育并不是能打开实现所有上述理想之门的'万

---

① 《教育展望（中文版）》1987 年第 12 期，第 3 页。

② 联合国教科文组织编：《世界教育报告 1995》，中国对外翻译出版公司 1997 年版，第 81 页。

能钥匙'，也不是'芝麻，开门吧'之类的秘诀，但它的确是一种促进更和谐、更可靠的人类发展的一种主要手段，人类可借其减少贫困、排斥、不理解、压迫、战争等现象。"①

二、全球化时代的要求

近几十年来，全球化浪潮席卷着整个世界，各国的经济、科学、文化和政治方面的相互依赖关系正在日益加深。"人类正朝着一个根本不同于过去的未来前进，此时的决定性转折点之一，在于人类事务的当前发展正在不可逆转地把世界结合成一个相互联系和相互关联的整体。"②

全球化时代使人类面临一系列新的亟待认识和解决的问题。联合国教科文组织第 46 届国际教育大会认为，所谓"全球化"并非始于今日，甚至可以追溯到前几个世纪，只是其变化的速度和规模都是前所未见的，也给国与国之间、种族之间、民族之间的共处带来复杂而多样的问题。《从现在到 2000 年教育内容发展的全球展望》一书对此有深刻的阐述。该书认为，人类自出现以来便遇到各种问题。在不同时期这些问题的严重性也不尽相同。但是可以说，人类从来没有像今天这样遇到如此严重的一系列问题。当今的世界性问题具有普遍性、整体性、复杂性、深刻性和严重性等五大特征：③（1）普遍性。因为世界的任何一部分或任何地区都避免不了这些问题。不可能指望在一个国家甚至一个地区解决自然资源枯竭或污染等重大问题。（2）整体性。危机涉及人类生活的各个方面和所有部门。（3）复杂性。世界性问题的各方面表现（人

———

①　国际 21 世纪教育委员会报告，联合国教科文组织总部中文科译：《教育——财富蕴藏其中》，教育科学出版社 1996 年版，第 1 页。

②　[印] 拉贾·罗伊·辛格：《为适应变化中的世界而变革教育》，《教育展望（中文版）》1993 年第 1 期，第 8 页。

③　[伊朗] S.拉塞克、[罗马尼亚] G.维迪努著，马胜利等译：《从现在到 2000 年教育内容发展的全球展望》，教育科学出版社 1996 年版，第 94 页。

口、地缘政治、生态、社会、经济、文化、技术等方面）都紧密联系在一起，并相互渗透。研究任何一个问题，如果不考虑到它与其他问题的关系就不可能深入下去。(4) 深刻性。经验证明，一般性措施已解决不了当今的世界性问题，头疼医头脚疼医脚的疗法难除病根。(5) 严重性。因为人类面临的重大问题几乎足以威胁到人类的生存。

为了应对全球化时代带来的挑战，不少有识之士都强调国际理解及国际理解教育的重要意义。联合国教科文组织国际教育大会第 44 届会议后发表的《国际理解教育：一个富有根基的理念》一文呼吁："面对世界问题的严重性，教育工作者不能仅仅是旁观和等待。我们的世界正在各种冲突中颤抖。而这些冲突只能通过实现国际理解的理想而得以解决。"[①] 瑞士教育家查尔斯·赫梅尔指出：

> 最近的将来应完成的事业是：在工业化国家和发展中国家之间找到可接受的平衡以及建立全人类的团结。我们的星球犹如一条漂泊于惊涛骇浪之中的航船，团结对于全人类的生存是至关重要的。[②]

《教育——财富蕴藏其中》和《从现在到 2000 年教育内容发展的全球展望》两本书都明确要求教育培养人的国际理解素养。《教育——财富蕴藏其中》指出，帮助将事实上的相互依赖变成有意识的团结互助，是教育的主要任务之一。为此，教育应使每个人都能够通过对世界的进一步的认识了解自己和了解他人。《从现在到 2000 年教育内容发展的全

---

① 赵中建选编：《全球教育发展的研究热点——90 年代来自联合国教科文组织的报告》，教育科学出版社 1999 年版，第 379 页。

② ［伊朗］S.拉塞克、［罗马尼亚］G.维迪努努著，马胜利等译：《从现在到 2000 年教育内容发展的全球展望》，教育科学出版社 1996 年版，第 102 页。

球展望》一书认为，如果说人类生活的空间已真的扩展到全球范围，那么教育也就应该培养视野广阔的世界观。韩国前文教部长官、总统教育改革委员会主席徐明源先生也指出："我们已进入一个不再有国界的世纪。世界各国人民不管愿意与否都应一起生活。我们每个人都应意识到这一点并应对未来的世界公民进行相应的教育。"[①] 虽然他对"21世纪是不再有国界的世纪"的判断我们不能苟同，但他关于应加强未来世界公民教育的主张却无疑是正确的。

三、国际发展理念的反映

现代国际社会发展有两个重要的理念：一是平衡发展理念；二是可持续发展理念。这两种新的发展理念对于国际理解教育的提出与推广具有重要的促进作用。

现代科学技术的发展日益加快，并带来了前所未有的经济增长，人类的生活质量因此而得到快速的提高。然而，众所周知，在发展过程中却存在着巨大的差距，并且这种差距还在不断扩大。世界发展不平衡的问题已成为人类社会团结的重要障碍，损害了人类的共同理想和价值观。在人类的共同理想和价值观处于危机之际，教育应当而且完全可以发挥自己的积极作用。具体来说，就是教育应当在发展不平衡的双方以"理解"为基石构建相互交流与合作的桥梁，促使人类走向共同进步的明天。《教育——财富蕴藏其中》一书正确地指出：

> 　　任何人类社会团结，都源于一整套共同的活动和计划，也
> 源于共同的价值观，而这一切又是共同生活愿望的各个方面的

---

① 　国际21世纪教育委员会报告，联合国教科文组织总部中文科译：《教育——财富蕴藏其中》，教育科学出版社1996年版，第229页。

具体体现。随着时间的推移，这些物质的和精神的联系不断相互加强，并在个人和集体的记忆中成为广义的文化遗产，这一遗产又正是人的归属感和休戚与共感情的基础。①

该书在谈到当今世界教育的使命时进一步提出："在全世界，各种形式的教育的使命都是在人与人之间建立一种基于共同准则的社会联系。……教育是文化价值的传播工具，是有助于适应社会生活需要的环境的创造者，也是使共同计划成形的熔炉。"②

社会的可持续发展也需要一个和平的国际环境，需要国际社会的沟通与合作。在坚持本国社会文化特点的同时，应当认识到在当今世界任何一个国家都不能完全独立存在，许多问题需要依靠相互的密切合作才能得到有效的解决。换句话说，任何国家要想得到发展就必须与别的国家、别的民族进行交往和交流。然而，不同的政治制度、不同的经济发展水平、不同的文化传统往往使得各国各地区各民族之间的交往和交流有时不能顺利进行，可能出现误解甚至冲突。为了维护世界的民主与和平，保持整个世界的持续发展，必须通过国际理解教育来增进国家、地区及民族之间，特别是国民之间的相互理解和认识。

第二节　国际理解教育理念的发展历程

"国际理解教育"最先于20世纪40年代由联合国教科文组织所倡导，并得到各成员国的积极响应与支持。经过半个多世纪的发展，国际理解

---

① 国际21世纪教育委员会报告，联合国教科文组织总部中文科译：《教育——财富蕴藏其中》，教育科学出版社1996年版，第38页。

② 国际21世纪教育委员会报告，联合国教科文组织总部中文科译：《教育——财富蕴藏其中》，教育科学出版社1996年版，第38页。

教育理念的内涵不断丰富，影响日益扩大，成为当今世界最重要的教育理念之一。国际理解教育理念的发展过程大致可以分为以下三个阶段：

一、倡导阶段（20 世纪 40—50 年代）

20 世纪 40 年代的国际理解教育处于理念产生和初步倡导阶段。国际理解教育理念是随着联合国教科文组织的成立而产生的。教科文组织在《组织法》前言第一段这样写道："通过教育、科学及文化促进各国间之合作，对和平与安全作出贡献，以增进对正义、法治及联合国宪章所确认之世界人民不分种族、性别、语言或宗教均享人权与基本自由之普遍尊重。"这意味着教科文组织肩负的首要使命是人类的和平和相互理解。

1947 年，联合国教科文组织为了在国际理解教育的途径、内容、方法等方面统一认识，在巴黎郊区召开了一次国际研讨会。在这次会议上，国际理解的核心观念被确定为：理解国际重大问题；尊重联合国和国际关系；消除国际冲突的根源；发展对他国的友好印象。

1948 年是国际理解教育发展的重要一年。国际教育大会在这一年分别发表了题为"青年的国际理解精神的培养和有关国际组织的教学"的第 24 号建议和题为"作为发展国际理解工具的地理教学"的第 26 号建议。第 24 号建议提出，当前教育的主要目的之一，是使儿童和青少年作好准备，能有意识地积极参与建设一个多元的、和平、安全及人人享有更完满生活这一共同目标的世界社会（world society）。同时认为这种准备不仅应包括获得技能，而且更应包括形成并发展有利于建设、保持和完善一个统一的世界的心理态度。建议要求所有教学应有助于学生认识和理解国际团结，所有教育机构的生活的安排应有助于培养学生的责任感和社会合作精神；在不同学习阶段和不同类型的社会生活的安排应能激发青年们对未来世界的问题的兴趣；应培养学生对世界共同体的责任感；应通过各种手段（如纪念人类进步史上的伟大先驱和庆祝国际性节日）促进国际理解，这种国际理解应以国家间的相互尊重和对相互历史发展的欣赏为基础。第 26 号建议提出，地理教学应通过合适的教学方法消除使儿童认为自己是世界中心的感觉，并增强他们对人类相互依赖和道德团结的意识；所有的教育都应使爱祖国与理解其他国家相和谐，使爱祖国与世界上的尊重主权相一致。

1950 年，国际理解教育曾被联合国教科文组织命名为"世界公民教育"（education for world citizenship），1952 年又改名为"世界共存教育"（education for living in the world community），并且提出了世界共存教育的目标。这些目标成为推动国际理解教育发展的重要原则，并产生了持久的影响。这个工作小组还建议用"国际理解"或"国际合作"代替过去的"世界公民""世界共同体"等带有理想主义色彩的概念。

为了医治战争在人类精神方面留下的创伤，促进世界各国、各民族人民的团结和相互理解，联合国教科文组织于 1953 年组织实施了以"国际理解教育"为主题，以消除跨越政治疆界的偏见、敌视、不信任和以促进相互的友好与合作为目标和结果的"联合学校计划"，并把"联合学校计划"以及联合学校采取的一系列新措施和改革作为示范在世界范围内推广，从而为国际理解教育奠定了基础。"联合学校项目"的宗旨是：(1) 扩大世界性问题和全球合作的知识；(2) 通过学习不同国家不同人民的文化形成国际理解；(3) 增进人权知识，遵守人权的基本原则；(4) 高度评价并大力支持联合国在世界和平、友谊和进步方面的巨大努力。[①]1953 年"联合学校计划"刚启动时，只有 15 个加盟国的 33 所中等学校参加这项计划，此后参加国和参加学校逐年递增，到 20 世纪 80 年代初，加盟国增至 80 多个，参加学校达 1600 所。到 1996 年，

[①] 余新：《国际理解教育发展的研究》，《外国教育研究》2002 年第 8 期，第 24 页。

全世界大约有 100 多个国家的 3000 多所学校加入了这个组织，为国际理解教育的项目试验提供了肥沃的土壤。①

二、推进阶段（20 世纪 60—70 年代）

20 世纪 60 年代，亚非拉地区的殖民地国家相继独立，并加入到联合国之中。这对既存的世界秩序和联合国体制来说，不仅是量的变化，而且也是一次质的飞跃和根本结构的转变，国际关系的复杂程度进一步提高。在这种情况下，国际理解教育更显示出其必要性。

1962 年，联合国教科文组织提出了一份题为"向青年人宣传有关和平，相互尊重和理解思想的方法"的报告。其主要内容为：（1）提高青年人对世界及各国人民的认识；（2）培养青年人以毫无偏见的赞同态度去认识他国文化；（3）以友谊而不是强暴的方式去对待差异；（4）激发青年人理解国际合作在解决世界问题的必要性；（5）鼓励尊重人权，对他人具有社会责任感和道德意识及积极向上的进取愿望。

1968 年 7 月 1—9 日，联合国教科文组织在日内瓦召开了国际公共教育大会第 31 届会议。会议通过了题为"作为学校课程和生活之组成部分的国际理解教育"的第 64 号建议。该建议再次强调了国际理解教育的重要意义，明确了国际理解教育的指导原则，提出了一系列具体要求，如在立法和行政条文中规定国际理解教育的内容，学校各学科教学和课外活动将国际理解教育作为其中的有机组成部分予以计划和落实，教育当局应鼓励和促进国际交流以及对有关国际理解教育的信息和文件的传播等。

1972 年联合国教科文组织国际教育发展委员会提出的报告《学会

---

① 赵中建选编：《全球教育发展的研究热点——90 年代来自联合国教科文组织的报告》，教育科学出版社 1999 年版，第 373 页。

生存——教育世界的今天和明天》在论及未来教育目的时将培养人们的国际理解素养作为重要的使命。

1974 年 11 月 17—23 日，联合国教科文组织第十八届会议通过了《关于促进国际理解、合作与和平的教育以及关于人权与基本自由的教育的建议》。从内容上看，该《建议》既是联合国教科文组织一贯倡导的和平与合作教育、国际理解教育精神的体现，同时又是在新的政治、经济和科技相互依赖的条件下对国际理解教育、国际和平与合作教育的深化和发展。《建议》强调教育应把联合国宪章、联合国教科文组织的《组织法》和人权宣言中的目标融为一体，特别是人权宣言的第 26 款规定的内容："教育应被用以指导人性的全面发展，增强对人权和基本自由的尊重。教育应促进所有国家和不同种族或不同宗教信仰的人民之间的理解、宽容和友好，并推动联合国为保卫和平而开展的各种活动。"为了达到此目标，《建议》认为下列目标可作为指导各国教育政策的基本原则：（1）各级教育和各种形式教育中的国际维度和全球观；（2）理解并尊重各族人民、他们的文化、文明、价值观和生活方式；（3）对各国和各族人民之间不断增强的全球相互依存意识；（4）与他人交流的能力；（5）对个体、群体和国家相互之间不仅负有权力更应负担义务的意识；（6）对国际一致性和合作紧迫性的理解；（7）个人应为社区问题的解决、国家问题的解决和世界范围问题的解决作好准备。该《建议》进一步明确了国际理解教育的任务，主要包括四个方面：（1）公民与道德方面：自由、平等、人权、消除种族歧视、尊重别人权力以及社会和公民责任；（2）理解和尊重文化差异、文明遗产，不同生活方式和观点以及学习外语；（3）研究和解决人类主要问题：权力平等和自我选择权、维护国际和平和安全、尊重国际法和国际关系、裁军、殖民主义和新殖民主义、难民、解放运动、经济增长与社会发展、人口问题、文盲、健康、疾病、饥饿、生活质量、自然资源与环境、文化遗产保护、联合国体制的作用等；（4）国际惩罚及解决问题办法、国际合作与发展的策略等。该《建议》为以后的国际理解教育拟订了行为框架并提出了具体的实施方案。该建议还明确提出了对学校教科书进行修订的观点：

> 各成员国应该鼓励更广泛的教科书交流，尤其是历史和地理教科书，并在可能的情况下，采取适当的措施将双边的和多边的协议纳入其中，以利于相互学习和修订教科书及其他的教材，以保证它们是正确的、平衡的、具有现实性的、没有偏见的，而且是可以增强不同民族之间的互相认识和理解的。[①]

三、发展阶段（20 世纪八九十年代至今）

1981 年召开的第 38 届国际教育大会在讨论世界未来发展趋势时，有的代表指出："我们生活在一个国际上相互依存的世界里。""不了解其他民族的价值观念，不向青年传播有关别国的情况，这样的教育就再也不能称其为教育了。"

"人们思想中的和平国际大会"于 1989 年在亚穆苏克罗（Yamous-soukro）召开。这次会议提出了一个新的目标，即发展一种以所有各种文化所共同认同的价值观为基础的"和平文化"（culture of peace），以便"成功地实现从战争文化向和平文化的过渡"（马约尔语）。

1993 年，在蒙特利尔召开的教育促进人权和民主国际大会，用大量时间讨论了人权和民主以及它们与教育、发展、文化多样性和宽容等的关系。会议表达了"民主文化"（culture of democracy）的理念。

1994 年国际教育大会通过的《为和平、人权和民主的教育之综合

---

① 赵中建选编：《全球教育发展的研究热点——90 年代来自联合国教科文组织的报告》，教育科学出版社 1999 年版，第 350—351 页。

行动纲领》提出："不论是国际上还是国内出现的不宽容、种族和民族仇恨、形形色色的恐怖主义、对'他人'的歧视、战争和暴力以及日渐扩大的贫富差距等现象，已成为过渡时期和迅速变革时期的特征。在这一时期中，行动战略必须旨在确保基本自由、和平、人权和民主，并促进公平的可持续经济发展和社会发展，而这是建设和平文化所必不可少的一个部分。这就需要改革传统的教育行动。"①

1994 年 10 月 3 日至 8 日，联合国教科文组织在日内瓦召开了主题为"国际理解教育的总结与展望"的第 44 届国际教育大会。这次会议围绕大会总主题举行了 6 次圆桌会议。圆桌会议的主题包括"经济全球化与教育政策""为宽容和相互理解的教育：宗教的作用""联合国教科文组织联系学校项目：促进为和平、人权和民主的教育所行之有效的网络""相互开展外语教学：国际理解的一种因素""人权教育""媒体和国际理解：为更好地理解而提供信息"。本届会议批准通过了以建设"和平文化"为中心内容的《第 44 届国际教育大会宣言》和《为和平、人权和民主的教育综合行动纲领草案》（1995 年 10 月 25 日至 11 月 16 日召开的教科文组织第 28 次会议批准通过了这一行动纲领）。这两个文件以建设"和平文化"为核心，它们既是教科文组织所推行的国际理解教育的总结，又是在当代国际形势变化与发展的背景下，为各国在 21 世纪如何开展国际理解教育的行动指南。国际教育大会第 44 届会议后发表了专门论述国际理解教育问题的文章——《国际理解教育：一个富有根基的理念》。

为了使青年意识到保护受到污染、人口压力、战争和贫困严重威胁的世界自然和文化遗产的必要性，教科文组织在罗纳—普伦克基金会和

---

① 赵中建主译：《全球教育发展的历史轨迹——联合国教科文组织国际教育大会建议书专集》，教育科学出版社 2005 年版，第 453 页。

挪威国际开发署的资助下，于 1994 年开展了名叫"青年参与保护和促进世界遗产"的地区间项目，目的是使他们意识到他们自己的文化和历史的价值，引导他们了解和尊重其他文化，从而使他们感到自己今后对人类遗产所负有的共同责任。①

1996 年，国际 21 世纪教育委员会向联合国教科文组织提交的报告《教育——财富蕴藏其中》提出了"教育的四个支柱"的观点，即"学会认知""学会做事""学会共处""学会生存"。报告在论述"学会共处"时指出，这种学习是当代教育中的重大问题之一。教育应当培养人们应付人与人之间、群体之间、民族之间不可避免地出现的紧张关系的能力。报告要求在正规教育中提供足够的时间和机会开展各种合作项目，通过各种社会活动进行合作教育，在学校的日常生活中传授解决冲突的方法。

2001 年 9 月 5 日至 7 日，第 46 届国际教育大会在日内瓦召开，会议的主题是"全民教育与学会共存"。会议通过的《结论和行动倡议》指出，鉴于目前社会面临全球化、国家之间和国家内部存在的不平等现象等问题，在世界所有地区学会和睦相处尤显重要。在这种情况下，教育已成为维护和促进持久和平、民主和人权进程的必要手段。未来的公民必须具有共存的能力，这是生活所必需的条件，"学会共存"已成为面对全球化的一种基本学习需求。《结论和行动倡议》还要求促进各级教育中的和平文化与跨文化理解。"学会共存"这一理念必须从两个主要角度来加以考虑：一是各种社会内部的和谐和非暴力；二是各种社会之间的相互理解和友谊。而且这两个角度也是彼此联系、相互连接的。在这次会议上，还就"学会共存"主题形成了一系列行动建议，包括：

---

① 　国际 21 世纪教育委员会报告，联合国教科文组织总部中文科译：《教育——财富蕴藏其中》，教育科学出版社 1996 年版，第 36 页。

对"学会共存"教育教学广为宣传和探讨；为实现高质量的全民教育目标，需要培养政策对话；推进和实施教育改革；建立和加强整个社会的实质合作关系；需要发展终身教育，要特别关注青少年阶段(12—18 岁)的教育。在"推进和实施教育改革"方面提出了具体建议。(1) 在内容上：改革课程，更新内容，在课程开发上注重保证地方、国家、国际水平的相关性，开发跨学科的方法和能力，支持教育创新；(2) 在方法上：提供主动的教学方法和小组活动，鼓励全面均衡的发展，培养学生的开放性和主动性；(3) 在教师上：通过培训等手段帮助教师参与学校决策，改进教师教育，使教师能培养学生团结、容忍的价值观，改变师生关系以适应社会变化，在教师培训和课堂实践中推进信息化；(4) 在学校生活上：在校内创设容忍和尊重的氛围，促进民主文化的发展，鼓励学生参与学校决策；(5) 在教育研究上：鼓励能明晰"学会共存"理念和对政策与实践有启示的研究，鼓励"学会共存"的内容开发和教学方法的相关研究，鼓励亚地区、地区和跨地区为背景的比较研究。

2003 年 10 月 3—4 日，联合国教科文组织在巴黎召开的教育部长圆桌会议关于"有质量的教育"的公报指出，教育应"教给孩子们世界性的道德观念，使他们学会并实践这些品德，如神情专注、同情、诚实、正直、非暴力、尊重多样性，以学习与人和平、和睦相处。"[1]

第三节　国际理解教育理念的基本内容

一、国际理解教育的内涵

国际理解，其实质是以宽容、尊重的态度与别国沟通和共同行动。

---

[1]　国家教育发展研究中心编著：《2004 年中国教育绿皮书——中国教育政策年度分析报告》，教育科学出版社 2004 年版，第 218 页。

国际理解最重要的是对别国文化的了解与认识。在与别国文化进行接触的时候，应该认识到无论是本国文化还是别国文化，都是人类文化多样性的表现，对其他国家的文化应当采取宽容和尊重的态度。

1974 年联合国教科文组织第 18 届常务理事会发表了《为国际理解、合作与和平的教育及与人权和基本自由相联系的教育之建议》。该建议对"国际理解教育"作了具体的阐述：使青年一代获得关于世界和世界人民的知识；使青年一代养成同情与博爱的态度，能够没有偏见地欣赏与吸收别国的文化，学习外国语；使青年一代以理解与合作精神看待与处理各国面临的共同问题；使青年一代树立尊重人权、正确的道德、社会责任感、尊重他人、为大众谋福利等观念。

简单地说，国际理解教育是旨在使学生了解和尊重其他国家的文化，培养他们的全球共存发展意识和能力的教育。

二、国际理解教育的目的

1994 年联合国教科文组织国际教育大会第 44 届会议通过的《为和平、人权和民主的教育之综合行动纲领》提出，"教育必须发展尊重自由的能力和面对挑战的技能。这意味着使公民作好准备以应付困难而又变幻莫测的形势，并使他们能够独立自主和承担责任。意识到个人的职责必须同确认公民义务的价值相联系，同确认与他人一起解决问题并共同建设一个公正、和平和民主的社会相结合。"[①] 国际理解教育的目的主要体现在以下几个方面：

1. 建设和平文化，培养宽容精神

国际理解教育的首要目的是建设和平文化，培养人们的宽容精神。

---

① 赵中建编：《教育的使命——面向二十一世纪的教育宣言和行动纲领》，教育科学出版社 1996 年版，第 194 页。

1997 年第五届国际成人教育大会通过的《成人教育的汉堡宣言和未来议程》指出：

> 我们这个时代最主要的任务之一就是消除暴力文化（cul-ture of violence），建设一种基于公正和宽容的和平文化（culture of peace）。在这一和平文化中，家庭和社区，以及国家内部和国家之间的对话、相互认识和磋商将代替暴力。①

1999 年 9 月 13 日，联合国大会第 53 届会议通过了一份引人注目的文件——《和平文化宣言与行动纲领》。多少世纪以来，从战争与暴力文化走向和平与非暴力文化一直是人类的一个梦想，这份文件就是在 21 世纪使人们美梦成真的重要蓝图。这曾是国际联盟以及后来为"把子孙后代从战争灾难中解救出来"而创建的联合国的梦想。同时，它也是联合国教科文组织的梦想。作为联合国教科文组织对联合国安全理事会"和平议程"的回应，自 1992 年以来，联合国教科文组织逐渐形成和发展了和平文化的概念。这一概念的首次提出是在 1989 年的《亚穆苏克罗（科特迪瓦）声明》中。联合国教科文组织分析认为，单靠维持和平行动只能保证不发生战争，但不能带来建设性的、有活力的和平，要做到这一点，最好是由冲突各方共同从事人类的发展事业。联合国教科文组织主要是在教育、科学、文化及传播领域开展活动，因而重点在"冲突后的和平建设"中提供服务和帮助。1995 年的第 28 届教科文组织大会宣告"20 世纪末的重大挑战是将战争文化转变成和平文化"，并将和平文化摆在了联合国教科文组织六年中期战略的中心位置上。

---

① 赵中建选编：《全球教育发展的研究热点——90 年代来自联合国教科文组织的报告》，教育科学出版社 1999 年版，第 386 页。

联合国教科文组织前总干事费德里科·马约尔在与人合作的《和平文化：行动纲领》一文中也明确地指出了建设和平文化的重要意义：

> 为了达到和平的目的，我们必须走得比我们先前认为能做到的更深入一些。我们必须去处理战争与暴力的文化根源问题，把我们的价值准则、态度看法和日常行为改变成一种新文化的价值准则、态度看法和日常行为，这种新行为的权力，无论其公开的权力或结构性权力，都建筑在道理和对话的基础之上，而不是暴力的基础之上。这是需要全世界所有人、所有家庭、所有教师和学校都来参加的一种变化。这是人类历史上没有先例的变化。①

什么是和平文化？和平文化是一个内涵广泛的概念。1950 年，联合国教科文组织成立了一个工作小组，提出了"世界共存教育"的八项目标：（1）开展全球社会的教育，缔造与联合国宪章精神相一致的社会；（2）各国无论存在何种差异，都有权力和义务在国际机构中合作；（3）世界文明来自许多国家的共同贡献，所有国家之间都相互依存；（4）不同人们在生活方式、传统习惯、个性特征方面存在的问题及解决问题的方法等有所不同，但各自都有存在的理由；（5）人类在历史上、道德上、智力上和技术上的进步逐渐成为全人类的共同遗产，尽管世界仍被冲突的政治利益和紧张局势所分割，但是人们之间的相互依赖日益明显；（6）国际组织成员国所制订的条约得到各国人民积极的支持，就会发挥重大作用；（7）人们尤其是青年人在心灵上要有全球和平的责

---

① ［西班牙］费德里科·马约尔、［美］戴维·亚当斯：《和平文化：行动纲领》，《教育展望（中文版）》2001 年第 1 期，第 8 页。

任意识；（8）发展儿童健康的社会态度，为增强国际理解与合作奠定基础。以上八项目标集中反映了和平文化的内涵，并成为以后推展国际理解教育的重要原则。

宽容精神是和平文化的重要内容。在建设和平文化的过程中，必须将培养宽容精神放在突出的地位。1995 年教科文组织大会通过的《宽容原则宣言》写道：

> 宽容是对我们这一世界丰富多彩的不同文化、不同的思想表达形式和不同的行为方式的尊重、接纳和欣赏。宽容通过了解、坦诚、交流和思想、良心及信仰自由而得到促进。宽容是求同存异。宽容不仅是一种道德上的责任，也是一种政治和法律上的需要。宽容，这一可以促成和平的美德，有助于以和平文化取代战争文化。[1]

和平文化的建设和宽容精神的培养需要依靠相应的教育，国际理解教育的基本目的正在于此。通过国际理解教育可以培养人们的和平意识和宽容精神，使人们懂得应当尽量避免冲突，一旦冲突出现则应当用和平的方式予以解决，而不能诉诸暴力；使人们认识到，暴力不会使暴力减少，它只会带来更多、更大、后果更严重的暴力。"为了使和平和人权能具体化，单单提及和平的理想或要求人权是远远不够的，而需要某种形式的教育以建立持久和平和国际理解。"[2] 联合国教科文组织的多种教育文献都阐述了通过教育培养人的和平意识和宽容精神的重要性。保

---

① 转引自联合国教科文组织：《世界教育报告 2000（教育的权利：走向全民终身教育）》，中国对外翻译出版公司 2001 年版，第 75 页。

② 赵中建选编：《全球教育发展的研究热点——90 年代来自联合国教科文组织的报告》，教育科学出版社 1999 年版，第 331 页。

罗·朗格朗在《终身教育导论》一书中明确指出：使每个人都热爱和平是任何一种教育形式的教育的基本目的。《教育——财富蕴藏其中》一书也认为，"教育在人的一生中都应促进文化多元化，把文化多元化作为人类财富的源泉加以宣传：应当通过关于各种文化的历史和价值的信息交流，同产生暴力和排斥现象的种族偏见作斗争。"①1994年联合国教科文组织召开的第44届国际教育大会通过的《为和平、人权和民主的教育之综合行动纲领》明确要求：教育必须发展非暴力解决冲突的能力。教育还应促进培养学生思想中的内在的和平观，这样他们就能更牢固地形成宽容、同情、分忧和相互关心的品质。

2. 发展共同人性，构建共同价值观

在联合国教科文组织教育文献看来，发展共同人性，构建共同价值观，也是国际理解教育的一个重要目的。《学会生存》在阐述教育的目的时特别强调培养共同人性的意义。该书指出：

> 教育有一个使命，就是帮助人们不把外国人当作抽象的人，而把他们看作具体的人，他们有他们自己的理性，有他们自己的苦痛，也有他们自己的快乐；教育的使命就是帮助人们在各个不同的民族中找出共同的人性。②

《为和平、人权和民主的教育之综合行动纲领》也指出："教育必须发展承认并接受存在于各种个人、男女、民族和文化之中的价值观的能力，并发展同他人进行交流、分享和合作的能力。多元化社会和多文化

---

① 国际21世纪教育委员会报告，联合国教科文组织总部中文科译：《教育——财富蕴藏其中》，教育科学出版社1996年版，第46页。

② 联合国教科文组织国际教育发展委员会编著，华东师范大学比较教育研究所译：《学会生存——教育世界的今天和明天》，教育科学出版社1996年版，第191—192页。

世界的公民，应能承认他们对形势和问题的解释植根于他们个人的生活、他们社会的历史以及他们的文化传统……人们应该相互理解相互尊重并以完全平等的地位进行磋商，以期寻求一种共同的基础。这样，教育就必须加强个人的特性并鼓励集中一些能增强个人和民族之间的和平、友谊和团结的各种思想及解决方法。"①

　　至于共同价值观，更是联合国教科文组织教育文献经常关注，并反复强调和论述的主题。联合国教科文组织编写的《世界教育报告1995》强调了共同价值观对于采取共同行动的意义，认为仅有技术和能力是不够的，没有共同的价值观，无论是在国家内部还是在国与国之间，都无法采取共同的行动。事实上，早在1968年召开的国际公共教育大会第31届会议通过的第64号建议《作为学校课程和生活之组成部分的国际理解教育》就明确要求教育培养共同的价值观，提出教育应帮助增进人们对世界和各国人民的了解，帮助青年人形成以相互欣赏和尊重的精神态度，来观察别的文化、种族和生活方式。该建议要求教育在对不同事物包括对不同的政治、经济和社会体制进行客观评价时，还应介绍存在于世界各国人民的生活和意识中的共同价值观、抱负和需要。《教育——财富蕴藏其中》一书认为，教育在建设一种更加团结一致的世界方面负有特殊的责任，应当引导人们寻求有助于建立"人类理性与道德上之团结"的共同价值观。该书深刻地指出：

　　　　教育应当有助于一种可以说是新型的人道主义的产生，这种人道主义应有主要的伦理标准并十分注重了解和尊重不同文明的文化和精神价值，这是对只从经济主义和技术主义观点理

---

　　① 赵中建主译：《全球教育发展的历史轨迹——联合国教科文组织国际教育大会建议书专集》，教育科学出版社2005年版，第454页。

解全球化的必要的抗衡力量。归根到底，享有共同的价值观和共同命运的意识，是一切国际合作项目的基础。[①]

3. 培养公民责任感

早在 1958 年召开的国际公共教育大会第 21 届会议通过的第 46 号建议中就对教育提出了培养公民责任感的目的。该建议明确提出，现代教育的主要目的之一是根据儿童的年龄和发展阶段，指导他们有意识地积极参与家庭、社区和国家生活，参与建设一个更亲密友好的全球社会。建议还要求教育要使儿童意识到自己的社会责任，并在国家生活中发挥积极有益的作用。联合国教科文组织编写的《世界教育报告 1995》重申了培养公民责任感的意义：

> 教育一直被每一个社会视为一种重要的手段，一方面帮助年轻人去解释和了解社会环境和政治环境，一方面又培养他们作为具有责任感的成人和公民进入社会。[②]

联合国教科文组织副总干事科林 N. 鲍尔在为《教育的使命——面向 21 世纪的教育宣言和行动纲领》所写的序中特别强调培养公民责任感对于解决社会问题的重要意义。他说，如果我们不增强对我们生活在一个全球共同体——我们分担责任并共享相同的命运——这一事实的意识，我们社会所面临的许多问题就无法得到解决。他认为，学校教育应当使学生意识到，他们是社会的参与者。儿童在年幼阶段对社会或社区

---

① 国际 21 世纪教育委员会报告，联合国教科文组织总部中文科译：《教育——财富蕴藏其中》，教育科学出版社 1996 年版，第 36 页。

② 联合国教科文组织编：《世界教育报告 1995》，中国对外翻译出版公司 1997 年版，第 81 页。

的意识或许主要局限于村庄或邻居，但是参与的观念——参与或承担一部分集体的责任——一旦获得，这种观念就会扩展至县、地区、国家以及最终至全球社会。

《为和平、人权和民主的教育综合行动纲领》在谈到教育目的时也强调指出：

> 教育必须发展尊重自由的能力和面对挑战的技能。这意味着使公民做好准备以应付困难而又变幻莫测的形势，并使他们能够独立自主和承担责任。意识到个人的职责必须同确认公民义务的价值相联系，同确认与他人一起解决问题并共同建设一个公正、和平和民主的社会相结合。①

三、国际理解教育的内容

联合国教科文组织第 31 届教育大会通过的第 64 号建议《作为学校课程和生活组成部分的国际理解教育》阐述了国际理解教育的内容安排问题。该建议指出，中小学课程中的大多数科目都为国际理解教育提供了机会。建议同时提出，不同学科的课程和大纲应有足够的灵活性，以使不同学科之间有可能紧密联系。在有些基础学科，如母语、民族文学、数学、自然科学和现代语言，即使课程内未对国际理解做出专门的规定，国际理解的精神同样可以在每个合适的场合得到发展；另一些学科，如历史和地理，则为国际理解教育提供了一种尤为有利的框架；还有一些学科，如道德和公民教育以及包括音乐、舞蹈和体育在内的艺术，应该为与国际理解直接有关的学习和活动提供大量的机会。建议认

---

① 赵中建编：《教育的使命——面向二十一世纪的教育宣言和行动纲领》，教育科学出版社 1996 年版，第 194 页。

为，国际问题的教学，不论是穿插在不同学科的教学中或是单独作为一门学程，都是合适的。建议还具体论述了文学和语言、数学和科学、生物学、历史和地理、公民和道德教育、艺术、音乐、舞蹈和体育等学科的国际理解教育问题。

文学和语言　文学教学的目的主要是深入洞察人的本质，人性所共有的观念和抱负、人类的苦难和斗争以及民族文化的要素和民族文化对世界文化所作的独特贡献。应该鼓励在中学增强世界文化的教学。外语教学的目的，应该是提供了解别国文化和生活方式的有效途径。

数学和科学　在数学教学中，可以强调不同文化对科学发展所作的贡献。某些数学技巧，比如统计学和信息诠释，可以应用于有关国际关注的问题，如人口增长、工农业生产以及军备开支和教育经费等的信息处理。在普通科学方面，可以讲授科学知识的发展史及不同国家的人民和文化的贡献史。还应关注科学应用于技术而对社会产生的影响，并关注现代科学和技术的飞速发展给人类社会带来的便利的问题。

生物学　在生物学方面，对人类性格遗传和分布以及对遗传因素和文化因素之间的关系的研究，可以通过逐渐削弱因种族、肤色、国籍或文化的不同而造成的偏见来进行。生物学或卫生学应关注世界性的健康和疾病控制方面的国际合作。

历史和地理　历史教学应把本国的历史与文明史联系起来，并更多地关注人类发展的社会、经济、文化和科学等方面，少强调纯粹的军事历史，以便更好地把握对本国历史的了解。应尽可能客观地描述本国的历史和其他国家的历史，重视不同的观点和解释。应关注那些改善人类福利的国际合作机构的发展以及不同国家伟人们的工作和成就对人类的贡献。地理教学应引导儿童思考整个世界及其居民，理解人类与其环境之间的关系，并为了让世界上的资源能被用于改善人类生存的条件，引导他们正确地看待必须解决的问题。

公民和道德教育　公民教育的目的除了增加学生对国家机构的了解和培养对它们的忠诚外，还应让学生熟悉国际机构在促进人类福利方面所起的作用，并给学生灌输增进这些机构未来有效性的责任感。在道德或宗教教育方面，国际理解的教学应强调人类团结的道德基础。其目的在于培养一种对他人的道德感和社会责任感、一种为共同利益而行动的愿望以及致力于和平的决心。

艺术、音乐、舞蹈和体育　在艺术、音乐、舞蹈和体育方面，知识、技能和美学观点的培养应该从世界各地汲取养料。

四、国际理解教育的指导原则

联合国教科文组织教育大会通过的建议《作为学校课程和生活组成部分的国际理解教育》就国际理解教育提出了如下指导原则：[①]

（1）各级教育均应对国际理解有所贡献。

（2）教育应帮助增进人们对世界和各国人民的了解，帮助青年人形成以相互欣赏和尊重的精神态度，来观察别的文化、种族和生活方式。教育应明确环境与生活方式和生活标准之间的关系。教育在对不同事物包括对不同的政治、经济和社会体制进行客观评价时，还应介绍存在于世界各国人民的生活和意识中的共同价值观、抱负和需要。

（3）教育应表明人类知识的进步来自于世界各国人民的贡献，而且所有的民族文化已经并将继续因受惠于别国文化而丰富。

（4）教育应鼓励尊重人权并在日常生活中做到这一点。教育应强调人人平等的观念以及《世界人权宣言》所体现的公正的精神，这要求平等地尊重所有的人，而不考虑其种族、肤色、性别、语言、宗教、政治

---

①　赵中建主译：《全球教育发展的历史轨迹——联合国教科文组织国际教育大会建议书专集》，教育科学出版社 2005 年版，第 312—313 页。

或其他观点、国籍或社会背景、财产、出身或其他地位等。

（5）教育应帮助每个学生建立一个能反对控制他人的尊严感。教育应尽其所能使青年人渴望了解他们国家的及他们所处时代的经济问题和社会问题。此外，教育应客观地向他们指出殖民主义、新殖民主义、种族歧视、种族隔离政策、奴隶制以及其他所有侵略形式的危害性。

（6）教育应强调每一个国家，不论大国还是小国，都有平等的权利来决定自己国家的生活，并充分地开发其文化的和物质的可能性。

（7）教育应增进国际团结和对世界各国及民族之间相互依存的理解。教育应指出在处理世界问题上国际合作的必要性，应阐明所有的国家，不论它们在政治制度或生活方式上有何不同，都应有义务和兴趣为这一目标而合作。因此，联合国及其相关机构的工作应在学校中受到重视。

五、国际理解教育的方法

联合国教科文组织教育大会通过的建议《作为学校课程和生活组成部分的国际理解教育》具体阐述了国际理解教育的方法。

1. 充分运用新的教育技术手段

该建议认为，教育上的新技术可以很好地为国际理解的教育事业服务。它倡导在国际理解教育中运用尽可能多的材料，包括电影、教育广播和电视以及其他视听辅助手段。电视节目应介绍如何接受不同的文化和生活方式。

2. 开展多种多样的活动

国际理解教育应尽可能地运用能让学生自己发挥个人主动性、创造性、技能和智力的活动方法。这些方法包括：积极参与有助于外国团体的发展的国际性活动、自由讨论、辩论，对报纸文章、电影和电视纪录片的评论，个人和团体的研究与报道，准备影集、书籍、墙报和展览，与国外的学校通信或交换其他物品，拟订集会的计划，旅行，音乐会，模拟联合国会议，社区研究以及国际夏令营和青年活动。

3.组织辅助课程和课外活动

辅助课程和课外活动应有足够的范围和种类，以使学生有机会锻炼和培养他们的特殊兴趣和能力。辅助课程和课外活动应包括：以促进国际理解为其主要目的的俱乐部或协会类的组织，庆祝为人类的文化发展和科学发展作出贡献的杰出人物的周年纪念，以及纪念发生国际重大事件的日子，如联合国日和人权日。

4.鼓励和促进国际交流

教育当局应鼓励和促进国际交流以及对有关国际理解教育的信息和文件的传播；应支持和鼓励参与那些促进国际理解教育发展和提高的双边、多边和国际方案及项目，应鼓励和支持教师、学生以至教育行政人员、督学之间的国际交流，应该努力支持师范生和第一线的教师出国旅行以了解其他国家的人民和文化；应鼓励并支持教师和青年出国参与经济、社会、文化和教育发展的志愿服务；应鼓励和支持学校之间的国际接触和交流。

第四节　国际理解教育理念的影响

国际理解教育理念对当今世界的教育实践产生了重要的影响，推动了各国国际理解教育的广泛开展。这里主要介绍美国、日本、荷兰、韩国、北爱尔兰、瑞典和中国等国家在国际理解教育理念的推动下开展国际理解教育的基本情况。

一、美国的国际理解教育

美国的国际理解教育最早始于 20 世纪 40 年代。1948 年，全美教育协会（NEA）发表题为《美国学校中的国际理解教育》报告书，提出了国际理解教育的目标，其中突出了四个方面：一是否定战争和祈求和平的精神；二是基于自由与正义的尊重人权的态度；三是对他国民族的理解；四是国际合作的实践态度。报告书声称，国际理解教育的终极目标是世界和平和人类福利，其直接目标在于培养对人类有新的义务意识及觉悟的"好的美国市民"。该报告书被视为美国国际理解教育的开端。

美国 1958 年颁布的《国防教育法》中，规定设立"国防外国语奖学金"以支持外国语教育。自 1959 年开始，美国联邦教育总署把 80 多种外国语作为重点资助对象。

20 世纪 80 年代以来，美国认识到，在国际化时代应培养具有全球视野的公民，因此大力推动国际理解教育。联邦政府划拨专项经费开发相关课程、资助教师培训项目，大学和中小学亦纷纷开展不同形式的国际理解教育。1985 年美国公布了以提高中小学教育质量为目的并指明教育改革基本方向的白皮书，其中指出："美国人需要知道，在我们的社会里，凡不掌握这一新时代所必需的技术、文化和训练的个人将从两方面被剥夺'公民权'……为了建立一个自由民主的社会和促进共同的文化，特别是对一个多元性和个人自由而自豪的国度来讲，国际理解教育尤为重要。"[①] 为了推进国际知识的教学，美国已在高校课程中增加了国际知识的内容。1986 年由美国高等教育顾问委员会报告的题为《大学校园的发展趋势》指出，大约有一半的四年制高校正在它们开设的课程中增加国际内容的比重。除此之外，东方文化、非洲文化、中东文化等非本土文化也已受到重视。不仅如此，美国还对传统的科目进行了修订。一些科目，如历史、政治、经济学、社会学、比较语言学、文学等，其内容以前都仅限于西方世界的有关事件和成就，现在已扩大了范

---

① 转引自陈时见主编：《当代世界教育改革》，重庆出版社 2006 年版，第 71 页。

围，在内容上包括了整个世界。

20世纪80年代末期，美国州长联合会议在一份题为《美国在变迁：走向世界的边缘》的报告中提出了国际教育的七大目标：（1）国际教育必须成为所有学生基础教育的一部分；（2）要使更多的学生掌握外语；（3）教师必须更多地了解国际问题；（4）在标准教科书之外，学校和教师应掌握大量可以用于国际教育的资源与资料；（5）所有高等院校毕业生都应拥有对更广阔的世界的丰富知识，并且掌握一门外语；（6）应加强商业部门及社区对国际教育的支持；（7）商业社区必须通过某些途径与国际教育相联系，特别是在提供出口市场信息、贸易条例及国外文化方面。①

20世纪90年代成立的全球教育委员会，又对国际教育的原则作了明确阐述。如，所有教师、学生都有机会与不同于自己伦理和文化背景的人一起学习与工作，课程要反映各国的相互依存性及美国在全球经济中的作用等。1996年通过的《国际教育法》宣称："在促进国家间的相互理解与合作中，有关其他国家的知识是最重要的，雄厚的美国教育资源是加强我们与其他国家关系的必要基础；应当确保这一代和未来几代的美国人有充分的机会在其他国家、人民和文化的所有知识领域，在最大可能的程度上开发他们的智力。"②同年发表的《世界史课程国家标准，探寻通往今天之路》阐述了世界历史对培养学生国际理解素养的重要意义："与以往任何时候相比，现在的学生更需要对世界史和创造了不同于美国的思想、制度和生活方式的其他许多文明国度进行全面了解。通过一部平衡的、范围广泛的世界历史，学生们可以了解世界的多种文化

---

① ［美］大卫.L.格劳斯门：《召唤：教育跟上世界发展的现实》，《外国教育研究》1991年第4期，第60页。

② 陈学飞：《当代美国高等教育思想研究》，辽宁师范大学出版社1996年版，第88页。

以及所有文化中共有的人类情感和存在的共同问题。学生们会由此养成通过别人的眼光评价事物的习惯，并逐渐认识到，通过研究其他国家，我们能够更好地了解自己……尤其重要的是，对世界多种文化的理解有助于培育彼此宽容、相互尊重的涵养和文明的精神。日益多元化的美国社会和日益彼此依存的世界要求我们具备这种品质。"[1]

目前，美国 50 个州中有 34 个州制定了旨在指导和鼓励开展全球教育的章程，其余 16 个州正在对有关规则进行讨论。美国全球教育咨询小组甚至从国际贸易的角度要求从幼儿园到中学都开设"全球教育课"，并把它列入学校的总课程之中，旨在使学生无论何时接触其他文化时，都以一种不含偏见的态度来观察、接受和评论。[2]

美国各高校近年来也普遍加强了国际理解与意识的教学，诸如国际关系、比较政治、比较经济体制、国际法、国际组织等课程早已列入高校的课程之中。

二、日本的国际理解教育

日本的国际理解教育始于 20 世纪 50 年代。第二次世界大战后，日本积极推动以和平为主题的国际理解教育。早在 1961 年，联合国教科文组织日本国内委员会就刊行了"国际理解教育基础"，标志着国际理解教育在日本的开展。1974 年 5 月，日本文部省中央教育审议会在《关于教育、学术、文化的国际交流》的咨询报告中进一步强调了开展国际理解教育的重要性，提出教育要培养"具有国际素质的日本人"。

20 世纪 80 年代，日本重视多元文化教育，并把"国际理解教育"

---

① 陈其：《高中历史课程改革的进展与思考》，《课程·····教材·····教法》2000 年第 9 期，第 1 页。

② 徐辉、王静：《国际理解教育研究》，《西南师范大学学报（社会科学版）》2003年第 6 期，第 88 页。

作为第三次教育改革的基本原则之一。为这次教育改革而设立的临时教育审议会关于教育改革的四次咨询报告都强调国际理解教育的重要性，并具体提出了实施国际理解教育的对策建议。临时教育审议会公布的《日本面向 21 世纪的教育对策》提出："今后新的国际化，同过去近代的国际化是不同的，要以全人类、全球的观点，为人类和平与繁荣，积极地在各个领域作出贡献，作为国际社会的一员，应该竭尽自己的责任。"正是从这一观点出发，该报告呼吁日本"要举国努力推进我国社会的国际化，以期实现与新的国际化相适应的教育。这是关系到日本存亡与发展的重大课题"。为落实日本新的培养目标中提出的"面向世界的日本人"，规定其起码条件应具有如下素质：（1）在广阔的国际视野和全人类的视野上处理事务的知识与能力；（2）能同异国文化疏通意思的语言能力、表达能力、国际礼仪、知识和教养；（3）在国际社会中能对日本的历史、传统、文化和社会做有说服力的介绍的能力，为此需要对日本有广泛的认识。

1984 年 2 月由中曾根首相智囊团会议提出的《面向 21 世纪的教育改革五原则》中强调指出："日本现在是一个占全世界国民总生产十分之一的经济大国。在国际经济社会相互依存的关系中不能不分担相应的义务与责任。……为了能够在二十一世纪为目标的和平、稳定和繁荣的环境中生存下去，全体国民必须具有广阔的国际视野和足够的国际感觉。"

1988 年 6 月，日本文部省发表了《教育国际化白皮书》，指出："在国际化不断发展的情况下，重要的是在学校教育中加强学生对外国文化和国际相互依赖关系必要性理解的同时，使学生们养成珍惜我国文化和传统的态度。"① 同时公布了题为《发展国际间的理解和合作——通过各

---

① 王长纯：《国际基础教育比较研究》，中国审计出版社 1996 年版，第 144 页。

种教育、科学、文化和体育活动》的报告，概述了增进国际间的理解和合作的有关策略以及在教育、科学、文化、体育的国际化方面应该做出的努力。国际理解教育以政策的形式被确定下来，为以后中小学国际理解教育的实践提供了指导方针。

1996 年 7 月，日本中央教育审议会第一次报告书强调："培养拥有广阔的视野，在国际社会中能够与异质文化的人们一起发展，共同为人类做出贡献的新一代，是至关重要的。为此，必须要大力促进学校的国际理解教育。"① 该报告书还提出了推进"国际理解教育"的三个支柱：(1) 培育理解异文化、同时尊重异文化的态度，同拥有异文化的人们共生的素质与能力；(2) 谋求旨在国际理解的作为日本人与作为个人的自我的确立；(3) 旨在培养在国际社会中尊重对方的立场，同时能够表达自己的观点与见解的基本能力，谋求外语能力的基础和表达能力之类的沟通能力的养成。

1998 年，日本教育课程审议会发表了关于改善中小学课程标准的审议报告。根据报告的精神，日本文部省于同年颁布了新的《学习指导要领》，标志着新一轮课程改革的开始。这次课程改革的指导思想包括：适应国际合作和使日本人能自立于国际社会的需要，加强国际理解教育，在提高学生民族自尊心、自豪感的基础上，提高对不同民族、国家历史和文化的尊重与理解。为了推进国际理解教育，日本设置了"综合学习时间"。根据新的"学习指导要领"的规定，自小学 3 年级以上(小学 1、2 年级已开设了综合性的生活科) 设置"综合学习时间"，每周至少 2 课时以上，国际理解教育是其中的重要内容。除了这种特设的"综合学习时间"外，日本还设置了一些综合性的学科以丰富学生的生活体

---

① 国家教育委员会政策法规司：《世界教育发展新趋势》，北京大学出版社 1993 年版，第 96 页。

验和增进国际理解。如，环境科或地球科、人间科（用于培养与外国人等进行交流和交往的积极态度与能力等）、生活体验科（重视生活体验，学习国际文化等）。这种综合性学习必须有利于学生了解人类的文化遗产，认清国际社会所存在的问题，增进他们对不同文化生活的理解，培养他们作为地球公民的责任感。

目前，日本的许多高等学校开设了有关国际问题的学科。如津田塾大学、亚细亚大学、日本大学设有国际关系学科，横滨国立大学、山口大学、中央大学设有国际经济学科，西南学园大学、长崎大学、旭日大学、拓殖大学等学校设有国际文化学科。为了推动教育的国际理解，日本不仅在大学采取了一系列措施，在中学的课程设置上也有新的举措，特别强调"懂得外国，理解异国文化，是今后日本人必须具备的素养"。日本高中也重视开设国际关系学科，并在东京都创办了一所国际学科的新型高中——都立国际高中，其宗旨是培养具有渊博知识、身心健康、全面发展和具有国际意识以及优秀外语能力的人才。在课程设置上，除一般高中所必需的普通课程外，主要侧重外国语和国际学科的学习，而且后者占总课时三分之一的比例。

三、荷兰的国际理解教育

荷兰教育科学文化部于 2000 年初提出了全面实施国际理解教育的计划。教育文化科学大臣赫尔曼斯在一封题为《知识：平等交换——荷兰国际化教育》的公开信中把培养公民的"国际素质"作为重要的教育目标，指出"公民必须掌握适应国际化倾向、多元文化社会和全球经济以及与劳动市场相关的知识技能，在未来的社会里，能够适应国际化生活环境，成为欧洲乃至世界的公民"。为此，他们把具有国际化和国际倾向的教育内容列为学校正常教学课程的一部分，纳入义务教育体系。学生从小学就开始学英语，到中学至少在学习荷兰语和英语之外，再选 2—3 门外语，大学生的毕业论文一律用英文撰写，借此扩大荷兰的影响，努力确立"荷兰是世界知识中心"的国际形象。①

四、韩国的国际理解教育

韩国实施国际理解教育的历史比较长。早在 1961 年，韩国就将 7 所中学指定为合作学校并开始实施国际理解教育。20 世纪 80 年代，为了迅速适应国际化时代的发展需求，联合国教科文组织国内委员会向教育部提交报告，认为应将国际理解教育当作国家事业来推行。1997 年，韩国教育部部长向联合国教科文组织提议，建立亚太地区国际理解教育研究院。2000 年，韩国政府与联合国教科文组织正式签署设立该研究院，这使韩国迅速成长为亚太地区国际理解教育的主力军。直至 2003 年，韩国共有 79 所合作学校，其范围涉及小学到大学，足见其发展之迅速。韩国不同于美国和日本，韩国的国际理解教育是被视作国家事业来推行的，不可避免地带有鲜明的国家色彩，这与韩国国际理解教育的目标——全球公民的培养之间存在一定冲突。对此，韩国将全球公民解释为"在确立国民意识前提下的全球公民"。②

2002 年 7 月 15 日，韩国教育人力资源部发布了提高国际竞争力的新举措，其中提出要进一步加强学生对国际社会理解的教育，并决定于 2003 年起在全国范围内指定 10 所"国际理解教育示范学校"进行试点。同时要求各市、道教育厅积极开发"国际理解教育课程"，并制定具体实施方案。

为了推进国际理解教育，韩国政府从 2003 年起为中小学聘请英、

---

① 中国驻荷兰使馆教育处：《荷兰全面推行国际教育以提高公民国际素质》，《世界教育信息》2000 年第 11 期，第 1—2 页。

② 姜英敏：《国际理解教育的发展及其问题》，《中国教育报》2007 年 5 月 5 日第 3 版。

日、中文外籍教师。截至 2002 年 3 月，由韩国政府邀请的在中小学任教的外语教师只有 141 人。根据其制定的国际理解教育计划，自 2003 年开始，计划每年聘请 1000 名外籍教师，到 2007 年达到 5000 人。①

五、北爱尔兰的国际理解教育

北爱尔兰教育部从 20 世纪 80 年代中期开始执行一项政策性指令——全面的"相互理解教育"计划。现在"相互理解教育"计划已深深地植根于学校系统的各个方面，并且为实现社区之间接触的理想做了许多工作。"相互理解教育"计划的宗旨就是将相互理解教育的思想注入课程的各个方面。这项计划被视为一项"完善"的政策，如果社区之间的接触和学生交流可以达到预期的效果，自然就可以为塑造真正的和平文化尽一份力。有证据表明，"相互理解教育"已成功实施，各家机构对学校的多次评估也相当乐观。

和解团体和慈善基金会也开展了和平教育行动，其中最具代表性的是 1988 年至 1995 年间在阿尔斯特大学马吉学院开展的贵格学派和平教育项目，它重在消除学龄儿童头脑中的偏见。该项目首创了重要的支持性教材和教具，帮助教师开展"相互理解教育"，并且出版了一系列教师手册和报告。1995 年，这个项目更名为"推广相互理解教育的学校"，由国家和慈善机构提供资金，负责为学校提供课程创新和培训机会。马吉学院还设立了和平与冲突研究学位课程。1985 年首次设立了和平与冲突的本科生课程，1987 年又增设了研究生（硕士）文凭。②

---

① 转引自杨小玲：《国际理解教育的理论与实践研究》，福建师范大学 2006 年硕士学位论文。

② ［英］特伦斯·达菲：《分裂社会中的和平教育：在北爱尔兰培育和平文化》，《教育展望（中文版）》2001 年第 1 期，第 22 页。

六、中国的国际理解教育

改革开放以来，在邓小平提出的"教育要面向现代化，面向世界，面向未来"方针的指引下，我国也在积极开展国际理解教育的探索。[①]在开展国际理解教育方面，我国特别重视外语的教学，试图通过外语教学来培养学生的国际意识与交流的能力。在外语教学中进行国际理解教育，包括利用语言教学的内容学习各国礼仪和文化；通过阅读教学介绍各国文化，增进我们对世界各民族的理解等方面。目前我国中小学都已开设外语课程，外语课程作为必修科目被列入中小学教学大纲。同时还开设了世界历史、世界地理、国际经济、国际政治等课程，使学生了解世界的发展与变化。

上海、北京、深圳、浙江等省市一些学校对于国际理解教育进行了专门的实践探索。上海普陀区中小学全面开展国际理解教育，并承担了题为"国际理解教育课程研究方案及实践初步"的课题，该课题已于2004年结题。课题研究涉及国际理解教育中中小学教师的素质要求，国际交流中中小学学生的素质要求，中小学英语、计算机教学与国际理解教育，中小学国际理解问题课程的开设，国际理解教育的活动方式，校园文化建设与国际理解教育，中小学生国际理解能力的培养，中小学国际理解教育的实践效果检测，中小学国际理解教育成果的推广等。以北京教育学院为主的"国际理解教育理论与实践研究"课题在北京市部分中小学进行了实验研究。深圳市罗湖外语学校致力于培养以外语教学和国际交流为特色的"国际理解教育"，通过各种渠道让学生了解世界、了解别国文化、了解国际发展动态，从而为他们参与未来的国际交流、国际合作、国际竞争打下良好的基础。浙江舟山的沈家门小学从2001

---

① 谢萍：《小学英语课程中国际理解教育目标体系构建的理论研究》，东北师范大学2006年硕士学位论文。

年开始接触国际理解教育，并开始进行相关的实践活动。具体内容包括五个方面：（1）积极开展与外国小学的实践交流；（2）掌握国际交流的基本技能；（3）努力在学科教学中渗透国际理解知识；（4）开发校本课程，开展专题研究；（5）通过环境教育、绿色教育、海洋教育、研究性学习等进行国际理解教育。

第九章　环境教育理念

　　环境教育应使个人理解当代世界的主要问题并向他们提供
在改善生活和保护环境方面发挥积极作用所必需的技能、态度
和价值观，使每个人都为生活做好准备。环境教育采用一种以
广泛的跨学科性为基础的整体性方法，培养人们以一种全面的
观点来认识自然环境与人工环境之间的密切依赖性。环境教育
有助于显示今天的行动与明天的结果之间存有的永久联系，并
证明各国社会之间的相互依存性以及全人类团结的必要性。[①]

　　人类活动造成的对环境的破坏已经危及人类自身的生存和发展。"在
过去几十年中，人类通过其改变环境的力量，造成了自然平衡的急剧变
化。其结果是物种经常面临着种种被证明是不可逆转的危险。"[②] 随着当
今世界环境问题日益恶化，人们愈来愈意识到这是关系人类生存和未来
的大问题。"联合国人类环境大会"通过的《人类环境宣言》指出：为
今世后代保护和改善环境已经成为人类的一项紧迫目标。为了提高人们

---

　　① 赵中建编：《教育的使命——面向二十一世纪的教育宣言和行动纲领》，教育科
学出版社 1996 年版，第 101 页。
　　② 赵中建编：《教育的使命——面向二十一世纪的教育宣言和行动纲领》，教育科
学出版社 1996 年版，第 100 页。

的环境意识，有效地保护环境和改善环境质量，有必要开展环境教育活动。环境教育理念由此应运而生，并受到国际社会及各个国家的广泛关注和高度重视。

第一节　环境教育理念产生的背景与过程

环境教育理念产生于 20 世纪 70 年代初，主要原因在于当时世界的环境问题越来越严重。而环境教育是解决环境问题的重要手段，环境教育理念就是在这种情况下产生的。同时，环境教育理念本身也经历着一个不断发展的过程，现在已将可持续发展的内涵包括其中。

一、环境教育理念产生的背景

环境教育理念的提出，主要基于当今世界环境问题的严重性。人类同环境之间的物质交换，始于人类出现之日，人类的一切物质生产活动，无不贯穿于对自然环境与资源的开发、利用和改造之中。在同自然界的斗争中，人们运用自己的智慧和才能，通过劳动不断改造自然，创造出新的适合自身生存的环境。但是，由于人类认识能力的局限，在开发、利用、改造生存环境的过程中，已经产生了许多意想不到的后果，造成了对环境的严重污染和破坏。

1972 年联合国在斯德哥尔摩召开的人类环境会议上通过了《人类环境宣言》。该《宣言》指出："现在已达到历史上这样一个时刻：我们在决定世界各地的行动的时候，必须更加审慎地考虑它们对环境产生的后果，由于无知或不关心，我们可能给我们的生活和幸福所依靠的地球环境造成巨大的无法挽回的损害。"这决不是夸大其词，更不是危言耸听。美国的一位生物学家曾以形象的语言警告说："人类正以惊人的速度绝灭物种。今天你所看见的世界，必然比昨天太阳升起时少了一种生物。到 20 世纪 80 年代终了时，我们可能已把生物总数的 1/5 从地球表面挤出去。……许多生物已到末路。在濒临绝灭的物种中，有 99% 是因为人类的入侵。如果不停止，后果将不堪设想。"伦敦环境保护组织"地球之友"也报告说，2025—2030 年间，现在的生物物种，至少有 100 万种从地球上消失，将有更多的物种面临灭顶之灾。

当今世界的环境问题确实非常严重，涉及的范围也相当广。主要表现在以下几个方面：

1. 大气污染

大气污染一直是一个主要的环境问题。所谓"大气污染"是指有害物质进入大气，对人类和生物造成危害的现象。如果对它不加以控制和防治，将严重地破坏生态系统和人类生存环境。大气污染有的是由森林火灾、火山爆发等自然因素造成的；有的则是由汽车尾气、工业废气、烟尘、爆炸等人为因素造成的。其中人为因素对大气的污染是主要的，尤其是现代交通运输和工业生产对城市大气造成的污染更为严重。近年来，由于交通运输业和工业的发展，排放出的大量汽车尾气、工业废气、烟尘等与空气中的一些物质成分发生化学反应，生成对人体十分有害的一氧化氮、臭氧、乙醛等新物质。世界卫生组织和联合国环境组织发表的一份报告说："空气污染已成为全世界城市居民生活中一个无法逃避的现实。"据有关调查，现在世界上有 10 多亿人生活在 SO_2 浓度超标的环境里。有研究表明，美国大气悬浮微粒的水平，每年直接造成 6 万人死亡。一些地区对流层的臭氧层变薄，在南极上空甚至出现了空洞，其范围之大相当于美国领土的面积。臭氧层的破坏将损害人类健康和生存环境，会导致人们皮肤癌、白内障发病率增高，并抑制人体免疫系统功能，还会使农作物受害减产，破坏海洋生态系统的食物链等。

2. 水污染

水是人类发展不可缺少的自然资源，是人类和一切生物赖以生存的物质基础。当今世界，水资源不足和污染构成的水源危机已成为许多国家社会经济发展的主要制约因素。水污染问题已经成为目前世界上最为紧迫的卫生危机之一。据统计，全世界污水排放量已达到 4000 亿立方米，使 5.5 万亿立方米水体受到污染，占全世界径流总量的 14% 以上。每年经各种途径进入海洋的废水、废弃物、溢油、有毒化学品与日俱增，流入海洋的石油约 1000 万吨，每年还接纳 25000 多吨剧毒氯联苯、30 多万吨铅、5000 吨汞。海洋在某种程度上成了一些国家倾泻废弃物、排放污染物的场所。最近，美国加利福尼亚大学海洋生态学专家本·哈朋等人在《科学》杂志上发表的《人类对海洋影响的全球地图》指出，在占地球表面 70% 的海洋中，几乎没有哪里是完全干净的了。本·哈朋在接受记者专访时表示："捕鱼、化学垃圾排放、污染、海运等人类活动，使 1/3 的海洋受到严重影响，而侥幸未受到人类活动侵害的海洋只占不到 4%。"[①] 由于对水的需求量不断增长，加上水体金属和有机化合物的污染，使优质淡水短缺，导致全球性水荒，现在世界上有 10 多亿人无法获得干净的水供应。由"水援助"和"泪水基金"这两家国际性慈善机构 2005 年发表的调查报告指出，全球每天有多达 6000 名少年儿童因饮用水卫生状况恶劣而死亡。

3. 森林破坏

森林是陆地生态系统的主体，对维持陆地生态平衡起着决定性的作用。但是，最近 100 年来，人类对森林的破坏达到了惊人的程度。在人类文明初期，地球陆地的 2/3 被森林所覆盖，约为 76 亿公顷；19 世纪中期减少到 56 亿公顷；20 世纪末期锐减到 34.4 亿公顷，森林覆盖率下降到 27%。联合国发布的《2000 年全球生态环境展望》指出，由于人类对木材和耕地等的需求迅速增加，全球森林面积减少了一半，9% 的

---

① 《信息日报》2008 年 3 月 12 日第 15 版。

树种面临灭绝，30%的森林变成农业用地，热带森林每年消失13万平方公里；地球表面覆盖的原始森林80%遭到破坏，剩下的原始森林不是支离破碎，就是残次退化，而且分布极为不均。由于森林被砍伐，生物栖息地遭到破坏，现在每年将失去1.5万个物种。

4.水土流失和土地荒漠化

在世界重要的农业区发生了严重的土壤侵蚀。据估计，每年从世界耕地上流失的表层土壤达250亿吨，还导致了江河、湖泊和海湾的淤积。土地荒漠化也日益严重。1991年，联合国环境规划署对全球荒漠化状况的评估是：全球荒漠化面积已近36亿公顷，约占全球陆地面积的1/4，已影响到全世界1/6的人口（约9亿人）和100多个国家与地区。而且，荒漠化扩展的速度是，全球每年有600万公顷的土地变为荒漠，其中320万公顷是牧场，250万公顷是旱地，12.5万公顷是水浇地，另外还有2 100万公顷土地因退化而不能生长谷物。

上述情况表明，我们人类居住的地球，正面临着种种生态环境严重恶化的威胁。生态环境恶化，是人们对大自然错误的开发、利用和改造的结果。对于人类来说，可悲而可怕的不是面临危机，而是对危机缺乏清醒的认识，大难临头却不知不觉，甚至盲目乐观。法国启蒙思想家爱尔维修说过：每一个研究人类灾难史的人都可以相信，世界大部分的不幸都来自无知。正是由于人类的无知，采取了对生态的一系列不负责任的行动，使人类的改造自然的实践活动产生了负效应。要使地球成为人类安全、舒适、洁净的永久性栖息之地，关键在于我们人类自己。通过普及环境教育，提高人们的环境保护意识，是解决当今世界环境问题的重要策略。

二、环境教育理念的发展过程

世界环境和发展委员会于1987年发表的《我们共同的未来》报告

把消除人类发展中的不平等和保护我们的地球作为"人类一致性"的进程，并首次对可持续发展作出了明确的界定。1989 年 9 月联合国教科文组织在加拿大召开了题为"21 世纪科学与文化：生存的计划"国际讨论会，会后发表的《关于 21 世纪人类生存的温哥华宣言》大声疾呼："地球上的全体人民应同心协力对付我们的共同敌人，即一切威胁我们环境平衡或损害我们留给后代之遗产的行为。"我们只有一个地球，要十分珍惜和保护好这艘"诺亚方舟"。为了达到这个目标，现在许多国家已开始采取相应的行动，其中一个带有普遍性的行动就是加强环境教育。

美国是最早倡导并实施环境教育的国家。在 20 世纪 60 年代后期，美国的一些学校就开始讲授环境保护知识。1970 年 10 月又颁布《环境教育法》，并于同年设立了环境保护厅，在联邦教育署内亦设有环境教育科。1971 年，全美教育协会发表题为《70 年代以后的学校环境教育的报告》，进一步倡导环境教育。

美国的环境教育引起了国际社会的重视。1972 年联合国"人类环境会议"在斯德哥尔摩召开。这次会议全面讨论了各种环境问题，正式通过了《人类环境宣言》，并成立了一个专门机构——联合国环境规划署（UNEP）。这次会议的一个重要贡献是推动了国际环境教育事业的发展。会议正式肯定了"环境教育"（Environmental Education）的名称，并在其 96 号建议中着重强调了进行环境教育的重要性，明确了环境教育的性质、对象和意义，提出了环境教育的国际合作框架。因此，这次会议可以看成是全球环境教育理念及行动的发端。根据会议的建议，联合国教科文组织和联合国环境规划署通力合作，于 1975 年建立了国际环境教育规划署（IEEP），发起进行全球范围的环境教育规划。该组织成立后，积极从事环境教育和资料、课程与教材研究、环境教育方针和策略情报信息的讨论和交流以及师资培训等活动。

1975 年 10 月，联合国教科文组织和联合国环境规划署在贝尔格莱德举行了国际环境教育研讨会。会议回顾和讨论了环境教育中出现的问题及其发展趋势，并充分肯定了环境教育的作用，认为教育是未来变化和发展的一股强大的力量，环境教育对在生态平衡、人类素质、后代需求等基础上提高的环境道德，具有无比的重要性。大会制定了《贝尔格莱德宪章》，该《宪章》对环境教育的发展规划以及大众媒介的作用、人才培训、教材、资金、评价等提出了一整套指导政策。之后，在非洲、阿拉伯地区、亚洲、欧洲、北美洲及拉丁美洲召开了一系列地区性环境教育会议，根据不同地区的需求和重点，探讨与本地区相适应的环境教育。

1977 年 10 月，联合国教科文组织和联合国环境规划署在苏联的第比利斯召开了政府间环境教育会议，并发表了《第比利斯宣言》。《宣言》重申环境教育的意义，认为"利用科学和技术成果的教育，应该在促使意识到并更好地理解环境问题方面发挥最主要的作用"。《宣言》还首次把环境教育的目标确立为意识、知识、态度、技能、参与等五个方面，为全球环境教育的发展奠定了基本框架和体系。因此，《第比利斯宣言》被认为是国际环境教育基本理念和体系的基准。这次会议标志着国际环境教育的发展进入了一个新的阶段。

1982 年，在环境与开发的世界委员会上，再次强调了环境教育的重要性，认为应该确立环境教育在教育课程中的地位，并要求通过成人教育、工作进修、广播电视等向人们广泛普及环境教育。

1987 年 8 月，联合国教科文组织和联合国环境规划署在莫斯科再次联合组织召开了"国际环境教育和培训大会"。会议议程包括：检查自第比利斯大会以来环境教育的进展和趋势；环境的现状及其教育和培训的意义；政府间环境—科学计划与环境教育和培训之间的关系；提出整个 20 世纪 90 年代环境教育和培训的国际战略草案。会后正式批准了20 世纪最后十年发展环境教育的行动计划——《90 年代环境教育和培训领域的国际行动战略》。这份文件分为两部分。第一部分强调了发展环境教育和培训的需要和优先重点，这些需要和重点产生于自 1977 年第比利斯政府间环境教育大会以来在环境教育领域采取的行动中，并描述了联合国教科文组织和环境规划署自那以后所采取的行动的主要方面。第二部分概述了 20 世纪 90 年代环境教育和培训领域的国际行动战略。

1992 年 6 月，联合国在巴西里约热内卢召开了有 180 个国家代表参加的"联合国环境与发展大会"，这是全球范围内对可持续发展思想的认同和确立的一次空前的大会。会议通过了《里约环境与发展宣言》和《21 世纪议程》，正式提出了实施可持续发展战略。《21 世纪议程》明确提出了"面向可持续发展重建教育"，指出"教育是促进可持续发展和提高人们解决环境与发展问题的能力的关键。基础教育是环境与发展教育的支柱……对培养符合可持续发展和社会大众有效参与决策的价值观和态度、技能和行为也是必不可少的"。由此，环境教育已不再是仅仅对应环境问题的教育，它与和平、发展及人口等教育相融合，形成一个新的教育发展方向——"为了可持续发展的环境教育"。通过本次会议，可持续发展的思想在全世界不同经济发展水平和文化背景的国家得到共识和普遍认同，而教育对可持续发展的重要性亦得到充分肯定。可以认为，里约会议是环境教育运动的新起点，它提出的概念和思想，成为环境教育构建新的目的和目标体系的基础。

从斯德哥尔摩到里约热内卢，整整走过了 20 年的时间。在这 20 年中，环境教育运动有了长足的发展，环境教育的目标也在不断地提高。目前国际上广泛认同的是第比利斯会议的观点。但是我们应该看到，自第比利斯会议以来，新的环境问题不断涌现，人类对环境的认识不断加深，环境教育所涵盖的内容在拓宽，因此环境教育目标也在发生变化。其关注的重心由原来单纯的自然环境的保护，转移到现代的对整个人类历史上的发展模式的反思、对现代工业文明的审视、对未来生存形态的思考。这正是可持续发展的思想在环境教育中的反映，而这一趋势在巴西里约热内卢会议得到了确立。因此，现代的环境教育，其根本目标是与可持续发展观密切相关的。有人由此将现代环境教育直接称为可持续发展教育。

1995 年 6 月，联合国教科文组织及联合国环境规划署和地中海地区环境、文化与可持续发展信息处，在希腊雅典召开了"环境教育重新定向以适应发展的需要"地区间研讨会。会议主要有四个议题：(1) 把环境教育与可持续发展联系起来，对环境教育重新定向。(2) 人口、环境、资源与发展是相互联系的，在所有的教育活动中，应将这四个方面有机地结合起来。(3) 环境教育的基本框架应包括以下几个方面的内容：环境教育的目标、环境教育的方法和环境教育的效果评估，并且这些内容都必须重新进行调整。(4) 不能将环境教育视为某一单科教育的补充性内容，而应制度化、规范化、系统化和经常化。

1997 年 12 月，教科文组织在希腊的塞萨洛尼召开了"环境与社会国际会议——教育和公众意识为可持续未来服务"。会议发表的《塞萨洛尼宣言》指出，环境教育是"为了环境和可持续发展的教育"。至此，面向可持续发展的环境教育成为国际社会和各国发展教育的战略选择，是可持续发展框架下的教育的新模式。

第二节　环境教育理念的内容

环境教育理念内容十分丰富，并且还在不断充实和发展。其主要方面包括环境教育的内涵、环境教育的目的、环境教育的特征以及环境教育实施的课程、途径与策略等。

一、环境教育的内涵

什么是环境教育？1970 年美国的《环境教育法》规定："所谓环境教育，是这样一种教育过程：它要使学生就环绕人类周围的自然环境与人为环境同人类的关系，认识人口、污染、资源的枯竭、自然保护，以及运输、技术、城乡的开发计划等，对于人类环境有着怎样的关系和影响。"1977 年第比利斯环境教育大会通过的《第比利斯宣言》进一步将环境教育理解为一种全面的终身教育，这种教育采用一种以广泛的跨学科性为基础的整体性方法，培养人们以一种全面的观点来认识自然环境与人工环境之间的密切依赖性，并向人们提供在改善生活和保护环境方面发挥积极作用所必需的技能、态度和价值观。[①] 从上述定义来看，环境教育是以处理人类与环境的关系为目的而开展的一种教育活动。

二、环境教育的目的

联合国教科文组织的教育文献明确指出："环境教育的全部目标是为了地球的绿化，为了人类与地球的和谐——简言之，为了世界可能的最佳发展。"[②]《第比利斯宣言》就环境教育的目的作了系统的阐述，内容涉及环境教育的基本目的、具体目的及目标等几个层次。《宣言》首先论述了环境教育的基本目的：

> 环境教育的一个基本目的，是要成功地使个人和社会理解源出于生物的、物质的、社会的、经济的和文化的诸方面相互

---

① 赵中建编：《教育的使命——面向二十一世纪的教育宣言和行动纲领》，教育科学出版社 1996 年版，第 101 页。

② 赵中建编：《全球教育发展的研究热点——90 年代来自联合国教科文组织的报告》，教育科学出版社 1999 年版，第 91 页。

作用的自然环境和人工环境之复杂特性，并使他们获得知识、价值观念、态度和实际技能以便以一种负责的有效的方式参与预测和解决环境问题并参与环境质量的管理。

环境教育的另一个基本目的，是要清楚地显示，当代世界在经济、政治和生态上的相互依存，而各国作出的各种决定和采取的行动都会有国际影响。环境教育在这一方面应该帮助在各国和各地区发展一种责任感和团结意识以作为国际新秩序的基础，这一国际新秩序将保证环境得到保护和改善。[①]

《第比利斯宣言》强调应特别重视理解社会——经济发展同环境改善之间的复杂关系。为了达到这个目的，环境教育应该提供必要的知识以解释那些形成环境的复杂现象，鼓励那些构成自律之基础的伦理的、经济的和审美的价值观念，还应提供设计和应用解决环境问题的有效方法所需要的实际技能。在阐述环境教育基本目的的基础上，《宣言》表示赞成环境教育的下列具体目的：

培养人们以城乡地区经济、社会、政治和生态之间的相互依存关系的清晰意识和关注；

向每一个提供获得保护和改善环境所必需的知识、价值观念、态度、义务和技能的各种机会；

创造个人、群体和作为整体的社会对待环境的新的行为模式。[②]

---

① 赵中建编：《教育的使命——面向二十一世纪的教育宣言和行动纲领》，教育科学出版社 1996 年版，第 102—103 页。

② 赵中建编：《教育的使命——面向二十一世纪的教育宣言和行动纲领》，教育科学出版社 1996 年版，第 104 页。

为了有效地促进环境教育的开展，《宣言》还进一步提出了环境教育的下列分类目标：[①]（1）意识：帮助社会群体和个人形成对待整个环境及其相关问题的意识和敏感。（2）知识：帮助社会群体和个人获得对待环境及其相关问题的各种体验和基本理解。（3）态度：帮助社会群体和个人获得有关环境的一系列价值观念和情感，并形成积极参与环境的改善和保护的动机。（4）技能：帮助社会群体和个人获得识别和解决环境问题所需的各种技能。（5）参与：向社区群体和个人提供在所有层次上积极参与解决环境问题的机会。

三、环境教育的特征

联合国教科文组织的教育文献指出，环境教育与其他教育相比具有两个明显的特征，即跨学科性和问题解决法。

1.跨学科性

联合国教科文组织教育文献指出，不能将环境教育看成是在已经太多的学科中再多加的一门学科，而应看作是被整合进课程计划的一个日益重要的内容。这就是说，环境教育具有跨学科的特点。环境教育的跨学科性是由环境问题的复杂特点所决定的。环境是人类生活中自然、人工和社会诸要素的复合体，任何一门单一的学科都无法包括环境的全部内容。既然没有科学的或技术的学科本身能够包容整体的环境，那么所有的环境行动以及所有的环境教育，就必须包括一种全面的跨学科的方法。

> 跨学科性在环境教育中具有必要性和优先性：从自然科学、社会科学、应用科学／技术学和人文科学中找出合适的学

---

① 赵中建编：《教育的使命——面向二十一世纪的教育宣言和行动纲领》，教育科学出版社 1996 年版，第 104 页。

科按照整合的方法加以利用、组合和协调，从而可以通过这些内容学习环境的问题、保护、保存和改善。①

鉴于目前主要采用单科教学的现实，联合国教科文组织教育文献提出跨学科的环境教育意味着在环境教育中要重新考虑诸如生物学、地理学、化学等学科的内容和贡献，意味着努力通过把环境方面的知识纳入到每门学科中而实现环境教育的最低目标。同时，应该对目前的理科课程中现存的环境内容重新加以考察，应以当地的条件和问题为基础来确定新增加的环境教育内容，并对学校理科课程中所有的内容进行整合和协调，以确保理科课程内容之间具有有效的联系和进展。人们通常不把环境看作是社会科学的一部分内容，也没有把环境的内容包括进这些学科的内容和实践中。联合国教科文组织教育文献指出，实际上在社会科学的教学中也可以进行环境教育，提倡把环境的内容整合到社会科学（主要是经济学、社会学、社会人类学、历史学和地理学等）中。

2. 问题解决法

联合国教科文组织教育文献指出，环境教育的另一个特点是问题解决法。问题解决法的采用是由于环境教育的目标和复杂性决定的。它意味着引起人们对环境问题的警觉，使人们产生创造性的反应，使人们要求参与决策以及集体和个人的环境行动。联合国教科文组织教育文献指出，没有哪一种教育方法适合于解决所有的环境问题。小组讨论、游戏和模拟、实验车间或"行动研究"等方法可以适合于同一问题解决过程的不同阶段。

小组讨论作为开始的活动在整个过程中都可能发挥着作用，但在问题的确认阶段尤其有用。小组讨论是澄清概念的理想形式，而澄清概念

---

① 赵中建编：《全球教育发展的研究热点——90 年代来自联合国教科文组织的报告》，教育科学出版社 1999 年版，第 39 页。

正是采取保护环境的集体行动的先决条件。

游戏和模拟的方法也适合于问题解决法。模拟将暴露出许多牵涉到的因素——自然的、社会的、经济的因素等，也暴露出不同的社会组织——工业、科学、政治、一般公众等——的价值观、利益和行为方式，这些既是造成问题的部分原因也是解决问题的重点因素。游戏和模拟允许学生作为参与者用一种跨学科的观点来观察多样化的情境。游戏和模拟也让学生了解到在确定解决方法时，考虑到不同组织的价值观和利益的重要性，因而为有效地参与决策阶段作了很好的准备。

实验车间在一个受到控制的情境中提供给参与者或学生一些基本的要素，以用于在有限的实验规模下分析问题和解决问题，从而使他们更加接近现实和具体的问题。通过实验车间进行教学可以使学生更有效地学习实际的问题，也可以使学生更有效地掌握处理自然和人工环境及其资源问题所需要的工具和技术。实验车间也允许实验和评价各种解决具体问题的可选择方法。

联合国教科文组织教育文献特别推崇"行动研究"，认为它是最有效和最全面的方法。"它要求参与者和学生重新组织和重新组合从多重来源获得的理论、数据和技术，要求他们不断地和社会'代理人'——专家、政治家等——相互交往，要求他们对环境问题的解决办法进行实验和加以实施。行动研究经常是一个缓慢的尝试错误的过程，并导致一种开放的心态、处事之道和采取行动的动机。"[1]

四、环境教育的实施

关于环境教育的实施，联合国教科文组织教育文献主要阐述了环境

---

[1] 赵中建编：《全球教育发展的研究热点——90 年代来自联合国教科文组织的报告》，教育科学出版社 1999 年版，第 42 页。

教育的课程、途径和策略。

1.环境教育的课程

课程是教育中的核心问题，在环境教育中也同样如此。联合国教科文组织教育文献提出了环境教育课程开发和实施的模式及目标。[①] 在环境教育课程的开发和实施过程中，通常采用两种模式：一是开发一种独立的或系列的环境教育课程（单一学科的取向）；二是将环境知识纳入到已有的和通常相关的课程或学科中（渗透取向）。这两种模式的选择取决于以下几个方面：实施的难易度、教师的能力和培训、课程容量的需要、课程开发的难易、年龄水平、所需费用等。课程开发目标可以分为以下四个层次：第一层次强调生态的概念，提供能使学习者做出成熟的环境决策的有关知识；第二层次依然是知识水平，主要包括许多有关人们环境行为的知识；第三层次处于认知过程或技能的水平，主要包括调查研究、评估和价值判断的技能；第四层次也是处于认知过程或技能的水平，重视那些对于公民的行为（参与到问题解决和决策中）颇为重要的过程。虽然这几个层次是以学生的知识、能力和态度的发展为顺序的，但并不严格受限于某个特定的年级。比如第三层次的某些要求可以运用于低年级（5—8岁）的课程中，同样，第一层次的某些内容也可能适用于成年学习者。这就使得课程开发随知识、能力和态度而螺旋发展变得极其重要。也就是说，当学习者逐渐掌握这些内容时，应相应地增加难度和深度。

2.环境教育的途径

关于环境教育的途径，教科文组织教育文献主要提到了以下几个方面：

---

① 赵中建编：《全球教育发展的研究热点——90年代来自联合国教科文组织的报告》，教育科学出版社1999年版，第59页。

（1）职业技术教育中的环境教育

职业技术教育中的环境教育其基本目标是使学生意识到问题并提供给他们所需的知识与技能，以使他们能够确定和处理生产过程所产生的环境问题，包括副产品的利用过程、废物处理的技术等，使学生能够确定和处理工作过程中的人员安全和健康问题。

（2）大学环境教育

环境教育在普通的大学教育和对专家的培训中都是重要的，因为这些人员的专业活动在他们毕业后很可能会对环境及其相关问题及问题的预防和解决产生影响。"那些将会对环境产生最大影响（正面的或负面的影响）的人——将来的决策者、工程师、建筑师、公共或私立部门的管理者、医生、律师、环境专家，他们现在基本上是各大学或其他高等教育机构的学生。向他们传授环境知识，使他们懂得如何保护和改善环境简直就是一个关系到我们的星球——地球生死存亡的问题。"①联合国教科文组织教育文献提出把环境教育整合到普通的大学教育中，要求所有大学生都应该具有丰富的环境知识，形成环境意识并在环境的决策中承担不可推卸的责任。对于所有领域，不论是自然科学和技术科学还是社会科学和艺术领域的学生来说，除了学科取向的环境教育外，用跨学科的方式来对待人类与其环境之相互关系的基本问题都是非常必要的。因为大学在本质上是多学科的，所以它应该而且也能够把它丰富的智力资源和能力投入到环境教育中。在环境教育的实践中，不能偏重"知识"和"事实"而忽视"情感的"和"动机的"方面。它们两者对于环境教育都是必要的，并且需要人文科学和社会科学像自然科学一样作出贡献。

---

①　赵中建编：《全球教育发展的研究热点——90 年代来自联合国教科文组织的报告》，教育科学出版社 1999 年版，第 68 页。

（3）对教师的环境教育

教育者必须先受教育，环境教育也不例外。教师要对学生进行环境教育，教师本人就要先接受环境教育。教师的环境教育要培养教师两种相互联系的能力：一是专业教育的基本能力；二是环境教育内容方面的能力。在专业教育的基本能力方面，受过良好的环境教育的教师能够运用教育哲学、学习理论、道德理论来选择和开发课程计划和策略，以实现环境教育的目标。至于环境教育内容方面的能力，受过良好的环境教育的教师拥有足够的生态学的素养，能够选择、开发和实施环境教育的课程材料，能够调查环境问题和评价可选择的解决办法，能够采取积极的环境行为，同时发展学生的相似的能力。

（4）非正规环境教育

环境教育和环境本身一样，关系到每个人的一生——正规教育之前、期间和之后。"为了使公民能具有丰富的环境知识，能明智地和有效地处理环境问题，一个不可缺少的因素就是要在发展正规环境教育的同时，发展非正规的或校外环境教育。"[①] 这意味着在诸如成人教育、功能性扫盲、社区发展、营养组织、计划生育、人口教育等的校外教育计划中，要把环境作为一个整合的主题。校外环境教育的计划、组织和实施的种类繁多。经验表明，它们可能是政府的行为，也可能是非政府的行为，还可能是两者兼而有之。一个完整的环境教育计划的各个方面，可以是教育部或其他各部如农业农村部或生态环境部领导下的官方的和正规的计划。对于处于学龄期的年轻人来说，可以由学校的一些俱乐部在正常的学期外和课外开展环境教育活动。而对于成年人来说，可以在自愿的基础上通过开放大学、研讨会、系列讲座等开展环境教育。校外

---

① 赵中建编：《全球教育发展的研究热点——90 年代来自联合国教科文组织的报告》，教育科学出版社 1999 年版，第 81 页。

或非正规的环境教育还可以部分或全部地独立于学校或其他政府机构而予以组织。关心环境问题的人们应联合起来，组织协会、俱乐部或环保小组，组织展览、公众讲演和会议、各种保护活动等。环境教育也要面向一些特殊的人口群体，如农民和工人，提高他们对自身生活环境和工作环境状况的意识。

3. 环境教育的策略

联合国教科文组织教育文献特别重视环境价值观的教育并专门提出了这种教育的具体策略。[①] 在联合国教科文组织教育文献看来，价值观是指导行为的最经常的驱动力量。合适的价值观将成为指导人类与环境之联系的道德的基础。只有在某个社会的大多数成员自由地拥有自己的合适的价值观时，这些变化才可能真正发生。因此，环境教育不仅要传播合适的知识和技能，还应当重视价值观的教育，这种教育有助于形成保护和改善环境的新的态度和行为方式。环境价值观的教育可以采用的主要策略是：放任政策、灌输、价值观分析、价值观辨析、行动学习。所谓"放任政策"（laissez—faire），这是一种为了保证客观性而"撒手不管"的政策。但事实上价值观念是不可避免的，它会通过各种方式无意识地传递给学生。灌输（inculcation）价值观的目的是给学习者注入某些经过挑选的价值观或改变学习者的价值观使其达到所要求的结果。灌输价值观的方式主要是训导、模仿和强化等。价值观分析（values analysis）系指把科学的、合乎逻辑的思维方法应用到价值观的研究中，其目的是按照科学和逻辑来解决有冲突的价值观或社会问题。价值观辨析（values clarification）的方法包括角色扮演、游戏、真实生活情境的模拟、课外活动和小组讨论，教师的作用不是大量的陈述，而是提出问

---

① 赵中建编：《全球教育发展的研究热点——90 年代来自联合国教科文组织的报告》，教育科学出版社 1999 年版，第 42—46 页。

题，直到最后才给出判断，并要保持问题的开放性而不是寻求一致。行动学习（action—learning）的活动强调社区学习而不是课堂本位学习。

第三节　环境教育理念的发展：可持续发展教育

环境教育理念到今天已经逐步向可持续发展教育转化。可持续发展教育理念与以往的环境教育理念具有承继关系，也跟国际社会的可持续发展运动密切相连，是在可持续发展运动中产生和发展起来的。

一、可持续发展的内涵

"可持续发展"（sustainable development），亦称"持续发展"。国际社会的可持续发展运动开始于 20 世纪七八十年代。工业化社会的实践已经证明，地球资源对当时的生活和消费方式是不可持续的。与工业化国家所表现的消费方式相联系的发展模式是不可模仿的。尽管日益增进的这种认识对生产系统产生了影响，但是变化了的生活方式，特别是在工业化国家，导致产生更加不可持续模式。当工业世界的生产污染普遍下降的时候，消费对环境造成的负担仍在无情地增长。现在已经越来越清楚，许多社会、经济和环境问题是相联系的，例如贫困、资源的不平等分配、人口增长、移民、营养不良、健康和艾滋病、气候变化、能源供给、生态系统、生物多样性、水、食品安全以及环境毒素等。

"可持续发展"的概念最先在 1972 年的斯德哥尔摩联合国人类环境研讨会上得到正式讨论。这次研讨会云集了全球的工业化和发展中国家的代表，共同界定人类在缔造一个健康和富有生机的环境上所享有的权利。在这次会议之后，国际社会认识到，需要进一步探索环境与贫困、不发展的社会经济问题之间的关系。因此，20 世纪 80 年代的"可持续发展"概念，是对人们不断增长的认识的回应，即需要平衡社会和经济的进步，关注环境并合理利用自然资源。

1987 年 4 月，世界环境与发展委员会编写出版的《我们共同的未来》（*Our Common Future*，又称《布伦特兰报告》），使可持续发展得到越来越广泛的关注。在该书中，世界环境与发展委员会将可持续发展定义为"既能满足当代人的需求，又不牺牲后代人满足其需求的能力"。这个定义认为，尽管发展对于满足人类需要和提高生活质量是必需的，但是发展不能以牺牲自然环境满足当代人和后代人需要的能力为代价。这就是说，我们既要达到发展经济的目的，又要保护好人类赖以生存的大气、淡水、海洋、土地和森林等自然资源和环境，使子孙后代能够永续发展和安居乐业。可持续发展与环境保护既有联系，但又不完全等同。环境保护是可持续发展的重要方面。可持续发展的核心是发展，但要求在严格控制人口、提高人口素质和保护环境、资源永续利用的前提下促进经济和社会的发展。

1991 年，国际自然保护联盟、联合国环境规划署和世界自然基金会共同出版了《关注地球：可持续生活的战略》，书中关于可持续发展的解释是对《我们共同的未来》中的定义的补充。它将可持续发展定义为："在生态系统承载能力容许的范围内，不断提高生活质量。"

上述两个定义中，前者强调满足人类的需要，尊重代际责任；后者强调保护地球的再生能力，提高人类的生活质量。其共同点在于，都认为可持续发展既要有利于人类，又要有利于生态环境。

可持续发展所要解决的核心问题有：人口问题、资源问题、环境问题与发展问题。可持续发展的目的是保证世界上所有的国家、地区、个人拥有平等的发展机会，保证我们的子孙后代同样拥有发展的条件和机会。可持续发展包含两个基本要素："需要"和对需要的"限制"。满足需要，首先是要满足贫困人民的基本需要。对需要的限制主要是指对未来环境需要的能力构成危害的限制，这种能力一旦被突破，必将危及支持地球生命的自然系统如大气、水体、土壤和生物。

环境与发展是不可分割的，它们相互依存，密切相关。可持续发展的战略思想已成为当代环境与发展关系中的主导潮流，作为一种新的理念和发展道路被人们广泛接受。

二、可持续发展教育理念的提出

联合国教科文组织提出的《联合国教育促进可持续发展十年（2005—2014）国际实施计划》（以下简称《国际实施计划》）指出，可持续发展本质上是关于人与人之间、人与环境之间关系的问题。人的因素已经普遍被认为是可持续发展的关键因素，不论是可持续发展的原因，还是对可持续发展的期望，人都是关键因素。完全从私利（例如贪心、嫉妒或权欲等）出发的人的关系，使财富不能公平分配，滋生冲突，也很少关心未来资源的存在与否。另一方面，以公正、和平、协商和相互关心为特征的人的关系，会导致更加平等、尊重和理解。这些都是可持续发展的基础。可持续发展教育的目的正在于提高人的素质，帮助人们树立科学的发展观，并采取正确的发展策略和行动。

可持续教育理念是在环境教育理念的基础上提出来的，是对环境教育理念的进一步深化和拓展。以往的环境教育往往被简单处理为环境问题的研究，从而朝向技术主义的解决途径，不关注问题的真正病根——社会原因。环境教育不论在发达国家还是在发展中国家，一直处于教育的边缘地位。环境问题的解决涉及社会、经济、文化和环境等各个方面，把环境问题和发展问题简单化的教育无法解决环境危机，传统意义上的环境教育也无法真正实现可持续发展的目标。

1988年，联合国教科文组织从重新整合环境教育的目的、任务和内容的思考出发，提出了"可持续发展教育（EFS）"一词，这是联合国教科文组织"可持续发展教育"思想的早期倡议。

1992 年联合国环境与发展大会通过的《21 世纪议程》指出，教育促进可持续发展和提高人们解决环境和发展问题的能力具有重要的作用，并要求世界各国切实开展可持续发展教育。1993 年，为了普及、推进和落实"可持续发展"理念，联合国设置了可持续发展委员会（Commission for Sustainable Development，CSD）。1994 年，在可持续发展委员会的倡导下，联合国教科文组织提出了可持续性教育计划。这一计划的提出，使可持续发展教育的着眼点更注重人类社会的整体和谐发展。1997 年联合国教科文组织和希腊政府举行的关于可持续未来教育的国际社会与环境会议进一步确立了可持续发展教育的地位。

2002 年，在约翰内斯堡可持续发展世界首脑会议上，国际社会进一步确信教育是实现可持续发展的关键。我们需要通过教育来培养可持续发展未来需要的价值观、行为方式和生活方式。可持续发展与其说是一种目的，不如说它是一种学会如何从"永续"的视角，来思考"既能满足当代人的需求而又不对后代人满足其需求的能力构成危害"问题的过程；学会在做出决策时考虑长远的经济、生态和所有社会的公平。培养人们具有面向未来进行思考的能力是教育的一项关键性任务。[①] 由于认识到教育的重要作用，2002 年 12 月，联合国第 57 届大会决定将2005—2014 年确定为联合国"教育促进可持续发展十年"。

2005 年联合国教科文组织又正式公布了《联合国教育促进可持续发展十年（2005—2014）国际实施计划》。《国际实施计划》概括了教育在促进可持续发展中所起的关键作用，认为教育是可持续发展变革的主要手段，能够培育可持续未来所需要的价值观念、行为和生活方式，要求增强人们把想法变成现实的能力。

---

① 钱丽霞主编：《教育促进可持续发展——国际研究与实践的趋势》，教育科学出版社 2005 年版，第 9 页。

三、可持续发展教育的内涵

在国际社会，与"可持续发展教育"相关的概念有两个，都是 1988 年提出的。它们分别是 Education for Sustainability（缩写为 EFS）和 Education for Sustainable Development（缩写为 ESD）。一些专家认为这两个概念的含义基本相同。在中文表述方法方面，有的从英文字面含义直接将 EFS 或 ESD 翻译为"为了可持续发展的教育"，也有的从教育在可持续发展中的作用角度将其翻译成"教育促进可持续发展"，还有的依据汉语习惯表达方式将它翻译为"可持续发展教育"。我们这里采用"可持续发展教育"的表述。

2003 年，依据联合国大会的决定，联合国教科文组织在起草《国际实施计划》草案时，根据联合国长期关注的"教育"和"可持续发展"两个领域，明确了可持续发展教育的内涵。在《国际实施计划》草案中明确指出：教育是实现可持续发展的关键。"可持续发展教育"必须考虑可持续性的三个领域，即环境、社会（包括文化）和经济。"可持续发展教育"要建立在一些体现可持续性的理想和原则基础之上，如代际公平、性别平等、社会宽容、消除贫困、环境保护和重建、自然资源保护、公正与和平的社会等。

"可持续发展教育"概念突破了过去仅以环境保护为主的理念，突出了教育肩负对可持续发展的更大责任。"可持续发展教育"是培养公民获得维护和改善生存发展必需的价值观念、责任感，以及相关的知识与技能的教育。"可持续发展教育"并非一门课程，而是"了解各门学科是如何通过环境、经济和社会问题相联系，开发这一新的教育所要求的内容"，一切正规教育、非正规教育都应进行"可持续发展教育"。[①]

---

① 钱丽霞主编：《教育促进可持续发展——国际研究与实践的趋势》，教育科学出版社 2005 年版，第 12 页。

可持续发展教育与环境教育是什么关系呢？《国际实施计划》指出，可持续发展教育不能等同于环境教育。环境教育主要关注人类与自然环境的关系，以及自然环境的保护方法和合理的资源管理等。可持续发展教育则被置于一个更广阔的背景中，除了自然环境以外，它还要关注社会文化以及关于平等、贫困、民主和生活质量的社会政治问题等。

四、可持续发展教育的实施策略

国际社会推进可持续发展教育的策略主要体现在联合国确定的"教育促进可持续发展十年"以及联合国教科文组织制定的《国际实施计划》中。

1. 联合国"教育促进可持续发展十年"的提出

自 1985 年以来，联合国已提出并实施了多个"国际十年"，以引起人们对一些重大问题的关注，并鼓励国际合作以解决全球性的重要问题。2002 年 6 月，在印度尼西亚巴厘岛（Bali）举行的可持续发展世界首脑会议筹备委员会第四次会议上，实施"教育促进可持续发展十年"的建议得到支持，并在同年 9 月于南非约翰内斯堡召开的可持续发展世界首脑会议上得到通过。《可持续发展世界首脑会议实施计划》肯定了"可持续发展教育"的重要性，并建议联合国大会考虑正式批准"教育促进可持续发展十年"，并从 2005 年开始实施。2002 年 12 月 20 日，第 57 届联合国大会通过的第 254 号决议将 2005—2014 年确定为联合国"教育促进可持续发展十年"。决议宣布联合国教科文组织是推动"教育促进可持续发展十年"的领导机构，并宣告"教育促进可持续发展十年"从 2005 年 1 月 1 日起开始实施。① 联合国大会的决议还要求教科文

---

① 钱丽霞主编：《教育促进可持续发展——国际研究与实践的趋势》，教育科学出版社 2005 年版，第 5 页。

组织负责为"教育促进可持续发展十年"起草一份《国际实施计划》草案。依据此决议，联合国教科文组织于 2004 年 10 月将《国际实施计划》草案提交到联合国在纽约召开的第 59 届联合国大会上。这次联合国大会决议确定的联合国"教育促进可持续发展十年"的宗旨是：通过各种形式的教育、宣传和培训活动，提供机会，提高对可持续发展的认识。2005 年 1 月联合国教科文组织公布了《联合国教育促进可持续发展十年（2005—2014 年）国际实施计划》。

联合国教科文组织指出，实施"教育促进可持续发展十年"的目的在于：通过"教育促进可持续发展十年"的确立，落实约翰内斯堡世界首脑会议提出的目标，将可持续发展整合于教育系统的各个层面，增强人们实现"教育促进可持续发展十年"目标的动力和承诺，实现在推动教育作为可持续的人类社会的基础及在推动"可持续发展教育"的革新性政策、方案与实践方面加强国际合作的目标。

为了更好地开展"教育促进可持续发展十年"活动，第 59 届联合国大会第 237 号决议提出，鼓励各国政府考虑在各自的教育系统和战略中，并酌情在国家发展计划中，列入开展"教育促进可持续发展十年"活动的措施。同时，邀请各国政府，尤其是在"教育促进可持续发展十年"活动之始，特别要通过与民间社团和其他有关方面合作及采取举措让其参与等做法，推动公众更好地了解和更广泛地参与"教育促进可持续发展十年"活动。

2."教育促进可持续发展十年"的目标

《国际实施计划》是联合国推进"可持续发展教育"的一份"战略性文件"。该文件重点反映了在联合国教科文组织领导下，通过"教育促进可持续发展十年"活动要实现的目标。

（1）"教育促进可持续发展十年"的总体目标

《国际实施计划》提出"教育促进可持续发展十年"的总体目标是，

把可持续发展观念贯穿到学习的各个方面，以改变人们的行为方式，建设一个全民的更加可持续发展和公正的社会。世界上每个人都能够接受良好的教育，学习可持续未来和积极的社会变革所要求的价值观念、行为和生活方式。从上述《国际实施计划》总目标的分析可以看出，"可持续的未来"是人类共同奋斗的核心，教育和学习是推进可持续发展战略的关键和实施"教育促进可持续发展十年"的推动力。

（2）"教育促进可持续发展十年"的具体目标

《国际实施计划》还提出了推进"教育促进可持续发展十年"的具体目标定位：一、强调教育与学习在可持续发展中贯穿始终的关键作用；二、促进"可持续发展教育"利益相关者的联系、沟通和互动；三、通过各种形式的学习和公众宣传，提供构建可持续发展构想和向可持续发展转变的空间和机会；四、不断提高"可持续发展教育"的教学和学习质量；五、制定各级加强"可持续发展教育"能力的战略。

3.可持续发展教育的基本内容

（1）尊重的价值观念教育

《国际实施计划》明确指出："可持续发展教育"基本上是关于价值观念的教育，其核心内容是尊重：尊重他人——包括现代和未来的人们，尊重差异与多样性，尊重环境，尊重我们居住的星球上的资源。教育使我们能够理解自己和他人，以及我们与自然及社会环境的关系。"可持续发展教育"促进的主要价值观念具体包括：一、尊重全世界所有人的尊严和人权，承诺对所有人的社会和经济公正；二、尊重后代人的人权，承诺代际间的责任；三、尊重和关心大社区生活的多样性，包括保护与恢复地球生态系统；四、尊重文化多样性，承诺在地方和全球建设宽容、非暴力、和平的文化。其目的"是为人们提供机会，让他们接受某种价值观，并发展知识和技能，以便促使他们从当地或全球角度做出个体和团体的决策"。为此，《国际实施计划》要求每个国家、文化团体及个人都必须学会这种技能，认识自己的价值观，并根据可持续发展的观念对这些价值观做出评价。《国际实施计划》承认，仅靠教育是不可能培养这种价值观念的，但是教育却是促进这种价值观念的中心战略支柱。

（2）关注全球性问题的教育

《国际实施计划》从社会—文化、环境和经济等三个视角论述了可持续发展教育需要关注的全球性问题。

社会—文化视角　社会—文化视角包括七个方面的内容：一是人权。尊重人权是可持续发展的必要条件，可持续发展教育必须使人们能够维护在可持续发展环境中的生存权。二是和平与人类安全。使人们居住在和平与安全的环境中，是人类尊严和发展的基本要求。可持续发展教育要在人们的脑海中建设和平所需要的技能和价值观念。三是性别平等。追求性别平等是可持续发展的关键之一。在可持续发展中，每个社会成员都要尊重他人并实现自己的潜力。教育中的性别平等是这种平等的一部分。在教育计划中，从基础设施规划，到学习材料开发，再到教学过程，都必须把性别平等问题作为主要问题来对待。就可持续发展教育而言，妇女充分而平等地参与是至关重要的，因为它首先能确保"可持续发展教育"信息的平衡和相关性，其次还有利于下一代培养可持续发展的行为。四是文化多样性与跨文化理解。宽容和跨文化理解是和平的基础，由于缺乏宽容和跨文化理解，教育和人类丧失了许多可持续发展的机会。不仅教育的内容，而且教师与学习者、学习者与学习者之间的关系特征，也要反映宽容和跨文化理解。各种学习场所都是实践和加深对多样性理解和尊重的理想机会。地方知识是多样性的储存库，是理解环境、利用环境更好地为当代人与后代人服务的主要资源。把这些知识带入学习环境中，就能使学习者从他们周围的环境得出科学的原则和对社会的知识，增强学校和社区的联系，增强地方知识与外来知识的联系。五是健康。发展、环境和健康问题是交织在一起的。不健康阻碍经济和社会的发展，造成资源不可持续利用和环境退化的恶性循环。健康人口和安全环境是可持续发展的重要先决条件。学校本身的环境必须安全和卫生。学校不仅仅是学习知识的场所，而且是与父母和社区合作提供必要的健康教育和服务的辅助场所。六是艾滋病病毒／艾滋病。非洲艾滋病病毒／艾滋病的肆虐及亚洲与欧洲艾滋病发病率的增高，使可持续发展和教育活动遭受破坏。要通过教育促使人们行为的变化，并遏制流行病的发生。七是政府管理。可持续发展有赖于政府管理的透明、充分表达意见、自由争论及政策的科学制定。可持续发展教育要有意识地执行这些政策。

环境视角 环境视角包括五个方面的内容：一是自然资源。可持续发展教育必须继续强调解决水、能源、农业、生物多样性等问题的重要性，并且作为可持续发展更广泛的议程的一部分。特别是与社会和经济考虑相联系，使学习者在保护世界自然资源中采取新的行为方式。二是气候变化。全球变暖是涉及整个世界，并与一些困难问题，例如贫困、经济发展和人口增长等相关的复杂的问题。可持续发展教育要使学习者充分认识到有必要限制对大气的破坏以及遏制气候的有害变化。三是农村发展。尽管城市化飞速发展，但全世界还有一半人口仍生活在农村，农村还存在儿童失学、早期辍学、成人文盲及教育中性别不平等的比例远远高于城市，城乡教育的不平等等一系列问题迫切需要解决。同时，教育活动还必须与农村社区的具体需要相联系，使他们具有抓住发展经济的机会、改进生计和提高生活质量的技能和能力。四是可持续城市化。城市是全球社会经济变化的前沿，世界上一半人口居住在城市，另一半人口则越来越依靠城市。可持续发展教育应该使人们认识到，城市不仅对可持续发展构成威胁，而且是社会经济进步和环境改善的希望所在。五是防灾减灾。教育对减少灾害风险具有很大的正面作用。儿童知道如何应对地震，社区领导能够及时向民众发出警告，整个社会知道如何准备应对灾害，所有这些都有利于降低灾害的危害。教育和知识为社会提供了降低脆弱性和自我改进生活的方法。

经济视角 经济视角包括三个方面的内容：一是消除贫困。从可持续发展的观点来看，消除贫困与经济要素密切相关，但教育在其中也可以起重要作用。二是企业公民责任与问责制。可持续发展教育必须使人们对经济和金融力量具有平衡的认识。学习者要采取行动，增强公众责任，倡导负责任的商业实践。三是市场经济。创造全球管理系统，更加有效地协调市场与环境保护和平等目标，是一项基本挑战。教育本身是大的经济系统的一部分，可持续发展教育可以对经济的合理运行发挥积极的作用。

4.可持续发展教育的实施策略

（1）与国际社会其他活动相结合

"教育促进可持续发展十年"开始时，有若干其他相关的国际活动正在进行。《国际实施计划》提出，有必要把"教育促进可持续发展十年"与国际社会已经进行的努力相联系。尤其是"千年发展目标"的进展、"全民教育"运动、"联合国扫盲十年"等，与"教育促进可持续发展十年"中的一些方面紧密相连。为了确保已经实施的这些国际活动与"教育促进可持续发展十年"活动之间协调和合作并取得实际效果，需要对它们之间的联系进行不断的监测。所有有关方面的协调有助于产生有效的影响：包括全民教育论坛、消除贫困计划、扫盲合作网络以及"可持续发展教育"组织团体等。

（2）充分利用各种教育渠道

《国际实施计划》强调，目前在正规教育中开展"可持续发展教育"，不应把它看作是"新增学科"的课程，而是整体或者"整个学校"学习的内容，是有利于实现原有的教育目标，是贯穿学习者从幼儿教育到大学整个学习过程的"红线"。中小学和大学不仅是学习可持续发展的地方，也是儿童养成良好的可持续发展习惯的地方，例如节约能源、循环利用、学习场地和院落的生产性利用，以及自然材料和资源的使用等。为此，在学校实施"可持续发展教育"，需要对现有教学课程的目标和内容进行调整，以便能跨学科地理解社会、经济、环境和文化的可持续性。此外，还需要对原有的教学和评价方法进行改革和改进，以培养终身学习的技能。

《国际实施计划》指出，"可持续发展教育"服务于每一个人，不论其处于生命中的哪个阶段。因此，它是终身学习，即从幼儿到成人，在任何可能的学习场所进行的正规的、非正规的和非正式的教育。除正规教育系统作为学习的场所外，还有很多的学习是在学校系统之外发生的，例如在日常生活和互动中、在家庭中、在工作场所、在电脑和电视前，以及通过观察、仿效、试验、反思、表述、倾听和从错误中学习，等等。不论人们开始如何学习可持续发展的实践和行为，这些实践和行为都将通过千百次日常决策和行动，与个人和集体的行为结合到一起。制定"可持续发展教育"的计划必须考虑到这一点，可持续发展概念的形成既是教育的，也是学习的。根据可持续发展的原则和价值观念调整教育方向，不仅要做到在教室内学习，而且更要在人们不自觉的普遍的生活和联系方式中学习。

（3）发挥各类合作伙伴的优势

2002 年 12 月，联合国"教育促进可持续发展十年"宣布之后，各方人士满怀热情和信心，自愿为"教育促进可持续发展十年"工作。为此，联合国教科文组织在制定《国际实施计划》时考虑到，"教育促进可持续发展十年"能否成功的一个关键因素是人力资源。作为协调"教育促进可持续发展十年"指定的领导机构，联合国教科文组织从一开始就必须明确每个合作伙伴的优势及如何发挥其优势的问题。这些潜在的合作伙伴数量众多而且多种多样，有必要把重点放在联网和结盟上。《国际实施计划》将实施"可持续发展教育"的职责和责任落在不同层次的一些机构和团体上，即地方（国家以下）的、国家的、地区的和国际的不同机构和团体。在每一个层次上，利益相关者如政府机构（或者地区和国际上的政府间组织）、民间团体、非政府组织，以及私营企业，其职能和作用是互为补充的。

《国际实施计划》认为，"教育促进可持续发展十年"的成果将表现在成千上万的社区和千百万个人的生活之中，新的态度和价值观念改变了他们的决策和行动，这证明可持续发展是能够达到的理想。

第四节　环境教育理念的影响

环境教育理念以及以此为基础的可持续发展教育理念提出以后，在国际社会引起了很大的反响。不少国家，包括发达国家和发展中国家都纷纷响应，积极推动环境教育和可持续发展教育的实践。

一、促进了世界环境教育的开展

1. 美国的环境教育

前文述及，美国早在 1970 年 10 月就颁布了《环境教育法》。在该法中，联邦议会宣告，美国的国土环境恶化，生态平衡破坏，对国力和国民的活力构成了重大威胁。为此联邦政府应该援助那些向公众进行有关环境质量和生态平衡教育的事业。根据该法令，联邦政府教育署设置了环境教育司。随着经济发展和社会进步以及公众对环境教育的更高要求，美国数次修改和完善国家环境教育法。现行的《国家环境教育法》于 1990 年 11 月 6 日颁布实施。这部法律重申了国家对公众进行环境教育的责任和义务；确认了国家对教育和培养有环境保护知识和技能、有环境保护责任感和正确的环境决策能力的高素质公民的迫切需求；全面规范了美国公众环境教育的机构队伍建设、项目管理、经费投入和奖励。这部法律对提高美国环境道德水准、促进经济社会协调发展发挥了重要作用。

2. 德国的环境教育

从 20 世纪 70 年代开始，特别是 80 年代以来，德国公众的环境意识有了明显的提高，在这之前只有少数人关心环境，且"环境"被认为等同于"自然"。70 年代的德国小学课程中虽有了环保内容，但主要集中在自然保护上。1980 年西德的"各州教育与文化部长联席会议"做出了"环境教育应该成为学校教学计划中的一个必修内容"的决定。在 20 世纪 90 年代初，德国大多数州中都推行了新课程，这些课程反映了新的环境教育思想：环境教育是学校整体课程的基本组成部分。巴伐利亚州的环境教育课程具有代表性。该州教育部制定的《环境教育指引》是指导州内学校环境教育的指导性文件，它列出的环境教育内容涉及环境的方方面面，从文化的、社会的、技术的、历史的、情感的、道德的、审美的和个人生活方式等多个角度提出了环境教育的内容要求。

3. 日本的环境教育

20 世纪 50 年代中期以后，日本经济开始高速发展。与此同时，以污染为代表的公害问题也随之发生。到了 20 世纪 60 年代后半期，公害问题已演变成公众普遍关注而迫切需要解决的社会问题。在这一背景下，1967 年日本政府制定了公害对策基本法，同时设立了全国中小学公害对策研究会。1968 年在社会科教学大纲修订中，第一次使用了"公害"这个术语，日本学校教育中以公害问题为契机开展了最初的环境教育。进入 20 世纪 70 年代后，日本受国际环境及环境教育会议的影响，于 1975 年在原来全国中小学公害对策研究会的基础上又创立了全国中小学环境对策研究会。在 1977 年的小学和初中及 1978 年的高中教学大纲修订中，日本文部省对自然、资源、能源等与环境相关的教育内容进行了充实。环境教育在日本获得稳固地位是在 20 世纪 80 年代。1986 年，在一次环境教育非正式会议上，环境署将环境教育列为环境政策的中心议题之一。1988 年，环境署出版了《环境教育指南》。1990 年，日本环境教育协会正式成立。1991 年，日本文部省又出版了《环境教育资源利用指南》。1992 年，在将环境教育整合于科学课和社会课中以后，日本文部省又在小学一年级、二年级引入了名为"生命学科"的新课程。这门新学科的建立意味着在学校课程中正式引入环境教育。1994 年，召开了中小学校环境教育指导内容、指导方法讲习会，以提高承担环境教育的教师的能力。从 1994 年开始，每年都召开一次环境教育发表展示会，在会上发表解决环境问题的各种研究成果，研讨今后环境教育的方向，使环境教育得到更大范围的普及和充实。2003 年 7 月 18 日，日本政府制定并颁布了《增进环保热情及推进环境教育法》。这个法律出台的根本目的在于进一步推动环境教育，提高国民的环保热情。

4. 英国的环境教育

英国政府非常重视环境教育，在政府机构中专门设立有环境教育委员会。该委员会具有明确的任务：协调环境教育有关组织及职业团体推行环境教育；发行并提供有关环境教育的资讯并出版各种书刊；修订现行教育目标，增加与环境有关之目标，协助国家课程发展机构及学校委员会发展环境教育活动计划；协助学校使用由各地方教育当局设立的"野外研究中心"。英国政府认为，推行环境教育的目的，是使学生获得保护和改善环境的知识、价值观、态度、承诺和技能，唤起学生对环境问题的意识和好奇心，鼓励学生积极参加解决环境问题的各种活动。

英国国家课程委员会于 1990 年 9 月公布了在英国中小学进行环境教育的大纲，要求中小学付诸实施。大纲确定的环境教育目的是：(1) 提供各种机会，使学生获得保护和改善环境的知识、价值观、态度、承诺和技能；（2）鼓励学生从多方面检验和说明环境问题，这包括物理学、地理学、生物学、社会学、经济学、政治学、工艺学、历史学、美学和伦理学等方面；（3）唤起学生对环境问题的意识和好奇心，鼓励他们积极地参加解决环境问题的各种活动。为实现环境教育大纲的目标，英国国家课程委员会强调，学校在主要课程科目之间及校内校外都要渗透环境教育的有关内容。特别像科学、工艺、地理、历史等国家课程科目中，一定要包含有大量有关环境的基本知识，通过各科教学和各种形式的活动推行环境教育。

5. 中国的环境教育

1973 年，在联合国第一次人类环境会议的推动下，中国以第一次全国环境保护会议为标志开展了环境保护的科普教育工作。1978 年，中共中央批转教育部的《环境工作汇报要点》，要求在中小学教材中"渗透"和"结合"环境保护的内容，这是环境教育的开端。1979 年通过的《中华人民共和国环境保护法（试行）》对环境教育做出了明确的规定。1979 年、1981 年与 1983 年，中国环境科学学会教育委员会三次召开会议，对中小学的环境教育进行试点、推广和普及。1980 年 5 月，国务院环境保护领导小组与有关部门制定了《环境教育发展规划（草案）》，使环境教育工作纳入国家教育计划之中。1983 年底，我国召开了第二次全国环境保护会议，确定环境保护为我国的一项基本国策，明确了公众教育在环境保护事业中的重要作用。1985 年，原国家环保局、国家教委、中国环境科学学会在辽宁省昌图县召开了"全国中小学环境教育经验交流及学术研讨会"。会议要求有条件的地区在高中单独设立环境类选修课。自 1989 年以后，环境教育逐步纳入各级学校的教学计划之中。1992 年 11 月，原国家教委和国家环保局在苏州召开了第一次全国环境教育工作会议，标志着我国的环境教育进入了一个新的阶段。这次会议总结了我国十多年的环境教育工作经验，提出了"环境保护，教育为本"的指导方针。这次会议有力地推动了我国环境教育事业的发展。
1994 年，国务院发布《中国 21 世纪议程》白皮书，提出在高等学校要
普遍开设可持续发展与环境教育课程。1996 年，国家环保局、中共中
央宣传部、原国家教委联合发布《全国环境宣传教育行动纲要（1996—
2010)》，明确指出了环境教育的重要性、对象、内容与形式。1997 年，
原国家教委、世界自然基金会和英国石油公司三方在北京正式签署"中
国中小学绿色教育行动"项目协议书。协议通过建立培训中心（北京师
范大学、华东师范大学、西南师范大学各设一个），培训试点学校的教
师以满足中小学环境教育师资的需要。2003 年 11 月 2 日，教育部基础
教育司发布了《中小学环境教育实施指南（试行)》，将环境教育定位于
新的国家课程的一个组成部分，并从知识、情感、态度与价值观、过程
与方法等方面构建一体化的环境教育课程。

二、推动了国际可持续发展教育的实施

1. 波罗的海地区的可持续发展教育

波罗的海地区的国家包括丹麦、爱沙尼亚、芬兰、德国、冰岛、拉
脱维亚、立陶宛、挪威、波兰、俄罗斯和瑞典等。1989 年，芬兰发起
了"波罗的海地区联合国教科文组织学校网络项目"（简称"波罗的海
项目"）。该项目的主要目标是：(1) 提高学生对波罗的海地区环境问题
的意识，并使他们从科学、社会和文化方面理解人与自然的相互依存
关系；(2) 培养学生研究环境变化的能力；(3) 鼓励学生参与建设一个
可持续的未来。2000 年在丹麦举办了题为"站在起跑线上——波罗的
海 21 世纪议程"。丹麦负责编制"波罗的海项目"的系列教育手册之一
《学习者指南》。该指南的目的在于，使年轻人在他们的日常学校学习和
不同学科中，通过那些一致认同可持续性的行业来体会可持续性的复杂
性。这些行业是：可持续农业、可持续能源、可持续水产业、可持续林

业、可持续工业、可持续旅游业和可持续运输业。《学习者指南》将环境史作为可持续发展教育的重要内容，阐述了在教育中考虑可持续性问题的原因。[①]2002 年 1 月，波罗的海地区国家的教育部长们批准了一项名为"波罗的海 21 世纪议程"的教育促进可持续发展计划，该计划旨在使"可持续发展教育"成为所有教育的一个永久组成部分。

2. 美国的可持续发展教育

自从 1992 年联合国环境与发展大会提出"教育是实施可持续发展的关键"以来，美国的教育人士就积极开展了可持续发展教育的工作。1994 年 10 月，美国召开了"支持环境教育合作者国家讨论会"。与会人员达成了一致看法：扩展教育概念使之涵盖可持续发展问题，并联合商界、政府、教育界、非政府组织共商可持续发展教育提出的挑战。大会制定了《可持续发展教育——行动议程》。1996 年 3 月，可持续发展总统咨询委员会向克林顿总统递交了《可持续发展的美国：一种新的繁荣、机会和健康环境的未来》，提出了可持续发展教育的目标："确保所有美国人平等地享有做自己感兴趣的工作、享受高质量的生活、了解与可持续发展相关的概念、终身学习的权利……确保可持续的意识、知识和理解成为国家和国际意识形态的主流，让国内主要的机构参与促进可持续发展舆论的建设，开展参与可持续发展的实践以及培养参与个人工作和集体事务的技能、态度、动机和价值观。"[②]在《公众联系、对话、教育力量的可持续发展总统委员会报告》的基础上，美国确立了可持续发展教育的六个核心主题：终身学习、跨学科教学、系统思维、合作、

---

① ［丹麦］比尔特·齐姆尔曼：《〈学习者指南〉：可持续发展教育与〈波罗的海 21 世纪议程〉》，载钱丽霞主编：《教育促进可持续发展——国际研究与实践的趋势》，教育科学出版社 2005 年版，第 153—155 页。

② John Huckle，Stephen Sterling 主编，王民等译：《可持续发展教育》，中国轻工业出版社 2002 年版，第 289 页。

多元文化、赋予权利。

3.德国的可持续发展教育

为了履行在里约热内卢世界首脑会议上的承诺，德国教育方面的政策制定者决定制定联邦与州教育计划——《BLK 21 世纪计划》。该计划预计用五年（1999—2004）时间，将"可持续发展教育"计划，连同其新课程科目、新的教学方法及新的合作方式，引进并吸收到现有的课程体系中。该计划的基本理念是要建立一个以科研为基础的，并且在政治上可以接受的可持续性的三角形。这个三角形是使未来世界人民的生活处于一种经济的可行性、生态的再生性以及社会稳定性相平衡的状态。在《BLK 21 世纪计划》实施中，有 160 所学校被选为实验校。在课程层面实施《BLK 21 世纪计划》，形成"塑造未来的能力"被看作是"可持续发展教育"主要的教学目标。这种能力被分成以下 8 类：预测、跨文化理解与使用、跨学科工作、参与和实践、计划与执行、体察他人感情、同情弱小和团结周围的人、激发自己与别人、批判性地思考个体及文化的模式。为了实现这个创新想法，提出了 3 个基本的教学模块：（1）跨学科知识。包括全球变化、可持续的德国、环境与发展以及健康等内容。（2）通过参与来学习。包括城市与区域发展、地方《21 世纪议程》的发展与执行、可持续发展指标的应用。（3）创新的模式。包含了学校的可持续计划的结构、可持续的学生事业以及合作的外部形式。该计划注意把可持续发展的内容与目标整合到现有的教育概念和结构中。①

4.英国的可持续发展教育

英国环境、发展、教育与训练组织在 1992 年发表的报告《保护地球：为了可持续发展未来的教育、训练和意识》中，强调可持续发展教

---

① ［德］亨利·罗德里希：《德国可持续发展联邦—州 21 世纪计划——21 世纪德国全国学校计划》，载钱丽霞主编：《教育促进可持续发展——国际研究与实践的趋势》，教育科学出版社 2005 年版，第 156—160 页。

育是一个关系所有人的过程。报告将可持续发展教育定义为：可持续发展教育是一种过程，通过这个过程，可以达到：（1）了解地球上所有生命的相互关联性，并意识到个人的行动与决策对现在的资源、地区及全球环境所产生的影响。（2）进一步了解可能帮助或阻碍可持续发展的经济、政治、社会、文化、科技及环境的力量。（3）发展个人的意识、能力、态度与价值观，使其能有效地参与地方、国家、全球的可持续发展行动，以建立更具公平性及可持续性的未来；同时，使个人具备整合环境与经济的决策能力。

英国政府于 1994 年 1 月成立了"可持续发展工作组"，为政府提供可持续发展的建议。1995 年 1 月又成立了"可持续发展圆桌会议"，目的是确认如何以可持续发展的方式获得发展。1999 年 5 月，英国政府宣布将二者合并为可持续发展委员会，该委员会自 2000 年 2 月正式工作。1998 年 2 月，英国成立了可持续发展教育工作组，该工作组每年要向副首相、教育与就业大臣提交报告，并为教育与就业部、认证与课程组织提供建议。作为政府在可持续发展教育领域的咨询机构，可持续发展教育工作组在其 1998 年 7 月发布的第一份年度报告中，确立了指导英国可持续发展教育的三个关键原则：（1）可持续发展是所有人的责任；（2）可持续发展教育需要渗入生活的所有方面；（3）英国的长期繁荣依赖于我们了解可持续发展的能力。2003 年，英国教育与技能部制定了《可持续发展教育和技能培训行动计划》，作为实施国家可持续发展战略的具体行动方案。该行动计划为可持续发展教育提供了一个新的框架，设定了新的发展目标。根据英国政府部门文件，未来英国可持续发展教育国家战略的基本框架应该由国家战略和区域战略共同组成。[①]1999 年，英国对

---

① 章新胜主编：《以科学发展观为指导　推动可持续发展教育——关于中国可持续发展教育项目》，教育科学出版社 2006 年版，第 100—102 页。

中小学可持续发展教育现状的调查结果发现：大部分学校都开展了可持续发展教育，但学校之间还有一定的差异。中小学的可持续发展教育以环境问题的主题为主，小学尤其显著，相应的学生对环境问题的关心程度也要比其他问题高。次主题是社会公平。

5. 芬兰的可持续发展教育

1997 年，芬兰国家教育协会起草了一份可持续发展计划，对学校和其他教育工作者提出了 17 条标准，其目标包括对实行"可持续发展教育"形成必要的认识、积极的态度并获得充足的知识和技能。1998 年芬兰内阁就生态可持续性制定了一个决策原则，随后还定期更新了教育部的发展计划，目前的计划侧重于可持续发展教育。芬兰作为"波罗的海 21 世纪议程"的参与国，保证将"可持续发展教育"列入法律和其他标准化教育条款中。2002 年 3 月，国家教育部设立了"波罗的海 21 世纪议程"委员会，该委员会制定了讨论实施计划时应遵循的一些基本原则。芬兰国家教育协会拥有 5 所实验学校，它们都签署了"可持续发展教育"协议。每所学校都将"可持续发展教育"作为其发展的战略目标，并将"可持续发展教育"渗透到日常活动中。①

6. 荷兰的可持续发展教育

2000 年，荷兰制定了第一个可持续发展教育计划（Learning for Sustainability Program 2000—2003）。基于以往环境教育的经验和当前可持续发展教育的新背景，参照《国际实施计划》和联合国欧洲经济委员会制定的《欧洲可持续发展教育战略》，2004 年荷兰政府采纳了题为《为可持续发展学习——从边缘走向主流：荷兰国家计划（2004—2007）》的可持续发展教育国家战略。荷兰可持续发展教育国家战略关注的问

---

① ［芬］于里基·洛伊马：《芬兰的可持续发展教育与教师培训》，载钱丽霞主编：《教育促进可持续发展——国际研究与实践的趋势》，教育科学出版社 2005 年版，第 164—165 页。

题包括：（1）将可持续发展的几个领域，包括生态、经济、社会、文化等联系起来，将可持续发展的这些领域与参与、全球和未来联系起来；（2）让关键的相关利益人悉数参与其中；（3）将可持续发展教育与主流的项目、计划、政策联系起来；（4）不仅考虑正规教育，还要考虑非正规教育；（5）重视交流的重要作用，让人们通过社会学习交流个人观念。荷兰可持续发展教育国家战略的突出特点是，将开展可持续发展教育视为跨部门和跨政府的一项使命，因此战略中设定的行动计划和项目需要很多政府部门的承诺和努力，不同层次的政府和同一层次的政府部门之间要形成一种沟通良好的伙伴关系，并且积极动员其他各种半官方和非官方组织与机构以及相关利益人参与其中。从地域层次来说，荷兰的可持续发展教育国家战略不仅关注国家层次上的教育战略，还充分考虑到各个地方发展教育和进行可持续学习的需要，从而为地方政府发展教育的努力提供各种便利和平台，要求以省和执行委员会为依托发挥地方政府与教育部门建立有效协调国家教育发展的工作机制。①

7. 中国的可持续发展教育

1992 年联合国环境与发展大会之后，中国于 1994 年在全世界率先推出国家的可持续发展白皮书——《中国 21 世纪议程》，其中的第 20 章"公众参与可持续发展"明确提出通过教育提高儿童和青少年的环境意识，以推进环境保护和可持续发展。

1998 年，中国联合国教科文组织全委会委托北京教育科学研究院主持在全国范围内实施环境、人口与可持续发展（EPD）教育项目。目前，全国 11 个省、自治区、市已有 1000 多所中小学校参与了这一项目。

---

① 章新胜主编：《以科学发展观为指导 推动可持续发展教育——关于中国可持续发展教育项目》，教育科学出版社 2006 年版，第 102—104 页。

经过 8 年的实践，EPD 教育项目取得了不少成效：[①]（1）广泛宣传了有关环境、人口与可持续发展的科学知识与科学思想，提高了人们对开展 EPD 教育以及实施可持续发展教育（ESD）意义的认识；（2）在广大项目学校中广泛推进了教育教学模式创新，普遍开展了新型课堂教学模式和专题教育活动模式实验，有效推进了项目学校的课程体系改革，提高了课堂教学和学校整体育人质量；（3）开展了多种形式的教师培训，促进了教师素质的普遍提高，建立了一支热心并善于从事可持续发展教育的校长和教师队伍，涌现了一批率先推进可持续发展教育的优秀学校；（4）组织项目学校广泛开展了关注环境、节约资源、弘扬优秀传统文化、尊重文化多样性、关注和参与循环经济建设、践行可持续生活方式和关爱健康与生命的教育，有效促进了社区居民环境意识、健康意识、可持续发展意识的提高。

2004 年，中国政府将科学发展观确定为国家发展的指导方针。2005 年，联合国正式启动"教育促进可持续发展十年"。按照科学发展观的要求和《国际实施计划》所制定的目标，中国可持续发展教育逐步从 EPD 教育过渡到可持续发展教育（ESD）。在全球推进《国际实施计划》的新形势下，中国 EPD 教育项目于 2006 年初正式更名为中国可持续发展教育项目。中国可持续发展教育项目在全国设有中国可持续发展教育项目全国指导委员会和中国可持续发展教育项目全国工作委员会；各地区设有地区可持续发展教育项目指导委员会和工作委员会；各地区可持续发展教育项目工作委员会指导与管理可持续发展教育项目成员学校、实验学校和示范学校。自 1998 年至今，中国可持续发展教育项目已分别在北京、上海、广州、香港等地召开过七次可持续发展教育国家讲习

---

① 章新胜主编：《以科学发展观为指导　推动可持续发展教育——关于中国可持续发展教育项目》，教育科学出版社 2006 年版，第 26 页。

班。为了及时宣传联合国"教育促进可持续发展十年"的宗旨，展示中国可持续发展教育的成果，2003 年 11 月，中国可持续发展教育项目工作委员会发起并承办了主题为"迈向可持续发展教育十年"的首届可持续发展教育国际论坛。2005 年 10 月，又在北京发起举办了主题为"教育促进可持续发展：全球共识与本土实践"的第二届可持续发展教育国际论坛。在 2002—2006 年期间，还先后组织了 6 个中国可持续发展教育项目全国培训班和 9 次中国可持续发展教育项目学术报告会。

此外，中国可持续发展教育项目还注重运用《中国可持续发展教育》专刊与可持续发展教育专业网站等形式，开展经常性的宣传与交流活动。

主要参考文献

1.联合国教科文组织国际教育发展委员会:《学会生存——教育世界的今天和明天》,教育科学出版社 1996 年版。

2.国际 21 世纪教育委员会报告,联合国教科文组织总部中文科译:《教育——财富蕴藏其中》,教育科学出版社 1996 年版。

3.[伊朗] S．拉塞克、[罗马尼亚] G．维迪努著,马胜利等译:《从现在到 2000 年教育内容发展的全球展望》,教育科学出版社 1996 年版。

4.赵中建编:《教育的使命——面向二十一世纪的教育宣言和行动纲领》,教育科学出版社 1996 年版。

5.赵中建编:《全球教育发展的研究热点——90 年代来自联合国教科文组织的报告》,教育科学出版社 1999 年版。

6.赵中建主译:《全球教育发展的历史轨迹——联合国教科文组织国际教育大会建议书专集》,教育科学出版社 2005 年版。

7.王晓辉、赵中建等译:《为了 21 世纪的教育——问题与展望》,教育科学出版社 2002 年版。

8.联合国教科文组织:《反思教育:向"全球共同利益"的理念转变?》,教育科学出版社 2017 年版。

9.[法] 保罗·朗格朗著,滕星等译:《终身教育导论》,华夏出版社 1988 年版。

10.[瑞士] 查尔斯·赫梅尔著,王静、赵穗生译:《今日的教育为了明日的世界》,中国对外翻译出版公司 1983 年版。

11.联合国教科文组织:《世界教育报告 1991》,人民教育出版社 1992 年版。

12.联合国教科文组织:《世界教育报告 1995》,中国对外翻译出版公司 1997

年版。

13.联合国教科文组织：《世界教育报告1998》，中国对外翻译出版公司1998年版。

14.联合国教科文组织：《世界教育报告2000（教育的权利：走向全民终身教育)》，中国对外翻译出版公司2001年版。

15.联合国教科文组织著，王晓辉等译：《性别与全民教育：跃上平等（2003—2004年全民教育全球监测报告)》，人民教育出版社2004年版。

16.John Huckle，Stephen Sterling主编，王民等译：《可持续发展教育》，中国轻工业出版社2002年版。

17.国家教育委员会教育发展与政策研究中心、中国联合国教科文组织全国委员会秘书处编：《世界中等教育发展与改革的趋向》，人民教育出版社1987年版。

18.国家教育委员会政策法规司：《世界教育发展新趋势》，北京大学出版社1993年版。

19.钱丽霞主编：《教育促进可持续发展——国际研究与实践的趋势》，教育科学出版社2005年版。

20.章新胜主编：《以科学发展观为指导　推动可持续发展教育——关于中国可持续发展教育项目》，教育科学出版社2006年版。

21.国家教育发展研究中心编著：《2004年中国教育绿皮书——中国教育政策年度分析报告》，教育科学出版社2004年版。

22.瞿葆奎主编：《教育学文集·教育制度》，人民教育出版社1990年版。

23.毕淑芝、司荫贞主编：《比较成人教育》，北京师范大学出版社1994年版。

24.陈学飞：《当代美国高等教育思想研究》，辽宁师范大学出版社1996年版。

25.王长纯：《国际基础教育比较研究》，中国审计出版社1996年版。

26.徐辉：《国际教育初探》，四川教育出版社2001年版。

27.陈时见主编：《当代世界教育改革》，重庆出版社2006年版。

28.毕淑芝、王义高主编：《当今世界教育思潮》，人民教育出版社1999年版。

29.王铁军主编：《现代教育思潮》，南京大学出版社2000年版。

30.乔冰、张德祥：《终身教育论》，辽宁教育出版社1992年版。

31.余新：《国际理解教育发展的研究》，《外国教育研究》2002年第8期。

32. 徐辉、王静：《国际理解教育研究》，《西南师范大学学报（社会科学版）》2003 年第 6 期。

33. 高志敏：《关于终身教育、终身学习与学习化社会理念的思考》，《教育研究》2003 年第 1 期。

34. 姜英敏：《国际理解教育的发展及其问题》，《中国教育报》2007 年 5 月 5 日。

35. 陈鸿莹、张德伟：《国际理解教育——全球化背景下各国教育改革策略》，《比较教育研究》2002 年第 S1 期。

36. 王永强：《欧美发达国家中小学课程改革的特点与启示》，《当代教育论坛》2003 年第 9 期。

37. 陈其：《高中历史课程改革的进展与思考》，《课程·教材·教法》2000 年第 9 期。

38. 赵永东：《高教国际化必须重视国际理解教育》，《教育与现代化》2007 年第 2 期。

39. 何齐宗：《全球视野的教师理念——联合国教科文组织教育文献研究之一》，《高等教育研究》2008 年第 1 期。

40. 何齐宗：《全球视野的终身教育理念——联合国教科文组织教育文献研究之一》，《江西师范大学学报（哲学社会科学版）》2008 年第 1 期。

41. 何齐宗：《全球视野的全民教育理念》，《教育学术月刊》2008 年第 6 期。

42. 何齐宗：《全球视野的环境教育理念》，《江西师范大学学报（哲学社会科学版）》2009 年第 1 期。

43. 何齐宗：《全球视野的教育目的理念》，《教育科学》2009 年第 4 期。

44. 何齐宗：《全球视野的教育内容理念》，《江西师范大学学报（哲学社会科学版）》2009 年第 5 期。

45. 何齐宗：《全球视野的国际理解教育理念》，见《教育学研究与反思》，华中师范大学出版社 2011 年版。

46. 杨小玲：《国际理解教育的理论与实践研究》，福建师范大学 2006 年硕士学位论文。

47. 谢萍：《小学英语课程中国际理解教育目标体系构建的理论研究》，东北师范大学 2006 年硕士学位论文。

后 记

本书初版于 2010 年，至今已有十年。自出版以来，本书曾先后获江西省社会科学优秀成果奖和江西省教育科学优秀成果奖。

本书虽然得到了学界的肯定和好评，但毕竟是出版于多年之前。该书出版后，联合国教科文组织又有一些新的重要教育文献问世，如《反思教育：向"全球共同利益"的理念转变?》《2000—2015 年全民教育：成就与挑战》等，《全球教育发展的历史轨迹》一书也出版了新编本——《全球教育发展的历史轨迹——联合国教科文组织国际教育大会建议书专集》。同时，本人对于原书中的一些问题也有新的感悟和思考，因此修订工作就自然地提上了日程。近年来，我对原书稿的某些内容也陆续做过一些修订和完善工作，现在本书的修订任务已经完成。

新修订稿与第一版相比，在体系结构上没有进行大的调整。本次修订主要包括三个方面：一是增加了一章的内容，即"德育理念"。二是对原书中一些内容进行了适当的修改。三是删去了某些过时的数据，同时充实了一些新的内容。

本书第一章至第六章及第八章和第九章由本人撰写，第七章主要由晏志伟撰写，本人进行了修改和完善。

在本书的写作和修订过程中，我们广泛参考吸收了国内外的相关研究成果和资料，借此机会向各位同仁表示衷心的感谢！对于参阅的成果和资料，我在注释或参考文献中尽可能作了必要的说明，当然不可避免地会有一些遗漏现象；同时书中肯定还存在其他的缺点和问题，恳请读者提出批评意见，以便将来进一步修订时改正和完善。

何齐宗

2020 年 3 月于凯美怡和寓所

责任编辑：赵圣涛
责任校对：吕　飞
封面设计：胡欣欣

图书在版编目（CIP）数据

联合国教科文组织教育文献研究：教育理念的视角／何齐宗　著 . —北京：
人民出版社，2020.4
ISBN 978－7－01－021879－3

I. ①联…　II. ①何…　III. ①联合国教科文组织－教育－文献－研究
IV. ① G519

中国版本图书馆 CIP 数据核字（2020）第 027427 号

联合国教科文组织教育文献研究

LIANHEGUO JIAOKEWEN ZUZHI JIAOYU WENXIAN YANJIU

——教育理念的视角

何齐宗　著

人民出版社 出版发行

（100706　北京市东城区隆福寺街 99 号）

北京中科印刷有限公司印刷　新华书店经销

2020 年 4 月第 1 版　2020 年 4 月北京第 1 次印刷
开本：710 毫米 ×1000 毫米 1/16　印张：18
字数：310 千字

ISBN 978－7－01－021879－3　定价：69.00 元

邮购地址 100706　北京市东城区隆福寺街 99 号
人民东方图书销售中心　电话（010）65250042　65289539

版权所有·侵权必究
凡购买本社图书，如有印制质量问题，我社负责调换。
服务电话：（010）65250042